外交十記

責任編輯　姚永康
裝幀設計　彭若東

書　　名　外交十記
著　　者　錢其琛
出　　版　三聯書店（香港）有限公司
　　　　　香港北角英皇道四九九號北角工業大廈二十樓
　　　　　JOINT PUBLISHING（H.K.） CO., LTD.
　　　　　20/F., North Point Industrial Building,
　　　　　499 King's Road, North Point, Hong Kong
發　　行　香港聯合書刊物流有限公司
　　　　　香港新界大埔汀麗路三十六號三字樓
印　　刷　中華商務彩色印刷有限公司
　　　　　香港新界大埔汀麗路三十六號十四字樓
版　　次　二〇〇四年一月香港第一版第一次印刷
　　　　　二〇一八年七月香港第二版第一次印刷
規　　格　特十六開（152 × 228mm）四七六面
國際書號　ISBN 978-962-04-4372-5

外交十記

錢其琛◎著

三聯書店（香港）有限公司

目錄

繁體字版序

《外交十記》出版問世後，海外華文媒體有的連載、節錄，有的報道、評論。我對各方對這本書的關注和支持，深表感謝。

為了港、澳、台同胞和海外華僑華人閱讀的方便，三聯書店（香港）有限公司出版了此書的繁體字版。

世界上使用的語言有上百種，但像漢語這樣分用簡體、繁體、橫排、直排的，還未見過。尤其是外國人的姓名漢譯，差別較大，常引起讀者的困惑。如英國首相撒切爾夫人，香港譯為戴卓爾夫人；英國外交大臣傑佛里·豪，香港譯為賀維；而另一位赫德，香港譯為韓達德，等等。看來，繁體字版的出版，還是有需要的。為了使兩種版本更好銜接，外國人的姓名漢譯採用同一方式。但考慮到讀者的方便，繁體字版中，外國人姓名第一次出現時加注了外文。

在《外交十記》繁體字版問世之際，附錄中增加了一篇作者新近在美國德克薩斯農工大學舉行的中美關係研討會上所做的主旨演講。

海外有評論文章說我的記憶力驚人，「全憑記憶」寫了十多萬字的《外交十記》。這可能是書裡自序中的一句話引起了誤會。我在自序中說的「不留片言隻字，一切只憑記憶」，是指當年地下工作時的情況。做外交工作，離不開文件、照會、會談記錄等。寫這本書時，也請助手幫助查找當年的檔案資料，下筆行文，力求準確無誤。《外交十記》之「記」，不僅是個人記憶之「記」，更是史實記錄之「記」。

作者　二〇〇三年十一月二十四日

自序

二〇〇三年三月十八日，全國人大換屆大會閉幕，我從領導崗位退了下來。新老交替，符合自然規律——而且是有利於國家發展、社會前進的規律。老幹部退下來本身，就可以看做是對革命事業的一種貢獻。

我已經七十五歲，超期服役，退下來只想有時間，看些以前想看而沒時間看的書，做些以前想做而沒時間做的事。

今春，興之所至，曾做五言詩述懷，其中有這樣兩句：「有情敘往事，無官開新卷。」所謂「開新卷」，不一定只是讀新出版的書，只要是沒有讀過的書，對我都算是新書。先秦諸子，百家爭鳴；希臘先賢，廣場辯論；文、史、哲、傳記、回憶錄，都是人類智慧。像英國科學家霍金《時間簡史》這樣的「天書」，雖然難懂，讀了也啟發思想。人們常說要改造世界觀，看來，還要改造宇宙觀。宇宙之大，無邊無盡，萬物自有規律，人不應被自己的經驗和思想所束縛。

再說「敘往事」。我從不記日記，這是年輕時七年地下黨工作養成的習慣，不留片言隻字，一切只憑記憶。

從上世紀八十年代始到新世紀初，這二十多年的中國外交，確實經歷了嚴峻的考驗，走過了不平常的道路。作為參與者，回顧起來，往事歷歷在目，一些親身經歷的場景，猶如電影中的特寫鏡頭，在腦海中不斷縈回。現在將自己親身經歷的一些事件，平實白描地寫下來，不求面面俱到，只求真實準確，非史非論，故稱之為《外交十記》。

是為序。

二〇〇三年七月三十日

◎外交十記之一

中蘇關係正常化

重大決策

一九八二年五月，我出任外交部副部長，開始主管蘇聯、東歐事務。

當時，中蘇兩國正處於嚴重的對抗局面：蘇聯在蒙古人民共和國和漫長的中蘇邊界線上陳兵百萬；七十年代末支持越南侵略柬埔寨；又出兵入侵阿富汗。這對我國的國家安全形成了直接威脅的態勢。

俗話說，「冰凍三尺，非一日之寒」。如果不計歷史舊賬，自二十世紀五十年代末至八十年代末的三十年間，中蘇兩國經歷了三個「十年」：一九五九至一九六九年可以說是十年論戰；一九六九至一九七九年是十年對抗；一九七九至一九八九年是十年談判。這期間，既有冷戰又發生過熱戰。

但就在一九八二年初，出現了一些微妙的跡象，中蘇關係開始醞釀某種變化。

事情要從那年的三月二十四日說起。

那天，蘇聯領導人勃列日涅夫(Брежнев, Леонид Ильич)來到蘇聯的中亞地區，在烏茲別克共和國首府塔什干發表了長篇講話，其中，雖然仍充滿了對中國的攻擊，但明確承認中國是社會主義國家，強調了中國對台灣的主權，並表示願意改善對華關係，建議雙方磋商，採取一些兩國都可以接受的措施，以改善中蘇關係。

鄧小平同志馬上注意到勃列日涅夫塔什干講話所傳遞的信息。當時，中美之間有關美國售台武器問題的會談取得了進展，「八．一七」公報——即中美之間三個公報中的第三個公報——即將簽署。中美兩國關係的新框架可以說基本確立，着手改善中蘇關係的時機正在成熟。

我們當時的分析是，由於蘇聯入侵阿富汗背上了沉重的包袱，在全球範圍內與美國的爭奪日趨緊張，蘇聯已感到力不從心，不得不實行戰略調整，而緩解對華關係正是其中的一個重大步驟。這在客觀上為我們調整對蘇聯政策提供了機會。

小平同志打電話到外交部，指示立即對勃列日涅夫的講話做出反應。那時，外交部還沒有正式的新聞發佈會制度。我仍在新聞司司長的任上，正在考慮設立新聞發言人，此事便成了立刻建立發言人制度的契機。

外交部的第一次新聞發佈會是一次沒有座位的新聞發佈會。那是三月二十六日，地點在當時外交部主樓門廳處。當時沒有專門進行新聞發佈的場地，七八十位中外記者受邀出席，大家就站在我周圍。當時擔任翻譯的是現任外長李肇星。

作為外交部首位新聞發言人，我發佈了一個只有三句話的簡短聲明：

「我們注意到了三月二十四日蘇聯勃列日涅夫主席在塔什干發表的關於中蘇關係的講話。我們堅決拒絕講話中對中國的攻擊。在中蘇兩國關係和國際事務中，我們重視的是蘇聯的實際行動。」

聲明唸完後，沒有提問，也不回答問題。第一次新聞發佈會就結束了。

這個沒有先例的新聞發佈會和三句話的簡短聲明，立即引起了在京的中外記者的極大關注。出席發佈會的蘇聯記者當場豎起大拇指，對我說：「奧慶哈拉索！」（很好！）他顯然聽出了聲明中不同尋常的意思。

三句話中，重要的是兩個詞，一個是「注意」，一個是「重視」。實際上，就是「聽其言，觀其行」之意。其言可聽，自然是說，你講的話中間，有合理的成份。以前，中國對蘇聯所說的一切，只有全面批判，哪裡會聽，更說不上「觀其行」了。現在要「觀其行」，是要對方拿出實際行動來。

這簡短的聲明，第二天發表在《人民日報》頭版的中間位置，表明消息雖短但很重要。聲明在國際上也立即引起了廣泛注意。西方五大通訊社和其他外國媒體紛紛報道，並發表評論。有外電指出，這一謹慎而含蓄的聲明，預示着對抗了三十多年的中蘇關係，有可能發生變化，並使世界局勢為之改觀。

這是我以外交部新聞發言人的身份，主持的第一次新聞發佈會，也是最後一次。外交部的新聞發佈會從此成了慣例，每周舉行。不過，不再是站着舉行了，而是移到了國際俱樂部，記者可以坐下來了。後來，外交部建了新樓，有了專門的新聞發佈廳。

這年盛夏的一天，小平同志邀集幾位中央領導同志和外交部主要領導到他家開會，研究中蘇關係問題。陳雲、李先念等老同志在場，我作為外交部主管蘇聯、東歐事務的副部長也列席參加了。

小平同志提出，要採取一個大的行動，向蘇聯傳遞信息，爭取中蘇關係有一個大的改善，但中蘇關係的改善必須是有原則的，條件是蘇聯得做點事情才行。這就提出了要蘇聯主動解決「三大障礙」，即從中蘇邊境地區和蒙古人民共和國撤軍；從阿富汗撤軍；勸說越南從柬埔寨撤軍。

大家一致同意小平同志的意見。

中蘇兩國長期論戰，一直在爭論誰對誰錯，我們說蘇聯是修正主義，蘇聯說我們是「教條主義」，雙方的調門越來越高。這次，小平同志提出的中蘇關係改善的條件，卻將現實問題的解決置於首位，重點由意識形態的爭論轉向了國家利益的考慮，顯示出日後中國外交政策調整的趨向。

陳雲同志提出了採取什麼方式傳遞信息的問題。信息的傳遞，既要引起對方的注意，又要不引起外界猜疑。如果召見使館人員或派人前去訪問，恐怕過於正式，而當時中蘇之間又沒有什麼其他的接觸渠道。

小平同志提議，為了不引起外界的無端猜測，可由外交部蘇歐司司長以視察使館工作名義前往莫斯科，並同時前往波蘭華沙。當然，第一站莫斯科是此行的主要目的地。八月十日，蘇歐司司長于洪亮啟程赴莫斯科。在他啟程前，我們根據小平同志指示，起草了一份說帖。

蘇方對我們蘇歐司司長突然出現在莫斯科，並要求在使館面見蘇聯外交部副部長的行動，給予了特別的重視。蘇聯外交部副部長伊利切夫 (Ильичев, Леонид Федорович) 應邀來到我國駐蘇使館，第一遠東司司長賈丕才 (Капица, Михаил Степанович) 特地中斷休假，從莫斯科郊區別墅急忙趕回，陪同前來。

會面時，于洪亮同志向對方口述了長達一千多字的說帖全文，一段段地背出來，幾乎一字不差。

在說帖中，中方指出，中蘇兩國關係不正常狀況已經存在多年，中蘇兩國人民都不願意看到這種狀況繼續存在下去。現在是為改善中蘇關係做一些事情的時候了。當然，問題不可能在一個早上就解決，但中方認為，只要中蘇雙方都有改善關係的誠意，完全可以通過協商，逐步實現公正合理的解決。中方建議先從蘇聯勸說越南從柬埔寨撤軍做起，也可以從解決影響兩國關係的其他問題，如減少中蘇邊境地區武裝力量做起。與此同時，雙方還應考慮找到一個有關各方都能接受的解決辦法，來解決蘇聯從蒙古人民共和國撤軍的問題。中方也希望在阿富汗問題上能找到合理的解決辦法。總之，只要雙方站得高，看得遠，有使兩大鄰國恢復睦鄰關係的誠意，從解決一兩個重要問題入手，就可以為兩國關係打開一個新局面。至於交換意見的形式，雙方可以協商。

伊利切夫瞇着眼睛仔細聽着。他資格很老，赫魯曉夫（Хрущев, Никита Сергеевич）時期曾任蘇共中央書記，當過蘇共中央宣傳部部長和《消息報》、《真理報》主編，長期主管意識形態工作。赫魯曉夫下台後，他退出中央領導位置，就任外交部副部長。他為人穩健，處事謹慎，說話時字斟句酌，給人的印象是過於嚴謹而稍欠靈活。聽了我方的說帖後，他做出的回應仍是慣常的外交辭令。他說，你的想法，不管是從內容上，還是從主動的方式上，都不可能不引起注意。同時，又做出了老一套的表態，好像並未完全覺察出中方信息的真實含義。倒是當時在座的中國通賈丕才比較敏感，捕捉到了說帖中的新

一九九七年十一月二十五日出席第九屆亞太經合組織部長級會議後，在温哥華舉行記者招待會。

一九九七年六月三十日午夜至七月一日凌晨，在香港政權交接儀式會場上。

一九九七年在香港各界宴會上講話。

在聯合國大會發言。

一九八八年十二月在克里姆林宮與蘇共中央總書記、蘇聯最高蘇維埃主席團主席戈爾巴喬夫會見。

一九九二年二月十一日訪問柬埔寨。

一九九七年四月二十九日訪問美國時，在白宮與克林頓總統會見。

會見聯合國秘書長安南。

會見法國總統希拉克。

從左至右：美國駐華大使尚慕傑、李肇星、唐家璇、美國總統國家安全事務助理伯傑、周寒瓊、作者。（一九九八年）

一九九八年十月二十二日，在紀念中日和平友好條約締結二十周年酒會上，與日本前首相橋本龍太郎、村山富市等在一起。

一九九九年六月會見埃塞俄比亞總統內加索·吉達達。

二〇〇一年三月二十二日，布什總統在白宮與作者會談。

東西，表示這件事可能起到某種積極的推動作用，並說，這樣重大的問題不是我們這些人所能解決的，要報告政治局和最高領導。

這次會見以後，于洪亮即轉赴華沙，以此向外界表明此行不是專程來莫斯科的，同時也給蘇方考慮和準備回答的時間。

八月十八日，當于洪亮重返莫斯科再次會見伊利切夫時，伊利切夫談話的態度有所變化，口氣也緩和多了，稱已將中方的想法報告了中央，蘇方將做出正式答覆。

八月二十日，蘇聯第一副外長馬爾采夫（Мальцев, Виктор Федорович）約見我國駐蘇使館臨時代辦馬敘生，交來一份作為正式答覆的備忘錄，表示蘇方願在任何時間、任何地點、任何級別上同中方討論蘇中雙邊關係問題，以便「消除關係正常化的障礙」。

蘇方也提出了「消除障礙」，這與中方的提法是相吻合的。我們認為，蘇方對我方信息的反應是積極的。小平同志隨後找我和于洪亮去他家裡，親自聽取了有關傳遞信息的詳細匯報，當即決定同意重開中蘇談判。

在一九八二年九月一日中共十二大開幕前，中蘇雙方已內部商定，由兩國副部長級的政府特使就兩國關係正常化問題舉行政治磋商。

磋商開始

一九八二年十月，中央委任我為中國政府特使，參加中蘇政治磋商。對我來說，這是一次重要而又極富挑戰性的使命。蘇聯政府特使，也是我的談判對手，就是那位伊利切夫。作為主管非洲事務的蘇聯外交部副部長，伊利切夫從未主管過中國事務，但卻同喬冠華、韓念龍、余湛、王幼平四位中國副外長先後進行過長達十年的中蘇邊界和中蘇國家關係談判，被蘇聯外交界視為談判高手。

第一輪磋商於一九八二年十月五日開始在北京舉行。我們一開始就對磋商做了長期較量的思想準備。遵照小平同志關於同蘇聯打交道，彎轉得不要太急，不要急於求成，太急了會為蘇所用的指示和十二大報告所闡明的對蘇原則立場和政策，我們擬定了此次磋商的方針，即立足戰略全局，堅持原則立場，着重提出要求蘇聯認真做些事，停止支持越南侵略柬埔寨，促使越南從柬埔寨撤軍。同時，在策略上，舉起改善兩國關係和維護中蘇兩國人民友誼的旗幟，以保持磋商的渠道。

第一輪磋商進行了半個月，從五日開始到二十一日結束，共舉行了六次會議。談判中，我抓住消除「三大障礙」問題不放，指出實現兩國關係正常化的根本途徑在於雙方共同努力，紮紮實實做一些事情，以消除妨礙發展兩國關係的嚴重障礙。障礙消除了，通向正常化的道路就暢通了。沿着這條道路前進，就可望逐步恢復兩國之間的睦鄰友好。

伊利切夫則反覆重申改善兩國關係的願望，但對我們所提出的「三大障礙」，則盡力回避，拚命反駁。蘇方的論點也主要有三個：一是指責中方為磋商設置「先決條件」；二是提出中蘇關係正常化，應當「不損害第三國利益」；三是宣稱蘇方「從不威脅中國」。他一再建議共同制定蘇中關係基礎文件，先就促進經貿、科技、文化等各個領域關係的改善和發展達成協議。

針對伊利切夫把中方提出消除障礙稱之為是「先決條件」，我指出，不存在什麼先決條件。我們提出來希望討論的某些問題，不是先決條件。如果事先確定哪些問題可以提出討論，而另外一些問題不能討論，這在客觀上等於設置了先決條件。在磋商過程中，對所有問題進行無拘束的討論，正是沒有先決條件的表現。

針對蘇方所主張的「不損害第三國利益的正常化」，我告訴伊利切夫，中方提出來討論的一些問題不是有損而是有利於蘇方所說的第三國利益，同時也有利於改善我們同這些國家的關係。蘇聯特使在第一次發言中提到，中國和蘇聯是兩個大國，中蘇兩國的關係會影響到亞洲和世界的局勢。那麼，在磋商中是會涉及第三國的。問題在於，是有損於這些國家的利益，不利於改善同這些國家的關係，還是有利於這些國家的利益，有利於改善同這些國家的關係呢？我進一步指出，只講改善中蘇關係不應損害第三國顯然是不全面的，作為一個原則，我們主張不損害所有第三國利益。

對於蘇方宣稱從不威脅中國，我指出，蘇聯在中蘇邊境、在我們共同的鄰國蒙古人民共和國和阿富汗駐紮大量軍隊，把那麼多用現代化武器裝備起來的軍隊擺到我們面前，我們當然感到了實實在在的威脅和嚴重不安。

我特別就消除「三大障礙」從何入手問題做了重點闡述。我說，我國領導人在我們黨的十二大報告中列舉了妨礙中蘇關係正常化的一些障礙。消除這些障礙不是一下子可以做到的。我們認為，首先從解決越南從柬埔寨撤軍問題做起，是必要的，也是可能的。這是因為：第一，從這裡入手是至關重要的。坦率地說，越南在蘇聯的支持下派軍隊佔領柬埔寨，不僅給柬埔寨人民帶來了深重災難，給越南人民帶來了不應有的痛苦和犧牲，使東南亞地區的和平與安寧遭到了戰火的破壞，而且加重了中國的不安全感，使本來惡化了的中蘇關係變得更加緊張、尖銳和複雜，為中蘇兩國關係的正常化設置了新的嚴重障礙。盡快解決越南從柬埔寨撤軍問題，是維護東南亞和平與安全的急迫需要，是實現中蘇兩國關係正常化的一個關鍵性步驟。第二，從這裡入手也是比較現實可行的。眾所周知，蘇聯在印度支那地區所做的不光是支持越南出兵柬埔寨這樣一件事情。蘇聯方面想來應該注意到，我們沒有苛求蘇方，現在我們所提出的僅僅是要蘇聯運用自己的影響促使越南從柬埔寨撤出軍隊。在這裡，不存在蘇聯自己撤出一兵一卒的問題，也沒有涉及別的東西，雖然我們完全可以要求蘇聯方面做些別的事情。中國方面這種合情合理的主張，應當能夠得到蘇聯方面的積極響應。人們也都清楚，蘇聯擁有促使越南從柬埔寨撤軍的能力和手段。如果蘇聯方面冷靜地權衡利弊，具有遠見，做出政治決斷，並採取必要措施，問題並不難解決。

至於蘇聯堅持先從共同制定蘇中相互關係原則文件做起的問題，我告訴伊利切夫，中蘇關係正常化不是簡單地發表一個表達這種願望的聲明或文件就能辦到的。這正好從實質上說明，中國方面對擬訂兩國關係原則文件是真正重視的並持慎重態度的。我們認為，當兩國都用自己的行動證明我們都忠於所主張的原則，並都遵守這些原則的時候，兩國關係原則文件就擺到了我們面前。瓜熟蒂落，水到渠成。這就是說，中蘇兩國關係原則文件只能是兩國關係發展到一定階段的產物，它應當是從兩國關係的具體實踐中歸納出來，並用以指導兩國關係的東西。因此，我們認為，現階段我們雙方最迫切的任務，或者說我們雙方的主要精力，應當放在紮紮實實做一些消除兩國關係發展障礙的實際事情上，為將來擬訂兩國關係文件創造條件。

整個磋商過程中，雙方針鋒相對，唇槍舌劍，氣氛有時很激烈，雙方都是事先準備好稿子，相互批駁。伊利切夫由於長期主管意識形態工作，自己還是哲學博士，當時正在編哲學辭典，發起言來，不但態度強硬，而且很有理論色彩，喜歡長篇大論，咬文嚼字，繞來繞去，但教條而空洞，令人不勝其煩。後來，他曾專門送給我一本他編寫的哲學辭典，顯示出他的理論功底。當然，中方對他也毫不客氣，常常高調回應，將蘇方的主張稱之為「水中月」、「鏡中花」，強調不解決「三大障礙」而想改善中蘇關係，那完全是癡心妄想。

磋商期間，除了正式談判外，還有許多遊覽參觀活動，雙方可以非正式地交換意見。在外交鬥爭中，有些話必須在正式場合説，有些話卻可以在下面説。正式場合講的正式的話，未必重要；而非正式場合講的非正式的話，未必不重要。另外，正式場合吵夠了，在下面可以稍稍客氣一些，有些信息，雖不入記錄，卻可更直接地傳遞給對方。

為了給緊張的磋商創造一點寬鬆的氣氛，我特意邀請伊利切夫及其隨行人員一同遊覽密雲水庫，到那裡呼吸新鮮空氣，賞景嘗鮮，並增加雙方的交談和接觸。伊利切夫説他以前去過那裡，只吃過魚，但沒在那兒釣魚。看來，他心存疑慮，有點擔心怕我們引他上鈎。但他感謝我的邀請，説這樣可以給他時間考慮考慮磋商中的問題，以便答覆我們。

遊覽水庫那天，秋高氣爽，風和日麗，觀千頃碧波，看鳶飛魚躍，令人心曠神怡。在品茗賞景之時，我對伊利切夫説，希望蘇方能正確理解我方的意見，中方發言中有新東西。比如，在減少中蘇邊境地區的武裝力量問題上是雙方承擔義務。在蘇聯從蒙古撤軍問題上，我們提出應找到各方都能接受的解決辦法。我們只是要求蘇聯促使越南從柬埔寨撤軍，並不涉及蘇聯與越南之間的雙邊關係。蘇聯支持越南侵佔柬埔寨，不僅使印支地區局勢緊張，而且也給蘇聯造成沉重負擔。解決這個問題對蘇聯、對越南都只有好處而無損害。我們不理解蘇聯方面在這個問題上究竟有什麼困難。

伊利切夫斂容細聽，顯然聽懂了我的話，知道了我方在「三大障礙」問題上的原則立場和解決這些問題的可能途徑。但他毫不鬆口，只是重申了蘇方對「三大障礙」問題的一貫立場。儘管如此，他仍不放心，怕這裡有什麼「圈套」，被視為雙方討論過消除「三大障礙」問題，一再聲明「今天是非正式交談」，建議今後磋商中，「雙方都不要引用此次談話內容」。

中蘇兩國政府特使第一輪政治磋商是一場互相摸底的前哨戰，雙方可以說是爭吵不休，翻來覆去，各說各的，沒有大的進展。但這次磋商啟動了兩國關係正常化的進程，標誌着不對話狀態的結束，預示着兩國關係將由長期緊張轉向長期對話。

打持久戰

中蘇第二輪政治磋商於一九八三年三月在莫斯科舉行。在會談中，雙方在探尋兩國關係正常化問題上依舊各說各的，在實質問題上沒有找到任何共同語言。

在這次磋商期間，我與蘇聯外長葛羅米柯(Громыко, Андрей Андреевич)的會見和交鋒頗具意味。葛羅米柯擔任蘇聯外長達二十七年之久，從斯大林(Сталин, Иосиф Виссарионович)到契爾年科(Черненко, Константин Устинович)，歷經五代蘇聯領導人，人稱「不倒翁」。他有着一副西方人所說的「撲克牌面孔」，就連聽人說話時也面無表情。不論什麼場合，他都顯得十分矜持，但又十分好鬥，似乎隨時準備跟人進行一場外交角鬥，也被西方記者形容為是一位「說『不』的先生」。

會見時，他竟接過我方反霸和消除威脅的主張，令人驚奇地聲稱，此點可成為兩國實現關係正常化的重要基礎。接着，他大罵了一通美國人，說美國人不可信，又說美國要對蘇聯進行十字軍遠征，里根 **(Reagan, Ronald)** 總統要從地球上鏟除社會主義，並以教師爺的口吻說，中國完全可以從美國推行的消滅社會主義的政策中，推導出應該同蘇聯還是同美國建立何種關係的結論。

當時，他年事已高，有點倚老賣老，我對他的這番議論做了簡單明確的回應。我說：「談到國際上的緊張局勢，這是客觀存在。我想在這種形勢下改善中蘇關係不僅符合中蘇兩國人民的利益，也符合亞洲、世界和平的利益。至於談到美國，中華人民共和國成立後同美國進行過長時期的較量，我們比其他任何人都更有資格講話，知道如何同美國打交道。」葛羅米柯一時語塞，顯得有點尷尬。

此後，中蘇兩國政府特使政治磋商每年兩次，分別在北京和莫斯科輪流舉行。這是一場馬拉松式談判，是韌性和毅力的較量。我們始終堅持只有排除障礙才能實現中蘇關係正常化的原則立場，用擺事實、講道理的方式駁斥蘇方一成不變的論點，破除蘇方的幻想，力促蘇聯在消除障礙問題上有所作為。但直到一九八六年四月在莫斯科結束第八輪政治磋商，雙方仍沒在「三大障礙」問題上取得任何實質性進展。不過，磋商得以繼續下去，保持了一個溝通的渠道，客觀上對中蘇雙邊關係起着推動作用。

回想起來，磋商沒有取得具體進展，也有其他原因。在此期間，蘇聯國運不昌，幾乎每一兩年就要死一位領導人，三位領導人勃列日涅夫（一九八二年十一月十日）、安德羅波夫（**Андропов, Юри**

Владимирович）（一九八四年二月九日）、契爾年科（一九八五年三月十日）相繼病逝。據說，勃列日涅夫到了晚年，每天只能工作一個小時，打打電話，無法正常視事。接任的安德羅波夫，人聰明而精幹，當過蘇聯駐匈牙利大使，知道外部世界的情況，想有所作為。他痛感蘇聯政府官僚主義泛濫，人人愛喝酒，而不認真做事，認為喝酒誤國，下令禁酒，把酒廠改為果汁廠，並四處嚴查酗酒。但不喝酒不符合蘇聯的「國情」，難以實行。他重病纏身，只當政了一年多。契爾年科上台，不想，他病得更重，身體更壞，執政的時間更短，做不了任何事。

病夫治國，其主三易，對外難有作為，自然一時無力解決中蘇關係正常化這樣重大的問題。

有意思的是，中蘇兩國的接觸卻因三次蘇聯領導人的葬禮而提高了級別。

當勃列日涅夫去世的消息傳來後，小平同志立即指示派黃華外長作為政府特使赴莫斯科參加葬禮。這是在中蘇高級接觸中斷多年後所採取的非同尋常的舉措，旨在抓住時機做蘇方工作，試探新領導的對華政策走向，推動中蘇關係正常化進程。黃華啟程以後，小平同志又指示，要發表一個簡明的談話，對勃列日涅夫既不要簡單批一頓，也不能光說好話。按照小平同志的意思，胡喬木同志起草了談話稿。談話回顧了中蘇關係的演變過程，指出中蘇關係從五十年代後期就逐漸惡化，六十年代末以後，這種惡化達到了嚴重的地步。六十年代末以後正是勃列日涅夫執政時期。這句話的意思是說，勃列日涅夫對中蘇關係嚴重惡化是負有責任的，但考慮到這次活動是弔唁，就沒有點名。同時，對他不久前關於改善兩國關係的講話表示讚賞，這是寄希望於蘇聯新領導做出新的努力，促使中蘇關係得到改善。這篇稿子作為黃華離開首都機場時對記者的談話發表了，同時外交部立即將此事通知我國駐蘇使館。黃華外長到了莫斯科才得知他離京時還有這樣一篇公開的談話。

這一次，黃華外長見到了蘇聯新領導人安德羅波夫和葛羅米柯外長。中方強調要使兩國關係得到真實的改善，蘇聯必須在消除障礙方面採取實際步驟，先做一兩件事。而蘇方雖然表示願意改善兩國關係，卻只強調雙方應先做出努力，促進經貿、科技和文化等方面的來往。看來，蘇聯新領導將繼續勃列日涅夫開始的改善兩國關係的勢頭，但還未下決心採取重大步驟。

隨後兩年內，我先後陪同萬里副總理和李鵬副總理赴蘇聯參加了安德羅波夫、契爾年科的葬禮。中方利用高層接觸機會再次做出努力，在談話中，對蘇聯建設社會主義事業予以評價和支持，推動蘇方在實現中蘇關係正常化方面拿出實際行動。

在正式的各輪磋商中，中蘇雙方就像聾子對話，完全對不上。雖是相互扯皮，達不成任何共識，但扯皮也有扯皮的意義。首先是雙方對各自的立場和觀點有了更充分的了解；其次，是扯皮本身使得雙方關係沒有更緊張下去。

總之，不斷扯皮比互不往來要好。扯皮多了，交往也就慢慢多了起來。那時，有人形容兩國關係是一個使館、一架飛機、一列火車。說的是兩國關係只剩下這些聯繫，雖保持外交關係，而且天上通航，地上通車，但來往很少。有時，從蘇聯回國，整個航班和列車車廂裡都是空空蕩蕩的，看不見幾個人。隨着中蘇政治磋商的持續進行，兩國的經貿增加了，在其他方面交往也增多了，開始交換留學生，組團互訪。

這中間，一九八四年底，中國人民的老朋友、蘇聯部長會議第一副主席阿爾希波夫(Архипов, Иван Васильевич)應姚依林副總理的邀請對我國進行正式訪問，具有特別意義，這是六十年代後期兩國關係嚴重惡化以來蘇聯派出的最高級別的訪華代表團。二十世紀五十年代，阿爾希波夫擔任蘇聯援華專家組組長，為我國第一個五年計劃建設做出了貢獻。他對華友好，在兩國關係惡化年代，也從未說過中國一句壞話。中方給了阿爾希波夫很高的禮遇，鄧小平予以接見，陳雲、彭真和薄一波等同他一起工作過的老朋友都會見了他。故友重逢，相見甚歡，情景十分感人。

記得陳雲同志為準備同阿爾希波夫會見，請姚依林、陳楚和我去他住處匯報，談得十分高興。當晚，他手書「山重水複疑無路，柳暗花明又一村」條幅，派人送給我，以陸游的名句，表達他對中蘇關係發展的感受和對兩國關係前景的期望。

阿爾希波夫訪華期間，我全程陪同他參觀了燕山石化公司、武漢鋼鐵公司、武漢長江大橋和深圳特區等地。我不時提起蘇聯援建的一些項目，還向他介紹深圳特區在小平同志直接關懷下，堅持改革開放，取得驚人發展的歷史。阿爾希波夫對中國改革開放的成就和飛速的發展，印象極為深刻，不時由衷地讚歎，同時也流露出對當時蘇聯社會現狀的失望和不滿。

訪華期間，雙方簽署了《中蘇經濟技術合作協定》和《中蘇成立經濟、貿易、科技合作委員會協定》，使兩國中斷多年的經濟和科技合作得以恢復。

一九八五年七月，我陪同姚依林副總理回訪蘇聯。姚副總理同蘇聯部長會議第一副主席阿爾希波夫舉行會談，會見了蘇聯部長會議主席吉洪諾夫(Тихонов, Николай Александрович)。雙方在發展經貿合作方面談得很順利，簽署了《中蘇關於一九八六至一九九〇年交換貨物和付款協定》等文件，中蘇貿易額則從一九八四年的二十六點五億瑞士法郎增加到一九八五年的四十六億。雙方對兩國的高層交往和貿易的大幅增長表示滿意，我方同時敦促蘇方在消除「三大障礙」問題上拿出行動，指出障礙不消除，兩國關係的改善是有限度的。

談判突破

如何從中蘇關係正常化談判的僵局裡面走出來呢?中方堅持消除「三大障礙」，這是兩國關係根本改善的基礎，而蘇聯的三位領導人——勃列日涅夫、安德羅波夫和契爾年科——均避重就輕，企圖繞過「三大障礙」，通過發展經貿合作，增加相互往來，實現所謂兩國關係正常化。戈爾巴喬夫(Горбачев, Михаил Сергеевич)上台初期，也無意在克服「三大障礙」問題上向前邁步。

一九八五年十月九日，小平同志在會見訪華的羅馬尼亞領導人齊奧塞斯庫 (Ceausescu Nicolae) 時指出，解決中蘇關係正常化問題、消除「三大障礙」，首先應從越南從柬埔寨撤軍這件事做起。只要這個問題解決了，其他問題都好解決。為推動中蘇關係取得突破，小平同志首次提出中蘇舉行高級會晤的設想。小平同志請齊奧塞斯庫帶口信給戈爾巴喬夫：如果蘇聯同我們達成諒解，讓越南從柬埔寨撤軍，而且能辦到的話，他願同戈爾巴喬夫會見。小平同志說，他出國訪問的歷史使命雖已完成，但為這個問題，他可以破例。

一九八五年十一月六日，蘇方答覆說口信收到了。二十三日，蘇方表示，蘇中舉行最高級會晤和恢復黨的關係的時機已經成熟，建議兩國最高領導在蘇聯遠東地區或中國境內舉行會晤，討論蘇中關係正常化問題。

一九八六年七月二十八日，戈爾巴喬夫在蘇聯遠東城市海參崴發表長篇講話，表示蘇聯願在任何時間、任何級別上同中國十分認真地討論建立睦鄰關係的「進一步措施」。他宣佈，當年年底前從阿富汗撤出蘇軍六個團，蘇聯全部撤軍則取決於外部干涉是否繼續下去，並透露蘇聯正同蒙古研究撤出「相當數量」的蘇軍問題，還表示願同中國討論削減中蘇邊境地區的陸軍。同時，他也談到了柬埔寨問題，聲稱越柬問題的解決取決於中越關係正常化，是中越雙方的事，蘇聯只能希望中越恢復對話，言歸於好。

值得注意的是，他接受了中國在中蘇邊界談判中所持的立場，同意按主航道中心線劃分阿穆爾河

（黑龍江）邊界線走向，希望不久的將來，邊界成為和平友好的邊界。

同戈爾巴喬夫上台後的歷次講話相比，這次講話顯示蘇方的立場有了重要變化。在「三大障礙」問題上，這次沒有重彈「不設先決條件」、「不損害第三國利益」、「從不威脅中國」等老調，不再回避從阿富汗、蒙古和邊境地區撤軍問題，有所鬆動。在越柬問題上，語氣也比較平和，說現在是解決問題的有利時機。

由於歷史原因，中蘇兩國邊界在黑龍江（阿穆爾河）一段，在清朝時，只是簡單地以江為界，沒有嚴格劃定。蘇聯一直站在當年沙俄蠻橫的立場上，聲稱中國的邊界應當劃在界江界河的我方沿岸一線。這樣一來，江中的島嶼自然就劃歸了蘇聯，而黑龍江和烏蘇里江成了蘇聯的內河。我方當然不會答應。中國主張，按國際法準則及國際實踐，應當以界江的主航道中心線為兩國國界。一九六九年，中蘇兩國的珍寶島流血衝突，蓋源於此。戈爾巴喬夫的表態不能說不是一個積極的姿態。

同時，作為蘇聯領導人，戈爾巴喬夫也第一次公開肯定了我國進行現代化建設的方針，表示理解和尊重。他還提出了擴大和加深經濟技術合作的具體設想。

中央決定抓住這一時機，採取相應對策，對戈爾巴喬夫的講話表示了審慎歡迎的態度，但在「三大障礙」問題上不鬆口，繼續保持壓力，同時做出積極姿態，接過以主航道中心線為界的提法，同意恢復邊界談判。

為此，八月十三日，吳學謙外長約見蘇聯駐華使館臨時代辦費多托夫（Федотов, Владимир Павлович），做了如下表態：戈爾巴喬夫總書記七月二十八日海參崴講話中對中國和就中蘇關係所表述的意見，我們予以認真的評價和重視。中方注意到其中有些過去沒有說過的話，對此我們表示歡迎。蘇聯方面清楚地知道中國方面關於消除「三大障礙」以實現兩國關係正常化的原則立場和具體主張，而戈爾巴喬夫這篇講話與消除「三大障礙」距離尚遠，特別是沒有提到越南從柬埔寨撤軍問題，我們是不滿意的。越南從柬埔寨撤軍，公正合理地解決柬埔寨問題是中國方面最感關切的問題，也是去年鄧小平同志通過齊奧塞斯庫傳話的核心。中方真誠地希望早日實現中蘇關係正常化，希望蘇方認真考慮中方的意見。對戈爾巴喬夫總書記宣佈中蘇東段邊界以界江主航道中心線為界，中方表示歡迎。據此，中方認為，在適當時候恢復中蘇邊界談判是適宜的。

一九八六年九月二日，小平同志在接受美國記者華萊士（Wallace, Mike）電視採訪時，又一次談到了中蘇關係，強調指出讓越南從柬埔寨撤軍問題是改善中蘇關係的關鍵，並說，如果戈爾巴喬夫在越柬問題上走出紮紮實實的一步，消除了這個障礙，他願意破例地到蘇聯的任何地方去同戈爾巴喬夫見面。我們在九月七日正式對外發表了這一談話，把中方的立場公佈於世，實際上是對戈爾巴喬夫在海參崴的講話做出了公開的答覆。

走向正常化

為了推動蘇聯在戈爾巴喬夫海參崴講話基礎上向前邁步，我們一連做了幾件事情：邀請蘇聯部長會議第一副主席、計委主席塔雷津（Талызин, Николай Владимирович）訪華；恢復了中蘇邊界談判；在其後舉行的第十二輪的中蘇政治磋商中重點就越柬問題談判。

塔雷津是在一九八六年九月訪華的。訪問期間，雙方探討了蘇聯向我們提供政府貸款，在廣西合作建設鋁廠、擴建本溪鋼鐵生產、修建新疆鐵路；還探討了合資辦廠、補償貿易和來料加工、擴大邊境貿易、增加供應傳統貨物等一系列推進兩國經貿合作的問題。塔雷津還探詢我們對戈爾巴喬夫海參崴講話的進一步態度。中國領導人則表示，戈爾巴喬夫的講話有些值得歡迎的方面，但明確指出他在中國最為關切的越柬問題上沒有新意，敦促蘇方在這一事關中蘇關係正常化的關鍵問題上盡早做出政治決斷。

根據中方關於恢復邊界談判的建議，中蘇外長一九八六年九月在紐約會見時達成協議，兩國邊界談判於一九八七年二月在莫斯科舉行。我出任中方代表團團長，蘇方代表團團長是副外長羅高壽（Рогачев, Игорь Алексеевич）。此前中蘇於一九六四年二月至七月和一九六九年十月至一九七八年六月先後舉行過兩次邊界談判。第一次談判中，雙方交換了地圖，就東段邊界走向口頭上達成了一些共識，但沒簽署任何正式協議，會談等於沒有取得結果。當年十月，赫魯曉夫下台後，邊界會談未再恢復。第二次邊界談判持續了九年，雙方在討論維持邊界現狀協定草案時一直圍繞爭議地區問題激烈較量。一九七九年蘇聯入侵阿富汗，致使第二次邊界談判中斷。如今，第三次邊界談判開始，戈爾巴喬夫的海參崴講話，公開宣佈以界江主航道中心線作為蘇中東段邊界，接受了中方的立場，使談判有了基礎，得以在比較好的氣氛中進行。

我主持了一九八七年二月和八月的兩輪會談，此後的會談是由田曾佩副外長主持的。在中蘇舉行高級會晤前，雙方就東段邊界走向大部分達成了原則協議。至於複雜的西段邊界，雙方就劃界原則取得了一致意見，並同意成立專家工作組具體討論西段邊界走向問題和成立聯合攝影小組進行共同航攝，等等。第三次中蘇邊界談判的進展有助於緩和兩國邊境對峙形勢，成為促進中蘇關係正常化的組成部分。

戈爾巴喬夫海參崴講話後，中蘇於一九八六年十月舉行第九輪政治磋商，直到中蘇高級會晤前夕，兩國一共進行了多達十二輪的政治磋商。我一直主持到第十一輪。一九八八年四月，我就任外長，中蘇邊界談判代表團團長及中方政府特使改由副外長田曾佩擔任。在最後四輪磋商中，蘇方在阻礙兩國關係正常化的關鍵問題上逐漸表現靈活，不再回避討論柬埔寨問題，但稱這個問題只能政治解決，後來又承認越南從柬埔寨撤軍是個重要因素。蘇方雖不承諾將促越南從柬埔寨撤軍，卻表示將做出力所能及的努力促進柬埔寨問題的解決進程。由此可以看出，蘇聯在有意進行戰略收縮並做出從阿富汗撤軍決定後，基於自身需要，也想早日解決柬埔寨問題，態度變得較前積極。

在第十二輪磋商中，蘇方提出願就柬埔寨問題同中方進行專門討論並達成諒解。根據當時形勢，為推動蘇聯對越南進一步施加影響，我們決定接過蘇方的建議。一九八八年八月二十七日至九月一日，田曾佩副外長與蘇聯副外長羅高壽在北京專門就柬埔寨問題舉行工作會晤。最後，雙方達成了一定內部諒解，找到了一些共同點和相近之處，當然，分歧仍然存在。會晤表明，蘇方在促越撤軍問題上立場有所鬆動。出於內政外交需要，蘇方確實希望早日卸掉柬埔寨問題這個包袱，並藉此推動中蘇關係的改善，實現高級會晤。

中蘇政治磋商結束後，我就不再和蘇聯特使伊利切夫打交道了，以後也沒機會再見到他。後來聽說，他先是喪妻，唯一的兒子也先他而去。到了晚年，因身後無人，就將自己一生收藏的許多書籍和油畫等，分別捐贈給了家鄉的博物館。他於一九九〇年八月去世。我特地發去了唁電。

破冰之旅

一九八八年十二月一日至三日，我作為外長，應蘇聯外長謝瓦爾德納澤(Шеварднадзе, Эдуард Амвросиевич)的邀請，對蘇聯進行正式訪問。這是自一九五七年之後，三十多年來中國外長第一次正式訪問蘇聯，主要任務是為中蘇首腦會晤做準備。

此前，兩國外長也有一些接觸，但都是在紐約聯合國大會期間進行的會見。這次外長訪問，從相隔時間之長和任務之艱巨來看，可以說是一次破冰之旅。

陪同我一起訪問蘇聯的，有當時外交部蘇歐司司長戴秉國、新聞司司長李肇星。我們乘坐的中國民航班機，於十二月一日中午抵達莫斯科，謝瓦爾德納澤外長到機場迎接，並陪同坐車去賓館。

我們一行十人，入住在列寧山上的柯西金街十一號賓館。正值嚴冬，莫斯科大雪紛飛，寒風刺骨。蘇方的接待是很周到的，但鑒於兩國關係的特殊和環境的複雜，我和代表團的主要成員，不便在室內商議談判對策，清晨時，只好冒着寒風，踏着厚厚的積雪，在賓館的庭院裡不停地漫步。無法運籌於帷幄，只能策劃在穹隆。

我抵達的次日，就去克里姆林宮會見了蘇共中央總書記、蘇聯最高蘇維埃主席團主席戈爾巴喬夫。當時，他剛剛提出自己的「新思維」理論，給人以年輕有為的印象。也許因為有了「新思維」，他特別愛說，話很多，會見進行了一小時四十分鐘。戈爾巴喬夫主動表示，對過去發生的事情，蘇聯也有過錯。在談及中蘇高級會晤時，他主動提出，考慮到各種情況，他準備到北京去。我向他轉達了中國領導人歡迎他於一九八九年訪華的邀請，並表示，對於兩國關係，中方主張着眼於未來，不糾纏歷史的舊賬，向前看，探討建立新的關係。

訪問期間，我同謝瓦爾德納澤外長舉行了三次會談，共約六個半小時。會談的重點是柬埔寨問題。

關於柬埔寨問題，雙方肯定了一九八八年八月中蘇副外長工作會晤和九月兩國外長紐約會晤所取得的某些一致意見，同時進一步闡述了各自主張。我着重指出，越南軍隊應在一九八九年六月底以前全部從柬埔寨撤出，中蘇在越南撤軍時間表問題上應有一致的主張並促其實現。同時，在越南全部撤軍後，所有外國(包括越南)都應停止對柬埔寨各派的軍事援助，不支持任何一方打內戰。關於柬埔寨內部問題，我沒有深談，只簡要重申了中方關於建立以西哈努克(Sihanouk, Norodom)為首的四方聯合政府，凍結、削減以至解散各方軍隊，派遣國際維和部隊，實行嚴格國際監督和國際保證等主張。蘇方表示希望盡早解決柬埔寨問題，越南應盡早全部撤軍，但認為，越南撤軍、國際監督機制和國際保證的建立，同不恢復柬埔寨過去的政策、實現柬埔寨內部各派之間以及印支與東盟各國之間的繼續對話，應是平行的進程，主張柬埔寨各方達成政治解決協議後，所有國家應立即停止對柬埔寨任何一方的軍援。

蘇方不願明確承諾的是促越南撤軍的期限，稱蘇聯「無法對越南發號施令」，但蘇方轉達了越方同我們直接討論時間表問題的願望，希望中越直接對話，以加快政治解決進程。看到雙方的意見在接近，我們提出，可將越南自柬埔寨撤軍的時間表，確定為一九八九年六月底到十二月底之間。雙方就此達成了協議。

最終的結果是，中蘇兩國外長指派的工作小組經過反覆磋商，雙方就柬埔寨問題以《共同記錄》方式達成內部諒解，並經我和謝瓦爾德納澤確認。其核心內容是：中蘇雙方主張盡早公正合理地政治解決柬埔寨問題，雙方希望越南軍隊在盡可能短的時間內，例如在一九八九年下半年，至遲在一九八九年底之前，從柬埔寨全部撤出；中蘇雙方表示願意做出自己的貢獻，以促使上述目標的實現。

我和謝瓦爾德納澤還討論了關於蘇聯在蒙古駐軍、兩國邊境地區駐軍裁減、邊界談判等問題，也取得了一些進展。

一九八九年二月二日，蘇聯外長謝瓦爾德納澤對中國進行回訪，目的是為高級會晤做準備。我同他舉行了兩次會談，重點仍然是討論柬埔寨問題。我接過蘇方的建議，同意在已經達成的兩次《共同記錄》的基礎上繼續討論，並就柬埔寨問題公開發表一項聲明，概述中蘇在政治解決柬埔寨問題上的一致主張。這個聲明及舉行高級會晤的時間將作為一攬子協議共同發表。

在雙方商定戈爾巴喬夫訪華日期後，蘇方突然耍起了手腕，出爾反爾，表示不願意發表雙方已經達成的協議，而只宣佈戈爾巴喬夫訪華日期。二月三日，謝瓦爾德納澤抵達上海。第二天，小平同志將接見他。深夜，蘇方態度變得強硬起來，不同意發表關於柬埔寨問題的共同聲明。

面對蘇方的要挾，我們立即反擊。四日清晨，我們通知蘇方，鑒於雙方分歧較大，同意暫不發表關於柬埔寨問題的共同聲明，但同時也先不公佈雙方商定的五月中旬舉行高級會晤的日期。

在小平同志會見謝瓦爾德納澤前，我向他匯報了蘇方在柬埔寨問題上立場後退的情況，並建議關於中蘇高級會晤的日期也暫不公佈，由雙方繼續商談。小平同志表示，「中蘇高級會晤的日期不能變，但是我今天不說訪問日期，這由你們去談」。

會見時，謝瓦爾德納澤一上來就向小平同志表示，「戈爾巴喬夫建議五月十五日至十八日訪華，昨天我同錢其琛外長談了這個問題」。他的用意顯然是先請小平同志確認高級會晤的日期，使之成為既定事實，從而繞開柬埔寨問題，再壓中方讓步。

小平同志馬上做出反應，說，「你們兩位外長的談話還未結束，希望你們繼續工作，日期由你們商定，我聽你們指揮」。

接着，小平同志在談話中再次強調了早日解決柬埔寨問題的重要性。

謝瓦爾德納澤眼見自己的打算未能實現，只好表示柬埔寨問題還是可以繼續討論。

四日中午，在返京的飛機上，兩國副外長再次進行了商討，但仍相持不下。謝瓦爾德納澤原定到達機場後立即轉飛巴基斯坦，但到達北京後，就直奔蘇聯使館，離京的時間一推再推。我採取在機場守候的辦法，堅持要求雙方達成協議後同時發表共同聲明和戈爾巴喬夫訪華日期。一直等到了天黑，謝瓦爾德納澤到了機場，我們在候機室裡進行了最後一次會晤。我表示，你的訪問是成功的，雙方的會談，以及同中方領導人的會見，都有成果，但說話做事不應出爾反爾，要知道，我們兩國關係還沒正常化呢！發表共同聲明，是蘇方提出來的建議，我們同意了，雙方的工作小組也做了大量工作。出現目前這種情況，出乎我們的意料。這件事本來是謝瓦爾德納澤做了手腳，現在，他見事情無法收拾，就趕緊做出埋怨羅高壽副外長不會辦事的樣子，同時又向我訴苦，說蘇方在涉及柬埔寨問題上確有難處，事情複雜。見我不為所動，最後，他不得不同意留下兩位司長，繼續同中方商談，自己先乘飛機離去了。

次日，雙方工作小組連夜工作，達成協議。二月六日，雙方同時發表了有關柬埔寨問題的聲明和戈爾巴喬夫的訪華日期。那天正好是那年農曆的正月初一。

五年後，我應邀到格魯吉亞訪問，在那裡又見到了謝瓦爾德納澤。此時，他已是格魯吉亞共和國的總統了。我受到了高規格的禮遇，他親自舉行歡迎宴會，並到機場送行，比當年在莫斯科時熱情多了。

高級會晤

一九八九年五月十五日至十八日，蘇共中央總書記、蘇聯最高蘇維埃主席團主席戈爾巴喬夫如期對中國進行了正式訪問。

四十多年來，中蘇兩國關係，見證了幾代人的努力，經受了火與血的考驗，充滿了坎坷曲折和戲劇性的變化。我一九五四年第一次到蘇聯時，還是一個二十六歲的青年，前後在蘇聯度過了近十年的外交生涯；又作為特使，參加了長達七年、有着許多不眠之夜的中蘇政治磋商。今天，終於迎來了兩國人民期待已久的重要時刻——中蘇高級會晤，心情不能不格外激動。

中蘇領導人的會晤，是舉世矚目的重大事件。對此次戈爾巴喬夫來訪的接待禮儀，小平同志要求在安排上講究適度，見面時「只握手，不擁抱」——這言簡意賅的六個字，表達的不僅僅是簡單的禮儀問題，而是準確地概括了當時中蘇關係的性質，形象地勾勒出兩國未來關係的定位。

至於雙方會晤的主題，小平同志提出了思想深邃、語言明晰的八個字：「結束過去，開闢未來」。

五月十六日上午十時至十二時三十分，小平同志在人民大會堂的東大廳同戈爾巴喬夫舉行了歷史性的會晤。記得那天小平同志精神矍鑠，情緒極好。他的記憶力驚人，談話不用稿子，但條理清晰，用語簡潔準確。他先從兩個方面回顧了歷史：一是近百年來中國在列強壓迫下遭受的損失，二是近幾十年來對中國最大的威脅來自何方。小平同志總結了幾十年風風雨雨的中蘇關係，強調主要是蘇聯把中國擺錯了位置，真正的實質問題是不平等。又說，雖然如此，中方從未忘記，蘇聯在新中國建立的初期曾幫助中國奠定工業基礎。至於意識形態爭論的那些問題，小平同志說，他是那場爭論的當事人，回過頭來看，雙方講的都是空話。那些爭論，我們也不相信自己是全對的。講到這裡，他特別強調，講這些過去的事，目的是為了前進。不是要求再和蘇方進行辯論了。這些歷史賬講了，問題就一風吹了，重點是放在未來。

戈爾巴喬夫表示，關於俄國、蘇聯與中國關係是如何形成的，有些東西，蘇方有自己的看法和評價，但在不太久遠的過去，蘇中關係的有些方面，蘇聯是有一定的過錯和責任的，並贊同過去的問題就講到此為止。

當時戈爾巴喬夫的表態是比較得體的，他顯然也是有備而來的。前蘇聯駐華大使特羅揚諾夫斯基（Трояновский, Олег Александрович）在其名為《跨越時空》的回憶錄中寫道，戈爾巴喬夫曾對其陪同人員說，他打算像晚輩同長輩談話那樣去同鄧小平會談。作為歷史人物，戈爾巴喬夫的功過，自有後人去評價，但他的北京之行所完成的重大歷史使命，在中蘇關係史上，應當被濃墨重彩地記上一筆。

所謂開闢未來，是指兩國關係正常化後建立一個什麼樣的國家間關係，明確今後兩國新型關係的具體內涵和應當遵循的準則。小平同志深刻總結了國際共運的歷史教訓，強調無論是結盟還是對抗，都是不成功的，中蘇關係還是要以和平共處五項原則為基礎。戈爾巴喬夫在記者招待會上表示，他和鄧小平等中國領導人都認為，「蘇中高級會晤標誌着兩國關係進入了一個新階段，兩國關係將建立在國與國之間交往的普遍原則以及和平共處的原則基礎之上。我們的出發點是，蘇中關係正常化不針對第三國，不損害第三國利益，它同當今世界的發展趨勢有機地結為一體」。

高級會晤結束時發表的聯合公報正式確認了兩國最高領導人一致確定的兩國國家關係準則。這樣就形成了既不同於二十世紀五十年代的那種結盟，更不同於六十年代和七十年代的那種對抗狀態，而是不結盟、不對抗、不針對第三國、睦鄰友好的正常國家關係。其後的歷史發展表明，這種完全新型的國家關係不僅最符合兩國人民的根本利益，而且有利於維護世界的和平與穩定。

通過這次高級會晤，中蘇兩大鄰國終於結束了幾十年來的不正常狀態，重新建立起正常的國家關係。

如今回顧起來，當時把握住了歷史時機，實現了中蘇關係的正常化，意義十分重大。此後，國際風雲變幻，東歐劇變，蘇聯解體，世界進入了一個動盪多變的非常時期。當年確立的中蘇關係正常化的框架，成為了中俄迅速建立起超越意識形態的睦鄰友好關係的基礎，進而發展為建設性夥伴關係，直至確立平等信任、面向二十一世紀的戰略協作夥伴關係。如果當時錯過了有利時機，後來兩國關係的發展，可能會是另外一個樣子。

那天，正當實現兩國關係正常化的中蘇高級會晤在人民大會堂進行時，人民大會堂外面卻已經出現了許多不正常的情況，並最終形成了一場政治風波。

中國的外交，將面臨更嚴峻的挑戰和考驗了。

◎外交十記之二

柬埔寨問題的巴黎會議

凡爾賽宮夜宴

一九九一年十月二十三日晚七時許，在巴黎克雷貝爾國際會議中心，一個隆重的簽署儀式正在舉行。柬埔寨的各方人士和十八個國家的外長，一共三十位代表，以及聯合國秘書長德奎利亞爾（de Cuéllar, Javier Pérez），一一在英、中、法、俄、柬五種語言的文本上，代表各自的派別和國家，簽上了自己的名字。他們是：以柬埔寨全國最高委員會主席西哈努克親王為首的最高委員會全體十二名成員、澳大利亞外長埃文思（Evans, Gareth）、文萊外交大臣博爾基亞（Bolkiah, Mohamed）、加拿大外長麥克杜格爾（Mcdougall, Bardara）、法國外長迪馬（Dumas, Roland）、印度外長索蘭基（Solanki, Madhavsinh）、印尼外長阿拉塔斯（Alatas, Ali）、日本外相中山太郎（Nakayama Taro）、老撾外長奔・西巴色（Phoune Sipraseuth）、馬來西亞外長巴達維（Badawi, Datuk Abdullah bin Ahmad）、菲律賓外長曼格拉普斯（Manglapus, Raul）、新加坡外長黃根成（Wong Kan Seng）、泰國外長阿沙・沙拉信（Arsa Sarasin）、蘇聯外長潘金（Панкин, Борис Дмитриевич）、英國外交大臣赫德（Hurd, Douglas）、美國國務卿貝克（Baker, James）、越南外長阮孟琴（Nguyen Manh Cam）、南斯拉夫外長隆查爾（Loncar, Budimir）。

作為外長，我代表中國，也在文件上簽了字。

那天，大家莊嚴簽署的，是柬埔寨問題巴黎國際會議所達成的柬埔寨和平協議【註一】。

柬埔寨問題是二十世紀八十年代牽動國際局勢的一個熱點問題，曾在很大程度上影響過中國的對外關係。協議的簽署是具有歷史意義的重大事件。正如我在簽字儀式後舉行的記者招待會上所指出的那樣，它標誌着延續十三年之久的柬埔寨戰火終於熄滅了。和平協議的簽署將使柬埔寨恢復其獨立和主權，有利於東南亞地區的和平與穩定，也為和平解決地區衝突在國際上創造了一個範例。

當晚九時，巴黎西南郊的凡爾賽宮燈火輝煌，為慶祝柬埔寨和平協議的簽署，東道主法國在此舉行了一個盛大的慶祝晚宴，邀請了所有與會代表出席。

凡爾賽宮，這座歷經二百多年滄桑的古老宮殿，曾見證過第一次世界大戰結束的歷史時刻。此刻，又目睹了另一場戰火平息的歡樂。那天晚上，情緒最為高漲的人是西哈努克親王。他即席發表了一篇很長的講話，對東道主法國和所有為解決柬埔寨問題做出過貢獻的國家表示衷心的感謝，並代表柬各方表明團結合作的決心和誠意。宴會始終充滿了歡快而喜悅的氣氛。參加宴會的各國外長，也都紛紛即席發表了熱情的講話，為一個地區衝突問題，通過國際間的努力而得以和平解決，表示欣慰和讚賞，並讚揚西哈努克親王為實現柬埔寨和平所做的貢獻。宴會到了結束的時刻，參加者絲毫沒有倦意，不願離去。大家紛紛合影留念、熱情交談，還轉着圈在彼此的菜單上簽名，留做紀念。直到午夜時分，晚宴才在一片互道珍重聲中結束。

柬埔寨和平協議的簽署，作為一個地區衝突通過國際間合作而得以和平解決的成功範例，載入了史冊，但對中國來說，它還有着更多和更深遠的意義。

柬埔寨問題

柬埔寨問題的由來，可以追溯到二十世紀七十年代，它直接影響了中蘇關係，並成為阻礙中蘇兩國關係正常化的「三大障礙」之一。

一九七五年，越南取得抗美戰爭勝利後，當時的越南領導人在蘇聯的支持下，向民主柬埔寨政府提出了一系列無視柬埔寨獨立和主權的要求，導致越柬矛盾激化，隨即發生了大規模邊境武裝衝突。一九七八年十二月二十五日，越南出兵柬埔寨，佔領了首都金邊，隨即成立了以韓桑林 (Heng Samrin) 為首的「柬埔寨人民共和國」，此後，越南派兵駐紮在柬埔寨。

越南違背國際法準則的行動，理所當然地遭到了柬埔寨人民的頑強抵抗，也受到了國際社會的強烈譴責和堅決反對。從此，柬埔寨問題成為國際政治鬥爭中的一個熱點問題。在柬埔寨國內，原民柬政府、西哈努克親王、宋雙 (Son Sann) 三派在柬北部、西部山區展開了抗越武裝鬥爭，並建立了統一陣線，成立了以西哈努克親王為首的民柬聯合政府。在國際上，包括東盟各國、中國、美國、日本、西歐各國在內的絕大多數國家，也都站在柬埔寨人民一邊。從一九七九年的第三十四屆聯大開始，歷屆聯合國大會都以壓倒多數票通過決議，要求越南無條件從柬埔寨撤軍。

到了二十世紀八十年代中期，柬埔寨國內戰場進入相持階段。越南和金邊方面雖然在實力上佔據優勢，但也無法打垮和消滅抵抗力量。雙方一面繼續在戰場上角力，一面也開始試探政治解決柬埔寨問題的可能性。

越南陷入柬埔寨戰爭的泥潭，給越南人民帶來沉重負擔，也使越南在國際社會上陷於孤立，越南領導人不得不開始考慮政治解決。一九八五年，越南第一次提出了從柬埔寨撤軍的設想，表示要在一九九〇年從柬埔寨撤軍。一九八六年三月，柬埔寨抵抗力量三方在北京召開內閣會議，提出政治解決柬埔寨問題的「八點建議」，表示願意成立以西哈努克親王為首的四方聯合政府。金邊方面很快做出了回應，首次表示願與民柬聯合政府舉行談判。越南亦隨即表示，如民柬三方與金邊方面談判並建立四方聯合政府，越南願意與這個政府談判撤軍問題。越南的這個建議雖然遭到民柬聯合政府和國際社會的拒絕，但不管怎麼說，雙方都開始做出了願意談判的姿態。

此時，在背後一直支持越南的蘇聯，也因長期的軍備競賽而不堪重負，不得不實行戰略調整，謀求對美、對華關係的改善。小平同志抓住這個時機，做出了調整對蘇關係的戰略決策，提出在解決中蘇關係三大障礙的前提下實現中蘇關係正常化。隨後，中蘇兩國開始了副外長級的政府特使磋商，磋商共進行了十二輪，長達六年之久，其中重要的議題就是要求蘇聯促使越南從柬埔寨撤軍。

一九八五年戈爾巴喬夫擔任蘇聯領導人後，提出了「新思維」的口號，開始全面調整蘇聯內外政策。一九八六年七月，戈爾巴喬夫在海參崴發表講話時說，「柬埔寨問題的解決取決於中越關係正常化，現在是良好的時機，整個亞洲都需要這一點」。蘇聯發出了無意繼續支持越南與中國對抗的信息。

國際局勢的演變，使得政治解決柬埔寨問題出現了一線曙光。

蘇、越立場鬆動

戈爾巴喬夫海參崴講話後，蘇方在中蘇政府特使磋商時，不再回避討論柬埔寨問題。

一九八八年四月，蘇聯、美國、巴基斯坦和阿富汗喀布爾政權的代表在日內瓦簽署關於政治解決阿富汗問題的協議，蘇聯宣佈於一九八九年二月十五日前從阿富汗全部撤軍。蘇聯方面公開表示，阿富汗問題的解決是解決柬埔寨問題的榜樣，外國軍隊應該撤出柬埔寨。

一九八八年六月，我去紐約出席第三屆裁軍特別聯大期間，會見了蘇聯外長謝瓦爾德納澤。他主動向我談到了柬埔寨問題，說關於阿富汗問題的日內瓦協議是解決地區衝突的一個突破，意思就是說希望柬埔寨問題也能照此解決。我對他說，蘇聯決定從阿富汗撤軍是件好事，值得歡迎，但中國更關心的是柬埔寨問題。以前蘇方總是說中國找蘇聯談柬埔寨問題是找錯了對象，經過四年磋商，蘇方才同意討論這個問題。柬埔寨問題的解決，對柬、越、蘇、中和東南亞地區、東盟各國都有利。謝瓦爾德納澤表示，在柬埔寨已經出現了民族和解的趨勢，但如果政治解決沒有中國參加，就不會取得成功。我回答說，中國對解決柬埔寨問題一直持積極態度。在這個問題上，蘇方是可以發揮積極作用，起到重要影響的。當時，中蘇兩國政府特使第十二輪磋商即將舉行，我對他表示，希望這一輪磋商在柬埔寨問題上取得進展，希望他指示蘇方代表團認真討論這個問題。他很爽快地回答說，蘇聯不但不會回避這個問題，還要積極參加到柬埔寨問題的政治解決進程中去。

中蘇政府特使第十二輪磋商時，蘇方主動建議中蘇就柬埔寨問題進行副外長級的專門磋商。八月底，蘇聯副外長羅高壽與田曾佩副外長等在北京就柬埔寨問題舉行了磋商。雙方雖然還有分歧，但都同意這個問題應盡早政治解決，外國軍隊必須盡早撤出柬埔寨。蘇方還表示，願意根據自己的可能為此做出努力。

一九八八年七月一日，中方發表了一項外交部聲明，提出政治解決柬埔寨問題的四點主張，表明了中國的立場：盡快解決越南撤軍這個關鍵問題；越南撤軍後柬埔寨建立以西哈努克為首的四方臨時聯合政府；臨時聯合政府成立後在柬埔寨舉行自由選舉；對上述進程進行有效的國際監督。

就在同時，越南在柬埔寨問題上的態度也出現了變化。一九八六年七月，越共中央總書記黎筍（Le Duan）去世，十二月，阮文靈（Nguyen Van Linh）當選為新的越共中央總書記。越南新領導人總結經驗和教訓，開始調整內外政策，着手尋求政治解決柬埔寨問題的途徑。一九八八年五月，也就是關於阿富汗問題的日內瓦協議簽署一個月之後，越南做出了公開承諾，表示要在一九八九年從柬埔寨撤軍五萬，一九九〇年前完成撤軍，並同意與柬抵抗力量三方、金邊方面一起，參加在雅加達舉行的關於柬埔寨問題的「雞尾酒會」。

當時，東盟樂於看到柬埔寨問題盡快解決，便由印尼牽頭，在雅加達舉行非正式會議，邀請柬埔寨四方、越南以及相關國家參加。因為是非正式會議，各方可以無拘束地交換意見，故大家就稱此會議為「雞尾酒會」。考慮到調和各方的立場，這一稱呼倒也傳神。

一九八八年七月，柬埔寨四方和越南終於參加了在雅加達舉行的「雞尾酒會」，但由於越南拒絕對撤軍進行國際監督，堅持將越南撤軍與停止對柬埔寨的「外來干涉」聯繫在一起，金邊方面也拒絕同時解散金邊和民柬政權，並堅持排斥「紅色高棉」【註二】，「雞尾酒會」沒有取得實質性成果。不過，越南和金邊方面與柬抵抗力量三方有機會一起討論政治解決柬埔寨問題，這還是第一次。

此後，在有關柬埔寨問題的國際談判中，「紅色高棉」在柬埔寨未來權力架構中的地位，逐漸成了矛盾的焦點。

巴黎會議的提議

鑒於雅加達「雞尾酒會」的調和不成，一九八八年九月，西哈努克親王在參加第四十三屆聯大期間向法國總統密特朗（Mitterrand, Francois）提出，希望在法國召開有關柬埔寨問題的國際會議。

西哈努克親王提議在法國召開這一會議，既有歷史原因，也有現實考慮。從歷史上說，法國與印支三國有着很深的歷史關係。十九世紀後期，法國在印度支那半島建立了殖民統治，越南、老撾、柬埔寨先後成為法屬印度支那的一部分。直到一九五四年，在印度支那人民的頑強反抗下，法國才撤出印支半島。從現實上說，與其他大國相比，法國在柬埔寨問題上捲入較少，選擇在法國召開討論柬埔寨問題的國際會議，容易為有關各方接受。

西哈努克的這個設想，可以說正合法國之意，一九八九年正好是法國大革命二百周年，總統密特朗想有所作為，如果能在柬埔寨問題上做些事，不失為法國在世界舞台上表現的好機會，自己也可在法蘭西歷史上留名。

這時，隨着政治解決柬埔寨問題的可能性不斷增加，美國等西方國家開始炒作所謂的「紅色高棉」問題了。對於「紅高」的力量，蘇聯、越南自然是一貫反對，而西方各國，在柬埔寨未來權力安排中也一直排斥「紅高」，主張將「紅高」拒於柬埔寨問題政治解決進程之外。但美國等西方各國也看到，「紅高」在柬抵抗力量三方中實力最強，要迫使越南從柬埔寨撤軍，離不開抵抗力量的武裝鬥爭。因此，他們在「紅高」問題上，起初還比較低調，而到了籌備巴黎會議時，排除「紅高」就成了他們的主要考慮。

美國開始了外交活動。一九八八年六月，我在紐約出席第三屆裁軍特別聯大時，美國負責政治事務的副國務卿阿馬科斯特(Armacost, Michael)來見我，主要來談柬埔寨問題。他說，美方估計柬埔寨問題外交談判的步伐，可能在今後一年內加快。現在美國擔心，如果越南撤軍太快，「紅高」就可能重新掌權。因此，他建議必須考慮採取某種辦法，引進國際部隊，解除「紅色高棉」的武裝。美國希望就此與中國、泰國坦率交換意見。

阿馬科斯特一方面提出要解除「紅色高棉」的武裝，但另一方面也不得不承認，在越南撤軍之前，「紅高」又是打擊越軍的重要力量。美國知道這是一個微妙的問題，處理時需要平衡。

我對阿馬科斯特說，中方不贊成柬埔寨今後由哪一派掌權，也不贊成排斥哪一方。我們公開講話只能講到這個程度。我們支持真正以西哈努克為首的聯合政府掌權，至於如何做到這一點，相信是能夠找到解決辦法的。

一九八九年二月，美國總統布什(Bush, George Herbert Walker)訪華時，又向小平同志提出了「紅高」問題。小平同志對布什說，中國提出柬埔寨各派軍隊都裁減到一萬人，這樣，任何一派都不可能鬧事。小平同志還明確地告訴布什，中國支持以西哈努克親王為首的四方聯合政府，今後對柬埔寨的國際援助都應該通過西哈努克親王。

談判進展

一九八八年十二月初，我應邀訪問蘇聯。柬埔寨問題是會談的中心議題。在和謝瓦爾德納澤會談時，我主要提了三點：中蘇在越南撤軍的時間表問題上應該有一致的主張，並且要促其實現；在越南全部撤軍後，所有外國都應停止對柬埔寨各派的軍事援助，不支持任何一方打內戰；建立以西哈努克為首的四方臨時聯合政府，凍結、削減以至解散各派軍隊，向柬埔寨派遣國際維和部隊，對越南撤軍和柬埔寨民族和解進程實行嚴格的國際監督和國際保證。

謝瓦爾德納澤表示，蘇方希望盡早解決柬埔寨問題，但越南撤軍還是要有一定的條件。

經過反覆商談，我們達成了兩點內部諒解：雙方希望並將努力促使越南在短時間內，比如一九八九年下半年，至遲年底，全部撤軍；同意隨着越南在國際監督下撤軍，有關各國逐步減少直至停止對柬埔寨各派的軍事援助。蘇方還主動提出，來年謝瓦爾德納澤訪華時，兩國外長發表一個關於解決柬埔寨問題的聯合聲明。

在這次訪問中，戈爾巴喬夫和謝瓦爾德納澤還向我表示，蘇方希望中國與越南直接談判。

這次訪問後，中央決定與越南就柬埔寨問題直接進行談判，並確定了談判的方針。

其實，在一九八八年，越南外長阮基石 (Nguyen Co Thach) 已兩次提出希望訪華，當時我們考慮到越方在柬埔寨問題上的立場還沒有出現實質性的改變，因此拒絕了他。這一年年底，阮基石又來信，再次表示希望訪華，說「越中兩國坐在一起的時機已經成熟」，希望雙方合作「為柬埔寨各方在民族和解的基礎上達成妥善的政治解決辦法創造條件」。

我們研究後認為，越南在柬埔寨問題上的立場已出現新的鬆動，可以和越方就中越關係問題尤其是柬埔寨問題進行接觸。但是，考慮到外長會晤是一個重要的政治舉措，時機尚不成熟，因此，我們答覆越方：兩國外長會晤還有許多準備工作要做，建議越方先派一位副外長來北京，就政治解決柬埔寨問題舉行內部磋商。

越南方面接受了我方的建議。一九八九年一月，越南副外長丁儒廉(Dinh Nho Liem)訪問北京。在與劉述卿副外長的磋商中，丁儒廉明確表示，越南將從柬埔寨全部撤軍。中越雙方在停止外界對柬各方的援助、保證柬埔寨中立和不結盟地位、實行國際監督和國際保證等方面，也縮小了分歧。只是在對撤軍後如何保證柬埔寨國內和平問題上，越方不願承擔責任，推託說，這是柬埔寨內部問題，應由各派自己去解決，而不應由中越兩國來討論。

針對越方態度，在隨後同丁儒廉的會見中，我特別指出，柬埔寨問題當然應該在沒有外來干涉的情況下，由柬四方自己解決。但作為柬埔寨問題當事國的越南，以及與柬埔寨問題有關的蘇聯、中國、泰國，對這個問題應該有明確的主張，即在外國軍隊撤出柬埔寨、停止對柬各派的援助後，柬埔寨應該實現四方聯合，實現民族和解，不再發生內戰和動盪。有關國家對此都應該承擔責任，越南更應如此。

丁儒廉表示，早日解決柬埔寨問題和實現中越關係正常化，集中力量搞經濟建設，這是越南的長遠戰略。我表示，有關柬埔寨問題的一些基本方面如果得到解決，中越關係的改善和正常化將是自然的結果。

枝節橫生

在中國和有關各國的積極努力下，政治解決柬埔寨問題的國際條件逐漸形成，西哈努克提議的巴黎會議確定於一九八九年七月底召開。

作為東道主，法國外長迪馬在一九八九年六月給我來信，邀請中國參加這次在巴黎召開的有關柬埔寨問題的部長級國際會議。

正在此時，北京發生了那場政治風波，西方國家政府紛紛採取制裁中國的措施，很快又在西方各國，特別是輿論界，掀起了更大的反華浪潮。

這期間，法國在反華問題上表現惡劣。那時，過往法國的中國旅客，在機場都會受到法方警察的無端歧視，甚至被限制行動，不許同使館進行電話聯繫，不給水喝，不許上衛生間。

剛剛來信邀請我出席巴黎會議的法國外長迪馬，這時也在議會高調表示，要中止中法之間的所有訪

問，他也不會會見中國外長。對於邀請我率領中國代表團參加柬埔寨問題的巴黎會議，他表示那是一次國際會議，他同我見面，不算是外長見面。

儘管形勢突變，事態複雜，我們還是決定，中國一定要參加這次有關柬埔寨問題的巴黎會議。在當時西方的一片反華聲浪中，有一種輿論，說北京發生政治風波後，中國已經自顧不暇，不可能再在國際事務中發揮作用了。我們的出席正好是向國際社會表明中國態度的好時機。同時，巴黎會議也是當時中國與西方各國保持公開接觸的惟一場合，利用這一場合，可以多做工作，以便打開外交僵局。

在柬埔寨問題上，雖然國際上有關各方都支持召開這次國際會議，但各自的想法、要求和打算並不相同，特別是在柬內部問題上，分歧很大。爭議的焦點仍是「紅色高棉」問題。越南、金邊方面以及其他某些國家，主張西哈努克和洪森（Hun Sen, 現譯「雲升」）聯合，排除「紅色高棉」。柬抵抗力量三方和東盟等，則堅持建立以西哈努克親王為首的四方臨時聯合政府。我們知道，會議上的鬥爭將會很激烈，如果沒有中國的參與，想達成一項全面解決的協議幾乎是不可能的。

巴黎會議召開之前，我已抵達博茨瓦納，開始對南部非洲六國的訪問。為了參加這次會議，我在訪問途中，特意從博茨瓦納轉道倫敦，於七月三十日中午飛抵巴黎。

當天下午，我就會見了會議東道主法國的外長迪馬。一見面，我就嚴肅地問他：你在議會上宣佈不會見中國外長，我是中國外長，你是不是不該見我？接着，我又指出，在這場反華浪潮中，法國推波助瀾，扮演了不光彩的角色，而且，最不文明，也最不講禮貌。這從過境法國的中國旅客所遭受的非人道待遇上就可以看出。

迪馬有些尷尬，只好表示道歉，說他說的那些話是應付議會和輿論的，請不要在意；又強詞辯解說，法方最近的有些行動，不是出於反華，而是出於對中國的「友好」，因為中法關係很好，建交也最早，所以，反應激烈了點兒。說這是「愛之愈深，責之愈切」。後來，迪馬陷入了法國售台武器的醜聞，不知他又會如何自辯？

大國外交

一九八九年七月三十一日，柬埔寨問題的部長級國際會議如期在法國巴黎召開了。

我在巴黎會議的第一天作了發言，中心的意思是：柬埔寨問題的實質是一個國家出兵侵略另一個主權國家，並實行長期軍事佔領所造成的。解決柬埔寨問題的關鍵，一是外國軍隊必須在國際監督下完全撤出；二是撤軍後柬埔寨要保持和平，防止內戰，實現民族和解。這兩個基本問題緊密相關，缺一不可。中國在柬埔寨問題上不謀私利。如果國際會議達成協議，中國將同有關國家一道承擔義務，停止對任何一派的軍事援助，並尊重柬埔寨未來自由選舉的結果。

會議召開前，美方提出國務卿貝克希望在會議期間與我會晤，討論雙邊關係和巴黎會議的有關問題。當時，美國正在加緊制裁中國，生怕這次會見引起國內媒體的責難，因此提出會晤限於小範圍，而且，要確保內容不對外洩露。

在和貝克的會見中，除了中美雙邊關係問題，我們着重討論了柬埔寨問題。貝克表示，雙方在會議上的合作，不僅表明兩國在柬埔寨問題上立場一致，也說明美中之間有共同的政治、戰略利益，希望兩國一道對柬埔寨問題發揮積極的引導作用。他還提了三個問題：中國可否向波爾布特 (Pol Pot) 等人提供庇護？希望中國考慮停止對「紅高」的軍事援助；美國希望保證柬埔寨難民在遣返時有選擇的自由。

對美方所提的三個問題，我的答覆是，民柬方面沒有人向中方提出過庇護的要求；越南全部撤軍、柬埔寨問題解決後，中國願與其他國家一道承擔停止軍援的義務；難民事務是柬各方與泰國之間的問題，與中國無關。

在會議期間，我還會見了十一個國家的外長，其中包括英國外交大臣梅傑 (Major, John)、日本外相三冢博 (Mitsuzuka Hiroshi)、加拿大外長克拉克 (Clark, Charles)。這是北京發生政治風波後，中國和西方國家的第一次高級別公開接觸。這之前，歐共體首腦會議和西方七國首腦會議都剛剛宣佈停止與中國的部長級及以上的高級會晤。但是，柬埔寨問題的政治解決，離不開中國的參與，在討論柬埔寨問題的國際會議上，必須和中國打交道。他們只好找理由說，這是國際會議，是多邊往來，不是雙邊接觸。在客觀上，巴黎的國際會議為我們打破西方的制裁提供了機會。

八月一日，巴黎會議結束，沒有取得成果。次日我飛往萊索托，繼續我的南部非洲之行。劉述卿副外長則率領中國代表團留在巴黎，繼續參加對如何解決柬埔寨問題的實質性討論。

從整體來看，大多數與會國在政治解決柬埔寨問題上的基本立場是一致的。會議期間，我們對民柬三方做了大量工作。以西哈努克親王為首的民柬三方代表團經常到我國駐法國使館做客，交流情況，商討對策。西哈努克親王對中國領導人有着深厚的感情和充分的信任。他們對會議的進展抱着樂觀的態度。我們與美、英、泰、新、日、加等國也進行了密切磋商，在重要問題上，步調基本一致，主導了會議的進程。

但是，由於各方在「紅色高棉」問題上的分歧太大，會議最終沒能達成協議。不過，巴黎會議是所有與柬埔寨問題有關的國家以及柬四方第一次坐在一起討論柬埔寨問題，為柬埔寨問題的最後解決，打下了一個良好的基礎。

不久，我在出席聯大時，又會見了法國外長迪馬。他對巴黎會議的失敗表示失望，情緒有點消極。我對他說，巴黎會議雖然沒有達成協議，但還是有益的，大多數國家已經取得了一致，關鍵的問題是越南的態度比較僵硬。法國應該期待越方態度的改變。中國支持巴黎會議在條件具備時復會。

會見迪馬的前幾天，我再一次會見了美國國務卿貝克。在我赴紐約前，貝克向我國駐美大使韓敘表示，他在巴黎會議期間同我談得很好，希望在聯大期間再次見我。這一時期，我同西方各國外長的會見，幾乎都在多邊場合，但接觸的渠道一直保持。

九月二十八日晚上，我與貝克舉行了會談，貝克先談起了中美關係，說兩國關係比巴黎會議時已有所改善，布什總統和他本人都十分重視美中關係，希望雙方能通過繼續對話盡快使兩國關係恢復正常。在柬埔寨問題上，貝克表示，美對兩國在巴黎會議上的合作感到滿意，但在「紅高」問題上，仍有很大保留。美方本來是持排斥「紅高」的立場，主張柬三方解決方案，只是由於西哈努克親王認為柬埔寨未來的權力架構中，有必要包括「紅高」，美國雖然不情願，也還是勉強接受了。貝克說，現在令人不安的是，柬埔寨問題正從政治解決轉向戰場解決。希望中國發揮重要作用，壓「紅高」接受政治解決。如果「紅高」企圖在戰場上解決問題，美國和東盟國家都將不會允許「紅高」在柬埔寨未來政府中發揮作用。

我先對貝克表示，中方也對中美在巴黎會議上的合作表示滿意。然後，我重申了中國在和平解決柬埔寨問題上的原則立場。我說，所謂「紅高」獨家掌權的可能性並不存在，中國也不支持這樣做。如果蘇聯和越南真正停止向金邊方面提供武器，中國就會停止向民柬抵抗力量提供武器。現在的問題是，越南宣佈的撤軍沒有國際監督，人們有理由懷疑其真實性。關於柬埔寨問題的國際會議應該明確支持由西哈努克親王來主持柬四方聯合政府，至於各派的席位分配等細節問題，應該由柬四方自己去解決。

貝克說，蘇聯外長謝瓦爾德納澤已經向他表示，如果有關各國停止向柬各派提供武器，蘇聯也可以停止向金邊方面提供武器。美方認為，蘇、越應該壓洪森接受某種分權安排，而中國則應該向「紅高」施加壓力，使它的期望變得現實一些。單靠柬四方，永遠也不會就其內部問題的解決達成協議。因此，中、蘇、美、東盟應該為柬內部問題的解決搞個方案。他提出了一個設想，如果由西哈努克親王任元首，洪森任總理，各派都有兩人任部長，外交、國防、內務等重要部長之職，可以由西哈努克和宋雙派人士擔任，這樣就可以保證西哈努克有實權。如果大國對這樣的安排達成一致，並讓柬四方同意，越南也就可能同意。

我回答說，這要看柬各派是否接受他的建議，特別應該先徵求西哈努克親王的意見。西哈努克親王反對大國一方面請他擔任國家元首，同時又把事先做好的一些安排強加給他。

和平協議

一九八九年八月的巴黎會議後，政治解決柬埔寨問題的進程一度低落，柬埔寨國內戰場上，各派的較量也趨於激烈，一時和平無望。

為了打破政治解決柬埔寨問題的僵局，一九九〇年一月至八月，安理會五個常任理事國在巴黎和紐約舉行了六次副外長磋商，制定了全面政治解決柬埔寨問題的框架文件。這個框架文件基本上滿足了各方的最低目標和要求，得到有關各方的認可。

這時，越南在柬埔寨問題上的態度也有了更加積極的變化，中越朝着實現兩國關係正常化邁出了重要的一步。一九九〇年九月初，越共中央總書記阮文靈、部長會議主席杜梅(Do Muoi)、越共中央顧問范文同(Pham Van Dong)應邀來中國，與江澤民總書記、李鵬總理在成都舉行內部會晤。越南領導人表示，願意接受聯合國對越南撤軍的監督與核查。雙方都贊成安理會五個常任理事國的框架文件，並同意共同努力，推動柬埔寨有關各方也接受這些文件，以推動全面解決柬埔寨問題的進程。

之後，中越雙方立即各派代表赴雅加達，向正在那裡舉行非正式會議的柬四方做勸說工作。柬四方終於宣佈接受五個常任理事國的一攬子方案，並決定成立由四方組成的十二人全國最高委員會。

十一月，巴黎會議工作小組將五個常任理事國的框架文件具體化，完成了全面解決柬埔寨問題的協議、附件及有關文件的起草工作。這時，金邊方面突然覺得自己吃虧了，隨即又提出要對框架性文件進行修改，增加柬全國最高委員會中金邊方面的成員，或由金邊方面出人擔任最高委員會的副主席。

這樣一來，柬埔寨問題的最終解決又拖延下來。

為了盡快簽署協議，中國再一次發揮了重要作用。中方和有關國家一道，就柬埔寨政府的未來權力安排，與柬四方不斷協商。一九九一年七月，柬最高委員會在北京舉行工作會議，金邊方面同意西哈努克親王任柬最高委員會主席，不再堅持設副主席和增加金邊方面成員。八月，越南副外長阮怡年（Nguyen Dy Nien)訪華，與徐敦信副外長就柬埔寨問題和中越關係正常化問題舉行磋商。我會見了阮怡年。隨後，中越雙方發表新聞公報，一致表示安理會五個常任理事國的框架文件不能改動，巴黎會議工作小組的協議草案可做修改，但不能超出框架文件的內容。九月，越南外長阮孟琴訪華，這是十多年來中越兩國外長之間的首次會晤。我們就柬埔寨問題交換了意見，雙方都一致表示將繼續為這個問題的最終解決而積極努力。

一九九一年九月十四日，西哈努克親王十二年來首次率領由柬四方組成的柬埔寨代表團抵達紐約，出席聯合國大會，標誌着柬埔寨新的聯合政府即將成立。

在聯合國大會期間，安理會五個常任理事國、巴黎會議兩主席國和所有參加國的外長、聯合國秘書長代表與柬最高委員會成員就柬埔寨問題的政治解決達成了最後框架協議，為一九九一年十月在巴黎重新召開柬埔寨問題的國際會議創造了條件。

一九九一年十月二十三日，柬埔寨和平協議終於在巴黎正式簽署，柬埔寨問題的政治解決最終得以實現。

在當時非常複雜、動盪的國際形勢下，柬埔寨問題能得到和平解決，實屬不易。多年來，聯合國和國際社會曾不斷努力，試圖解決全球各地出現的種種地區衝突問題，但失敗的多，成功的少。柬埔寨問題之所以能夠解決，是因為有關的各國，特別是相關的幾個大國，在解決這一地區衝突的問題中，找到了共同的利益。在一個多極的世界中，大國間的共同利益，往往是維持地區穩定和平衡的關鍵因素。

有意思的是，在柬埔寨和平協議正式簽署時，蘇聯因發生「八·一九」事件，政局不穩，一直參與柬埔寨問題談判的蘇聯外長謝瓦爾德納澤已經離任，代表蘇聯在文件上簽字的是當時誰都不太認識的新外長潘金。

和平協議簽署後，西哈努克親王回到了他闊別十三年之久的柬埔寨首都金邊。聯合國也很快向柬埔寨派出了駐柬臨時權力機構和二點二萬名聯合國維和人員。經過各方一年多的努力，一九九三年五月，柬埔寨舉行了二十多年來第一次全國大選，西哈努克被各派一致擁戴為國家元首，九月二十四日，又再次登基為國王。「紅高」方面因為拒絕參加大選，於一九九四年被宣佈為非法組織。

【註一】

柬埔寨和平協議：包括《柬埔寨衝突全面政治解決協定》、《關於柬埔寨主權、獨立、領土完整及其不可侵犯、中立和國家統一的協定》、《柬埔寨恢復與重建宣言》和《最後文件》。

【註二】

紅色高棉：「紅色高棉」一詞最初產生於上世紀六十年代，當時是對柬埔寨左翼力量的統稱，後成為西方國家對柬埔寨共產黨及其民主柬埔寨政府的代稱。

◎外交十記之三

飛往巴格達

風雲驟起

一九九〇年八月二日，海灣危機爆發。伊拉克大舉入侵並佔領了鄰國科威特，不久，又正式宣佈將其吞併。一時，各國嘩然，舉世震驚。

事件雖是突發，但並非無跡可尋。這一年的七月下旬，我正好在沙特訪問，準備簽署中沙兩國建交公報。訪問的第一天，我和沙特外交大臣費薩爾 (Saud Bin Faisal Bin Abdul-Aziz) 親王舉行了會談，一切順利，雙方商定第二天正式簽署建交公報。到了第二天，這位大臣忽然不見了蹤影，整個白天都找不到他，建交公報也無法按原定時間簽署了。沙特方面只是說，外交大臣今天有緊急事務要處理。我們感到困惑，擔心建交的事情是否有變。到了晚上，費薩爾親王又突然出現了，雙方還是按照約定，在當天夜裡完成了建交公報的簽署。費薩爾親王告訴我，他之所以無法按原定時間來簽署公報，是因為法赫德 (Fahd Bin Abdul-Aziz) 國王讓他當天急赴伊拉克和科威特，調解兩國發生的矛盾。那時伊科矛盾已經公開化了，但各方都未預料到局勢會迅速演變成兵戎相見。

伊拉克與科威特的矛盾由來已久。歷史上伊、科兩國都曾是奧斯曼帝國的一部分，後又被英國人統治。一九二一年，伊拉克獨立，科威特直到一九六一年才宣佈獨立。奧斯曼帝國時，科威特曾是巴士拉省的一個縣，這大概就是伊拉克覬覦科威特的歷史緣由。兩國的邊界自獨立後一直未完全劃定，不時就要鬧起邊界糾紛。科威特國小民寡，但石油資源豐富，而伊拉克經歷了八年的兩伊戰爭後，欠了一大堆的債，其中相當部分是欠科威特的。進入一九九〇年後，兩國因石油價格而爭執加劇。阿拉伯國家一直在為調解這兩個國家的糾紛而努力，但沒有成功。如今，伊拉克乘科威特人夏季去歐洲度假之機，突然派兵攻佔科威特，長驅直入，幾乎兵不血刃。

伊、科兩國同屬發展中國家，與中國都有着友好關係。這次，伊拉克軍事入侵並佔領科威特，是嚴重違反國際關係準則的事件，絕對不能允許。中國外交部發言人當日就發表聲明，表明了中國政府的立場，並要求通過和平談判解決爭端。八月四日，楊福昌副外長又分別緊急召見了伊、科兩國駐華使節，呼籲伊拉克盡快撤軍，越早越好；希望兩個兄弟的阿拉伯國家通過談判解決彼此分歧。二十二日，我在會見來訪的科威特副首相兼外交大臣薩巴赫(Al-Sabah, Sabah Al-Ahmad Al-Jaber)親王時，針對伊拉克已宣佈將科威特吞併，強調說，中國堅決反對伊拉克入侵並吞併科威特。伊拉克不管用什麼藉口，武力入侵都是不能接受的。我們強烈要求伊拉克無條件撤軍，科威特的獨立、主權和領土完整應得到尊重和恢復。

科威特遭受突然襲擊後，保護在那裡的中國公民是一項緊迫而艱巨的任務，我國駐科使館為此付出很大努力。當時，中國在科威特的勞務人員和僑民近五千人。由於形勢惡化，他們已經失去最起碼的工作和生活條件。到了八月二十九日，我們將全部中國公民撤到了安全的地方，其中還包括不少台灣和香港同胞。台灣在科威特有個商務代表處，戰亂發生後，那個機構的負責人就逃之夭夭，自顧自保命去了。一百多名台胞只好向我們使館求助，我們完全滿足了他們的要求。另有一些香港同胞、拿着英國護照，那時不僅不再管用，而且會帶來更多危險。他們也找到了中國使館，我們都設法予以協助，使他們能夠安全撤離。

海灣是戰略要地，那裡一旦出現危機，必然會牽動世界整個局勢的穩定。

聯合國很快做出了反應。安理會在八月二日召開了緊急會議，通過了譴責伊拉克入侵科威特、要求伊軍立即無條件撤出的第六百六十號決議，中國投了贊成票。後來，安理會又通過了一系列決議，對伊拉克實施全面的制裁和海空封鎖，還成立了一個專門委員會——六六一委員會，審查決議的執行情況。對於這些措施，中國都是贊成的。

阿拉伯世界對於這場危機更是着急，他們不願意看到兄弟鬩於牆的局面。海灣各國進行了緊急外交斡旋，提出了許多方案和建議。但由於阿拉伯各國的利益和立場不盡一致，對於如何解決這場危機存在着不少分歧，所有的努力都沒能取得進展。

海灣危機發生之時，蘇聯正陷入日益嚴重的國內政治、經濟困境，自顧不暇，難有大的作為。

這時，美國的反應最為強硬。八月七日，美國總統布什正式簽署出兵海灣的行動計劃，立即開始向海灣地區調兵遣將，大規模增加這一地區的軍事力量。

一時，戰雲密佈，局勢危急。

出訪中東

到了那年十月份，海灣局勢非但沒有緩和，反而一步步滑向了戰爭的邊緣。

這一段時間，為求海灣危機能夠和平解決，國際上的各方都在進行緊張的外交活動。中國作為一個大國，特別是聯合國安理會的五個常任理事國之一，在維護世界和平和地區穩定方面的重要性，開始顯現出來。

許多阿拉伯國家向中國派來了特使。科威特、約旦、沙特的外交大臣先後到北京進行工作訪問。伊拉克也派了第一副總理拉馬丹 (Ramaddan, Taha Yassin) 來陳述伊方的觀點。

更重要的外交舞台是在聯合國。

在那年的九月下旬至十月初，我赴紐約出席聯合國第四十五屆大會。在九月二十五日安理會外長級會議上，我闡述了中國對海灣問題的立場，呼籲伊拉克正視國際社會的強烈願望，採取同安理會合作的態度，立即停止對科威特的佔領，從科威特撤軍。我指出，中國政府主張海灣危機通過和平方式解決，支持安理會所發揮的作用，歡迎聯合國秘書長繼續進行調解和斡旋，支持阿拉伯國家在安理會有關決議的基礎上進行廣泛的努力。我還指出，中國原則上不贊成大國對海灣的軍事捲入，因為這只能使局勢更加複雜，呼籲有關國家保持最大克制。針對安理會剛剛通過對伊拉克實行空中禁運的第六百七十號決議，我還強調，有關國家在執行決議時，要嚴格遵守國際法的有關規定，嚴格防止採取任何危及民用飛機和機上人員安全的行動。

聯大期間，中國代表團借用不結盟運動國家的一間不足三十平方米的磋商室作為會議室，那裡成為了一個多邊外交磋商和對話的中心場所。我在那間小屋裡，川流不息地分別會見了六十多個國家的外長或領導人，海灣危機是主要話題。

在會見中東地區十餘位外長後，我總的感覺是，大多數國家對可能爆發戰爭感到憂慮，堅決反對伊拉克侵吞科威特，但對如何解決這一危機意見不一。前一段時間，各國曾試圖用阿拉伯方式來化解危機，但成效甚微。他們都讚賞中國的立場，希望此時中國能發揮更大的作用。

聯合國秘書長德奎利亞爾向我表示，不管是在聯合國名義下打仗，還是美國自己打，都應避免。如果美國執意單幹，那就更危險。他說，當年的朝鮮戰爭就是一次壞的經歷。他不相信美國會把軍隊交給聯合國指揮。

在與蘇聯外長謝瓦爾德納澤交談時，他告訴我，蘇聯目前擔心的是滯留在那裡的五千多名石油等方面的專家。蘇聯曾派熟悉中東事務的普里馬科夫（Примаков, Евгений Максимович）作為特使，跑了兩趟巴格達，在調解方面，無功而返，只完成了一個任務，就是促成蘇專家回國。他表示，在當前阿拉伯國家分裂的情況下，蘇聯很難發揮什麼作用。

這時，美國正在積極策劃安理會授權對伊拉克動武。美國與其他幾個西方國家一起，一方面對中國的立場表示讚賞，另一方面企圖要求中國完全按照他們的步子走。

在會見法國外長迪馬時，當我提出法國應運用其對伊拉克的影響，促使伊拉克從科威特撤軍，這位外長做出無奈的表情說，有時朋友並不聽話。我向西方國家的外長強調，安理會已通過不少決議，應該再給些時間，讓聯合國、阿拉伯國家和其他方面進行調解。中國對安理會的有關制裁伊拉克的決議都投了贊成票，這是不容易的，因為安理會五個常任理事國中有三個還正在對中國進行制裁，這是一種不正常的狀態。

十月十五日，約旦國王侯賽因（**Hussein Ibn Talal**）向我們駐約旦的大使提出，希望中國派高級特使訪問伊拉克和海灣地區。此前，阿曼、巴勒斯坦也提出過類似的建議。

綜觀世界全局，着眼海灣和平，中央決定由我於十一月六日至十二日出訪中東，以特使的身份訪問埃及、沙特、約旦和伊拉克。

二十世紀八十年代以後，中國倡導推行獨立自主的外交政策，從國家安全和利益的角度出發，着重改善了與鄰國間的雙邊關係，並根據自己的切身利益，與世界各國，包括西方各國，建立起正常的國家關係。

在中東地區，中國沒有什麼直接利害關係，更不謀求任何私利，地位特殊，深獲阿拉伯各國的信任和尊重。同時，作為一個發展中的大國，中國在重大的國際事務中，正贏得越來越大的發言權和影響力。這時出訪中東，尋求海灣危機和平解決的可能性，對於增強中國的國際地位和擴大在該地區影響，具有深遠的意義。而維護世界和平，是中國外交的一貫宗旨，為避免戰爭而盡一切努力，無論最終結果如何，也是中國對世界和平事業的貢獻。

就這樣，我成為海灣危機期間惟一訪問過巴格達的安理會常任理事國的外長。

針對當時複雜的局勢，我們制定的出訪方針是：不帶解決方案，也不充當調解人，廣泛聽取各方意見，勸說伊拉克從科威特撤軍，爭取海灣危機的和平解決。

在出訪準備會上，我強調對不同國家要有不同談話重點。伊拉克是這次出訪的重點，要向伊方表明，以任何理由武力侵佔別國領土，都是不能被接受的。目前形勢嚴峻，避免戰爭對伊拉克是有利的，伊方對此要有相應表示。對沙特、科威特，要充分理解和同情他們的處境，表明中國反對侵略、主持正義的公正立場，同時說明軍事解決對他們也不是最好的選擇，而應當根據安理會的有關決議來解決危機。至於約旦、埃及，主要是瞭解他們對伊拉克的實際態度，共同探討和平解決海灣危機的可能性。

我們原定的出訪順序是沙特、約旦、伊拉克、埃及。美國得悉我將出訪的消息後，馬上提出，將去埃及訪問的國務卿貝克希望在開羅安排與我會晤。

這時，美國意識到，在聯合國安理會授權對伊拉克動武問題上，他們需要五個常任理事國之一中國的一票。這一票至關重要。

開羅「巧遇」

十月三十一日上午，美方從華盛頓傳來信息，說貝克國務卿將於十一月三日前往中東訪問，希望於六日下午在埃及開羅安排與我見面。我們同意了。不久，美方又提交了一份「非文件」【註】，表示兩國外長十一月六日在開羅的會見將是有益的，將有助於加強安理會五個常任理事國關於伊拉克必須從科威特撤軍並恢復科威特主權的一致立場，以便有可能和平解決海灣危機。

於是，我們將出訪順序調整為埃及、沙特、約旦、伊拉克。後沙特又提出，法赫德國王也很希望在我訪問伊拉克後，在沙特西部港口城市吉達同我會面。這樣，最後的行程就定為：北京—開羅—塔伊夫—利雅得—安曼—巴格達—吉達—北京。

以往出訪，我一般都是乘坐民航班機，但這時由於聯合國實施的制裁，伊拉克已無國際航班進出，我就乘坐了民航專機，但專機去伊拉克，也要經過聯合國六六一委員會的特許。開始，我們計劃飛經土耳其上空，前往伊拉克，但出於某種原因，土方婉拒了。我們改變路線，從約旦入境，經沙特回國。

我們是十一月六日上午九時離開北京的，波音767型飛機加足了油，連續飛行十二個小時，於當地時間下午三時半抵達開羅。貝克也是當天上午到達開羅，正好下午離開。於是，在開羅機場，來訪的中國外長「巧遇」了美國國務卿。

當時，美國還正在對中國實施所謂制裁，雙方仍未恢復高層會晤。海灣危機發生後，美國需要中國的合作，雙方的聯繫和來往迅速增加。

實際上，開羅會晤已經是中美兩國外長自一九八九年夏天以來的第四次會晤。

伊拉克入侵科威特的當天，美國駐華大使李潔明 (Lilley, James Roderick) 向中方介紹了美方的立場，並瞭解我們的態度。八月四日至五日，美方又派了助理國務卿所羅門 (Solomon, Richard) 來北京，就海灣局勢與中方交換意見。布什總統還不只一次給楊尚昆主席寫信，尋求中方的合作。貝克國務卿也多次致信或帶口信給我。我和貝克在一九八九年七月柬埔寨問題巴黎會議和同年九月紐約第四十四屆聯合國大會期間都進行了會晤。一九九〇年九月，在第四十五屆聯合國大會期間也見了面。在那次會見中，海灣危機問題是我們商談的主要內容。美方本來想與中方就海灣危機發表一個聯合聲明，我們考慮根據當時的中美關係，單就海灣問題搞個聯合聲明不可取，沒有同意。貝克曾就美國對海灣問題的一些重大的基本考慮與我單獨交談過。他告訴我，如果經過很多個月後，制裁仍不起作用，就不得不考慮使用武力。美國將要求聯合國授權進行多邊軍事行動。如果聯合國不授權，美國將不得不援引聯合國憲章第五十一條，單獨行動。

這次開羅會晤，美方很想確切瞭解我們在聯合國安理會授權動武問題上的態度。

在埃及方面的協助下，下午四時，我與貝克在開羅機場貴賓室會晤，談了一個半小時。貝克表示，十分讚賞中國在解決海灣危機中的作用。他說，美國無意在海灣永久駐紮陸軍。危機消除後，美國會立即撤軍，只保留一九四九年以來一直駐紮在那裡的海軍力量。如果我訪問伊拉克時能使薩達姆(Saddam Hussein)認識到中國將最終支持通過決議，授權使用一切適當的方式執行安理會的決議，那麼將增加和平解決海灣危機的機會。他又說，美國將繼續執行已實行了三個月的制裁，並準備向海灣增兵以施加政治、經濟和軍事壓力。如果制裁無效，希望中國不要阻撓授權對伊拉克採取一切必要的行動，包括軍事行動。

我向他說明，我此次出訪的主要目的，是同有關阿拉伯國家的領導人探討和平解決海灣危機的可能性，沒有什麼「方案」，也沒有授權進行調解，只是想在安理會決議的框架內對伊拉克領導人進行勸說。我將坦率地告訴他們正面臨最後抉擇，要麼無條件從科威特撤軍，要麼就會遭受嚴重災難。我說，目前海灣局勢十分嚴峻，爆發戰爭的危險越來越大，同時國際上要求和平解決危機的呼聲也在加強。中國政府對海灣局勢深感憂慮和不安。

至於中美關係，我說，儘管雙方存在着一些分歧，但雙方在這個問題上的合作還是不錯的。我們認為這對於海灣危機的和平解決是關鍵。我向貝克強調，只要和平的希望還存在，哪怕只有一線希望，國際社會就應力爭用和平方式解決問題。

我同貝克還就其他一些解決方案交換了意見。我告訴他，同許多阿拉伯國家一樣，中方也認為把伊拉克侵佔科威特同中東諸多問題一起解決是不現實的，這樣聯繫也沒有好處。但是，美國如能強調對中東問題的關切，將有助於解除許多阿拉伯國家的疑慮。這對爭取阿拉伯人民會起到很大的作用，而不會轉移人們對解決海灣危機的注意力。

對於有些國家正在醞釀的「部分解決方案」，貝克解釋說，這是指伊拉克撤軍，但換得整個魯邁拉油田或布比延島等出海口，或以科威特合法政府不民主為由不予恢復。貝克稱，美國反對此類方案，因為這將是對伊拉克侵略行動的獎賞。他又說，也有人建議在伊拉克撤軍後立即召開中東問題國際會議。對此，埃及等國堅決反對，認為這將使薩達姆成為解決中東問題的「英雄」。美國將恪守其對以色列安全所做的承諾，但也將同埃及、沙特、摩洛哥等國一起，推動中東和平進程。

會見中，美方最關心的，還是我們對安理會授權動武的態度。貝克認為，目前對伊拉克的制裁是歷史上最嚴厲的，但不知是否能以此迫使伊拉克撤軍。他問我，中方認為應該再給制裁多少時間，如制裁無效，是否即可考慮用其他手段？我回答說，人們很難對制裁奏效所需時間做出精確估計，各國所處的環境不同，看法也不同。中方希望，那些對世界有影響的大國，要看得遠一些。和平解決所需要的時間，也許要長一些，但後遺症會少一些。我也問他，美國派軍隊進駐沙特時稱其目的是保護沙特的安全，現在科威特埃米爾已要求美軍解放科威特。美國若為此採取軍事行動，能否將其限於科威特境內？貝克回答，要解放科威特，就必然需要對伊拉克本土採取軍事行動。

通過這次會晤，我們基本瞭解了美方的意圖。事實上，我同貝克還花了相當多的時間討論了如何改善雙邊關係，並就兩國外長互訪事達成了諒解。對此，他不願對外宣佈，我也不強求。後來，對外發佈的消息，只是說雙方就海灣問題舉行了磋商。

中東穿梭

見過貝克之後，我就正式開始了對中東的訪問。

中國與阿拉伯世界久有往來，東漢班超曾派甘英出使大秦，但止於條支。大秦是當時的羅馬帝國，而條支就是現在的伊拉克、敘利亞一帶。甘英最終未能到達他的目的地。

我多次訪問過中東地區的阿拉伯國家，但此次心情不同。戰爭的危險迫在眉睫，所有在戰亂年代生活過的人，對和平都會格外珍惜，深知戰爭的殘酷。和平只要有一線希望，就不應該放棄。

十一月七日上午，我在開羅先後會晤了埃及總統穆巴拉克 (Mubarak, Mohammed Hosni) 和副總理兼外交部長馬吉德 (Megid, Esmat Abdul)。中國和埃及的關係友好，兩國領導人也交往多年，談話進行得坦誠而無拘束。埃方表示，伊拉克入侵科威特是蓄謀已久的事件，並採用了欺騙手法。七月二十四日，穆巴拉克總統訪問了伊拉克、科威特、沙特三國。在與薩達姆會談中，曾被告知，伊拉克不會對科威特採取軍事行動。穆巴拉克將此轉告科威特領導人，並與沙特法赫德國王一起，安排了伊科兩國領導人在吉達的會晤。就在會晤的第二天，伊拉克卻開始攻打科威特。埃及從危機一開始就規勸伊拉克從科威特撤軍和恢復科威特合法政府，但屢遭拒絕。目前局勢非常危險，美國擁有巨大的軍事力量，如果發動進攻，伊拉克是沒有還手機會的。在這一點上，薩達姆的助手沒有向他提供正確的信息。因此，埃及方面希望，我能使薩達姆認識到局勢的嚴峻，讓他明白，不撤軍對其本人和伊拉克整個國家，都會帶來巨大災難，而目前不採取靈活態度，伊拉克面臨的只能是軍事打擊。

我答應埃及方面，將向伊方指出保全自己國家的出路。我也希望埃及利用自己在中東地區的影響，繼續為和平解決危機做出努力。我問穆巴拉克，如果戰爭爆發，中東地區是否將長期陷入動盪？他回答說，如發生戰爭，將涉及整個地區，但以色列不會捲入戰爭。我又問他，有沒有可能不採取流血方式解決危機？他回答道，伊拉克撤出科威特。現在的問題是，不是沒有保全伊拉克面子的設想，但薩達姆不接受任何理智的做法。如果他不響應國際社會的呼籲，將遭到沉重打擊，那樣科威特被佔領的問題就解決了。

當天傍晚，我們離開埃及開羅，飛往沙特西部的小城塔伊夫。塔伊夫是座山城，氣候舒適，環境寧靜，是沙特的避暑勝地。我們的機組成員都沒飛過那裡，飛行員只好查着航圖飛過去了。

伊拉克入侵並佔領科威特後，科威特的王公貴族都逃到這裡，被安置在當地的一家高級旅館裡，整個政府也隨之搬了過來，一個大臣一套房間，同時也就是一個政府部門。往日的豪華氣派，已蕩然無存了。

當晚，我會見了科威特埃米爾賈比爾（Jaber Al-Ahmad Al-Sabah）和王儲兼首相薩阿德（Saad Al-Abdulla Al-Salem Al-Sabah），聽他們訴苦。

賈比爾看起來身體較弱，說起話來聲小氣虛，緩慢無力。他譴責伊拉克領導人背信棄義，蓄意侵佔科威特，拒絕執行安理會所有決議。他說，世人不能接受伊拉克侵佔科威特，伊拉克企圖從地圖上抹掉科威特是絕對辦不到的。薩達姆利用阿拉伯的名義，在玩弄手腕，因此，由阿拉伯國家提出解決危機的方案是毫無價值的。薩達姆正在屠殺科威特的人民，如此下去，要不了多久科人民就會被消滅。不能再給伊拉克更多機會了，要向它施加更大的壓力，迫使其執行安理會的決議。

我向他重申，中國堅決支持科威特合法政權，非常同情科威特所遭受的巨大災難。伊拉克的所作所為，受到了國際社會的廣泛譴責，處境非常孤立。伊拉克玩弄的小手法，比如釋放幾個人質，並不能緩解它的困境，只有從科威特撤出軍隊才是出路。如果伊拉克執意走向自我滅亡的道路，那是咎由自取。

大概由於身體的關係，賈比爾講話不多，會見進行了三十五分鐘就告結束了。

隨後，我與薩阿德王儲繼續會談。薩阿德身體健壯，血氣方剛，講起話來慷慨激昂，顯得相當憤懣和頑強。他圍繞安理會是否應採取新的強硬措施以迫使伊拉克撤軍問題，闡述了科方的意見和願望。他表示，伊拉克入侵科威特以來，安理會通過了多項決議，但經濟制裁的效果甚微，甚至可以說是失敗的。科威特是個小國，危機日趨嚴重，不能久拖。安理會應考慮採取新的措施，迫使伊拉克從科威特撤軍，希望中國在內的友好國家，採取一切方式挽救科威特人民。

我回顧了中國投票贊成並嚴肅負責地執行安理會十個決議的情況，並對他說，對伊拉克的制裁正在發揮作用，而且，隨着時間推移，作用會越來越大。

也許他覺得我對「採取一切方式」沒有表態，馬上又拐個彎，提出聯合國應定出制裁的時間表，或者討論新決議案，提出迫使伊撤軍的措施。他問我，中方是否更願意確定制裁時間？這時，陪同會見的科威特副首相兼外交大臣薩巴赫插話說，希望中國不要作為調解人出現，而要使伊拉克領導人明白，伊拉克必須執行安理會決議，才能避免滅亡的命運。

我對此表示同意，我告訴他們，已同美國國務卿貝克就此達成一致意見，不會給伊拉克任何可利用的空隙。

王儲似乎沒有理解外交大臣插話的用意，仍然發問，「如果薩達姆不執行決議，安理會是否將討論採取迫使伊拉克執行決議的措施？」我笑了笑說：「我想會的。」王儲明白了我的意思，感到滿意，就沒有再提什麼新的問題。談話也就此結束。

會見了科威特領導人之後，我又連夜趕往沙特首都利雅得，抵達時已是午夜時分。

第二天下午，我同外交大臣費薩爾舉行了會談。他向我表示，沙特不希望戰爭，正在努力爭取和平，現在是戰是和，完全取決於伊拉克。但目前的事實説明，伊拉克並不想從科威特撤軍。沙特希望中國支持必要時採取包括軍事手段在內的一切措施，迫使伊拉克撤軍。費薩爾還強烈批評了約旦、巴勒斯坦、也門對海灣危機所持的立場。我向他通報了會見貝克、埃及和科威特領導人的情況。我明確地表示，中國將根據一貫支持正義的立場，繼續做出努力。

十一月九日晚上，我又飛往約旦。第二天上午，與副首相兼外交大臣卡西姆 (Qasem, Marwan) 進行會談，中午會見了國王侯賽因。

約旦對此事的態度，與埃及、沙特、科威特並不完全相同。約旦領導人向我表示，約旦也一直呼籲伊拉克撤軍，並立即釋放人質，主張危機應在國際框架中和阿拉伯範圍內解決。問題是，有些方面施加了巨大壓力，使和平的努力無法繼續下去。有人推動阿拉伯國家採取行動，其目的是企圖霸佔地區資源。

侯賽因國王還抱怨説，國際社會只對伊拉克一味實行禁運，無人同其對話。接着，他表示了對中國原則立場的讚賞，還希望我能以更好、更易為伊方接受的方式，與伊拉克領導人展開直接的對話。

我向他們指出，中國在海灣危機問題上並無私利，只是希望危機能和平解決。海灣危機如能較好地解決，將為解決中東其他問題創造條件。我還強調，如發生戰爭，對伊拉克將是毀滅性的災難，伊拉克的鄰國也會受到牽連。當前，國際社會對解決海灣危機已有共識，如果伊拉克能採取一些靈活行動，尤其是在撤軍問題上有明確表示，將有助於國際社會爭取和平解決的努力。

會見薩達姆

十一月十一日中午，我飛抵巴格達。由於實行制裁，巴格達的機場空蕩蕩的，看不到一架飛機，與半年前我到巴格達時所見到的飛機起降、人群川流不息的繁忙景象，已經完全不同了。

當天中午和晚上，我與伊拉克副總理兼外長阿齊茲（Aziz, Tareq）接連舉行了兩輪會談。雖然在一個穆斯林國家，阿齊茲卻是一個基督徒，他擔任外長多年，被認為是薩達姆的親信。

我先向阿齊茲介紹了我此次訪問的情況，包括與科威特領導人和美國國務卿貝克會晤的情況。我告訴他，佔領科威特是不可接受的。現在局勢嚴峻，戰爭隨時可能爆發，而戰爭將是一場災難，伊拉克正面臨着生死存亡的選擇。國際社會希望和平解決海灣危機，為此，伊拉克應在撤軍問題上表現出靈活態度。

阿齊茲講了一大通伊拉克攻打科威特的理由，認為科威特故意壓低油價是對伊拉克發動經濟戰，又說中東地區最危險的不是八月二日伊拉克攻打科威特的事件，而是巴勒斯坦問題。會談中，阿齊茲最關心的，還是美國是否會真的動武，以及中國對安理會可能授權動武的態度。

我向他重申了中方對解決海灣危機的原則立場，並對他說，我們支持由聯合國召開中東問題和會，但把海灣危機與中東其他問題聯繫起來是很困難的。我告訴他，美國動武，也並非一定要經過安理會授權。貝克已經有過這樣的暗示。

在我與阿齊茲會談時，伊方有兩個速記員，輪換着記錄，交替着出去，估計是在隨時打印記錄，立即上報。可見薩達姆並不是不瞭解情況，相反，而是時時刻刻在瞭解動態，親自掌握着一切。

十二日上午，我去見薩達姆。伊方派來兩輛車，把我們接去。車上沒有什麼標誌，但一路通行，開得飛快。車子開到一個看起來像是兵營的地方，停了下來，請我們下車，進到裡面先休息一下。然後，換了另外的兩輛車，開車的人也都換了。車子又飛跑了一陣子，才到會面的地方。

大約在十一時左右，我見到了薩達姆。在那年的三月初，我訪問伊拉克時，曾見過薩達姆。不過，這次他一身戎裝，腰上還別了一把手槍，讓人感到幾分戰爭將臨的氣氛。差不多兩個小時的會談中，中間曾有片刻休息，那時，他才把手槍取下，放在桌旁。

我首先向他表明了中國政府對海灣地區緊張局勢的關切，希望能和平解決危機。我說，目前爆發戰爭的危險越來越大，想聽聽他的看法。

薩達姆說起話來，沒有客套，直截了當，但強詞奪理，不時顯出蠻橫之態。

他說，科威特自古以來就是伊拉克的一部分，就如同香港是中國的一部分。接着，他詳細講述了伊、科的歷史關係，並稱伊拉克從未在法律上正式承認伊、科邊界。他對科威特政府提出了種種指責，說「八．二」事件前，美國等西方國家就對伊拉克施展陰謀，而科威特與美國、以色列有勾結。又說，別看科威特人口少，力量弱，但擁有經濟優勢，可以用經濟戰搞垮伊拉克，所以，「八．二」事件是伊拉克的自衛行動。

薩達姆還說，中東地區的根本問題是巴勒斯坦問題，處理中東地區問題，應採取同一個標準而不是雙重標準。當前的問題應同美國撤軍、停止制裁等一系列問題的解決聯繫起來。伊拉克一直是為實現和平而準備做出犧牲的本地區的重要國家之一。在平等和相互尊重的氣氛中，伊拉克願意以開放和大方的態度，與各方進行對話。在沒有事先得到保證的情況下，伊方的任何靈活態度，都可能導致嚴重後果。

對他把科威特說成如同香港屬於中國一樣，我嚴肅地指出，香港問題完全不同於伊、科關係。香港一直是中國的領土，只是被英國通過鴉片戰爭霸佔了一百多年。即便如此，中國仍是採取和平方式與英國談判，最終達成了解決香港問題的協議。而伊拉克與科威特有外交關係，互設使館，都是聯合國成員和阿拉伯國家聯盟的成員，無論如何，伊拉克軍事佔領科威特是不能接受的。

我對他說，中東問題從長遠看，都應解決，但當前迫切的問題，是由於伊拉克佔領科威特而形成的緊張局勢，正使戰爭的危險在日益增大。

這時，薩達姆轉換話題問我，美國是否真的要打仗？顯然，像阿齊茲一樣，這是他心裡最關心的問題。我說，一個大國，集結了幾十萬大軍，如果沒有達到目的，是不會不戰而退的。我告訴他，中國不準備提出方案或充當調解人。為了避免戰爭，應當由伊拉克自己提出解決方案。談話中，薩達姆沒有表示出任何願意撤軍的意思，但陪同會見的阿齊茲告訴我，此次薩達姆的表態比以往任何一次都要靈活了。至於薩達姆說希望進行平等對話，阿齊茲私下向我解釋說，這可以先從小範圍對話開始，如包括伊拉克、沙特在內的三四個阿拉伯國家，伊拉克也願同美國開展對話。

如今看來，薩達姆後來的一系列戰略失誤，都是基於當時的一個錯誤判斷，以為只要伊拉克做出一些緩和姿態，美國就不會真的動武。

十二日，我還應約會見了巴勒斯坦國總統阿拉法特(Arafat, Yassir)。阿拉法特強調，海灣危機應在阿拉伯和國際組織範圍內和平解決。美國不僅要打伊拉克，而且還要摧毀阿拉伯的經濟、軍事力量。美國控制海灣石油資源，也是為了對付歐洲、日本、蘇聯以及中國。為此，美軍將在海灣地區長期駐紮。他認為，應以互讓的精神解決伊科爭端。阿拉法特還說，他不要求同時一攬子解決中東的所有問題，但應有個協議，先從科威特問題着手，然後召開國際會議，按先後順序解決巴勒斯坦問題和中東其他問題。我理解阿拉法特希望早日解決巴勒斯坦問題的迫切心情，但他想把巴勒斯坦問題同海灣危機掛鈎是不現實的。

結束了對伊拉克的訪問，我於當晚再赴沙特，在吉達分別會見了沙特國王法赫德和外交大臣費薩爾。

我先向費薩爾通報了訪問約旦、伊拉克的情況，主要是薩達姆的態度。費薩爾逐一駁斥了薩達姆的觀點，惟一沒有駁斥的，就是美國在阿、以之間奉行雙重標準的問題。費薩爾重申，海灣危機沒有阿拉伯的解決辦法，只能依據國際法解決。

法赫德國王會見我時，已是晚上十時三十分了。法赫德首先談到的是沙中兩國關係和沙特外交政策，然後才轉到海灣危機。他顯然已經瞭解我與費薩爾的會談情況，有針對性地談了幾個問題。

對於伊方所說願同沙特對話，他說，伊拉克入侵科威特前後，他曾多次與薩達姆聯繫，試圖阻止入侵。後來，又多次促使伊拉克從科威特撤軍，但薩達姆始終不願同他見面。他強調，伊拉克侵佔科威特是個嚴肅的原則問題。阿拉伯和國際社會沒有人會接受這個結果。他還批評薩達姆故意混淆科威特問題和巴勒斯坦問題的不同性質，認為巴勒斯坦問題是個民族獨立的問題，而科威特問題是一個阿拉伯國家對另一個兄弟國家的侵略。法赫德還以薩達姆處理同伊朗關係為例，說明伊拉克從科威特撤軍並不會是件難堪的事。薩達姆如果想找出路，就應以國家和人民的利益為重，無條件從科威特撤出。

我向他介紹，薩達姆曾表示，如果得到一些保證，伊拉克可以採取靈活態度，但他沒有明確説想得到什麼保證。法赫德聽後，若有所思地説，薩達姆如果想得到保證，是讓伊拉克人民不受損害，那也是大家所希望的。但事到如今，如果薩達姆是個負責任的人，就應該做出個人犧牲，自己躲到世界的某個地方去。事情是他幹的，也只能由他自己去糾正。

會見後，費薩爾外交大臣陪同我直接趕往機場，專機起飛時，已是十三日凌晨。至此，我的中東之行算是結束了。

這次中東的穿梭訪問，使我進一步感到，阿拉伯各國在這次海灣危機中立場不盡相同，一時難以採取一致行動，來化解危機。而薩達姆留給我的印象是，他是一個打着維護阿拉伯利益和支持解決巴勒斯坦問題旗號的有野心的冒險家。當伊朗內部出現混亂時，他乘人之危，打了八年兩伊戰爭。這次入侵科威特，更是公然背信棄義，以強淩弱。但他對形勢估計錯了。

看來戰爭已經不可避免。

我們通過外交渠道，將我這次出訪的情況，向有關國家做了通報。各方的反應是積極的，認為這次訪問體現了中國作為一個大國的嚴肅負責的精神，為和平再次做出了努力。

我訪伊後不久，伊方也擺出了一些緩和的姿態。薩達姆發表講話，表示希望進行對話，願分批釋放伊拉克扣留的所有西方人質。他有關準備為和平做出犧牲的説法，曾引起了外界的一些揣測。不過，薩達姆到頭來，沒有任何實質性行動。

美方的「交易」

回到北京不久，我就收到了貝克的一封信。信中說，他本人對我們在開羅的會談感到非常滿意，布什總統在聽取匯報後，也有同感。美國正在考慮下一步驟，希望能很快再次與我接觸。同一天，我們通過駐美使館，向美方通報了我訪問伊拉克的情況。

十一月二十日下午，貝克又從法國巴黎打來電話。主要是談兩件相互有關聯的事，一是美國要在安理會搞個事實上是授權動武的決議；二是希望我出席將於十一月二十八日舉行的安理會部長級會議，並邀請我會後正式訪問華盛頓。

貝克國務卿多年經商，又擔任過政府財政部長，所以無論辦什麼事，都如同做生意，喜歡「做個交易」。他把兩件事連在一起，顯然也是一樁交易。

貝克說，美國正考慮在安理會通過一個決議，授權使用一切必要手段來解決海灣危機。決議中不會出現「使用武力」的措辭，但包含這樣的意思。到目前為止，已有十個安理會成員國，包括美國、英國、法國、蘇聯和六個非常任理事國表示贊成這種做法。美方希望中方也能投贊成票，至少不否決。

他說，知道中國政府需要時間仔細考慮，但希望我能給他一點暗示，即中國政府將以肯定、積極的方式處理此事。如果中國要行使否決權，那美國就不會向安理會提出這一決議。美國不願看到所提出的決議被否決。

我說，在當前海灣形勢十分嚴峻的情況下，和平解決和政治解決的呼聲很高，國際社會應保持並加強對伊拉克的政治、外交和經濟的壓力。把對一個國家採取戰爭行動這樣重大的問題提到安理會討論，應當十分慎重。對於決議案，在中方沒有看到案文之前，不能給予明確答覆。

貝克聽後，當即在電話中將草案唸給我聽。在案文的執行部分第一段中有兩個括號，即兩種用語的選擇：(一切必要手段)和(一切必要手段，包括武力)。

貝克在電話中還提出，希望我能前往紐約，參加十一月二十八日至二十九日的安理會成員國部長級會議，並邀請我在會後正式訪問華盛頓。貝克說，如果中國能對美國提出的決議案投贊成票或不加以否決，將為我訪美創造合適時機。他進一步表示，我對華盛頓的正式訪問，將是兩國恢復高級互訪的良好開端。布什總統將於十二月一日出訪拉美，有可能在十一月三十日會見我。貝克還說，他本人也期待着明年到中國訪問。

我們分析，美國政府力圖在十一月美方擔任安理會主席期間通過一個新決議案，使聯合國授權必要時可以對伊拉克動武。為換取中國贊成或不否決美國的議案，主動邀請我正式訪問美國，說明美方在這個問題上有求於中方，但又企圖把中方對這個議案的態度與恢復中美正常關係緊密掛鉤。

中國在外交上一向堅持原則，在重大國際問題上也越來越有影響。在目前的海灣危機中，中國主持正義，力爭危機能夠和平化解，但我們反對戰爭，並不是支持薩達姆的侵略行為。中央決定，中國將對決議草案投棄權票。這時也是推動中美兩國恢復正常關係的有利時機，於是，我們在十一月二十四日答覆美方，我將出席安理會部長級會議，並在會後應邀正式訪問美國。

貝克因為喜歡「做交易」，自然也擅長「討價還價」。美方得知我接受邀請後，馬上又改變了態度。十一月二十五日下午，美國駐華使館臨時代辦貝霖(Pascoe, B. Lynn)急急忙忙地跑到外交部，轉交一封貝克給我的信。在信中，貝克除再次強調我參加安理會部長級會議的重要性外，又說，由於沒有邀請所有安理會成員國或五個常任理事國的外長訪問華盛頓，因此，希望在紐約雙邊會晤之後再宣佈我對華盛頓的訪問。貝霖還補充說，美方希望中方能投票贊成美國的提案，如果中方投否決或棄權票，那將對我訪美造成災難性的影響。

美國方面出爾反爾，提高了要價，把訪美安排與投贊成票掛鈎。這是我們不能接受的。在雙方的外交談判中必然會有某種互諒互讓的做法，這是很自然的。對各方來說都有取有予才能達成協議，但決不能說話不算數，搞小動作。

我們當即回答，美方違反了十一月二十日兩國外長電話談話達成的協議，並要求美方查閱並確認我與貝克的談話記錄。同時表示，美方如改變立場，我就不去開會了。

二十六日美方態度軟了下來。貝霖又轉述貝克的話，認為中方對十一月二十日電話的理解是準確的，但美方仍強烈希望中國投贊成票。貝霖還解釋說，美國國務院的低級官員由於不了解情況，前一天給他發來的指示是錯誤的。

十一月二十七日，布什總統又分別給江澤民總書記、楊尚昆主席、李鵬總理寫了內容相同的信。中心意思是，希望我們支持美方提出的決議草案，並說，即將進行的安理會投票表決以及我對美國的訪問，將為實現雙邊關係的重大進展提供決定性的機會。

投棄權票

十一月二十八日，我們乘CA981航班離京赴紐約，隨同我去參加安理會會議的有外交部美大司司長張毅君、亞非司司長王昌義、國際司司長秦華孫等共十人。那天，北京有大霧，航班一再推遲，似乎預示着此行還不會一帆風順。

飛機到中午才起飛，抵達紐約時已是半夜。美國國務院來接機的官員告訴我們，貝克正在飯店等候。

我們一行來到華爾道夫飯店，走進會客室，只見貝克等美方官員坐滿了一屋子。

會談中，美方仍是想在投票前夕勸說中方投贊成票。我對貝克說，動武事關重大，必須慎重。對美方來說，採用軍事手段，問題解決得可能快些；而使用和平方式，也許需要更長些時間。但是，戰爭方式造成的損失會比較大，後遺症會有很多。接着，我說，中國人民對當年美國以聯合國軍的名義進行的朝鮮戰爭記憶猶新；美國現在仍在對中國實施所謂制裁，而中美關係尚未恢復正常。在這種情況下，中方對有關決議，不予否決，已是最大的照顧了。

投票當天上午，在我忙於會見一些國家的外長時，貝克又多次打電話給我，轉達布什總統的口信，繼續勸說中方對決議投贊成票。

中方的投票立場已經確定，不可能再改變，我拒絕了貝克的要求。

下午三時四十分，安理會部長級會議開始。這次會議的主題就是討論和表決美國提出的第六百七十八號決議案。草案的關鍵內容是：除非伊拉克在一九九一年一月十五日或此前完全履行安理會各有關決議，否則授權同科威特政府合作的聯合國會員國使用一切必要手段維護並執行安理會有關決議。

那天會場上的氣氛很緊張，不僅旁聽席坐滿了人，連兩邊的走道上也站滿了人。大家最為關注的是中國的態度。如果我們投了否決票，決議案就通不過了。

五時三十分，我就中方投票立場做了解釋性發言。首先表明中國既反對伊拉克對科威特的侵略，又主張和平解決，反對訴諸武力的原則立場。接着，我在發言中指出，中國在海灣地區沒有也不謀求任何私利，惟一關心的是維護該地區的和平與穩定。因此，中國力主和平解決海灣危機，這樣做時間可能長一些，但造成的損失可以小一些，後遺症也會少一些。一旦爆發戰爭，各有關方面都將蒙受重大損害，不僅對海灣國家，而且對世界的和平與穩定以及對世界經濟都會產生極為不利的影響。我說，這個決議草案採用了「使用一切必要手段」的措辭，實質上是允許採用軍事行動，而這一內容有悖於中國政府力主和平解決的一貫立場，因此，中國代表團難以對這項決議案投贊成票；另一方面，海灣危機是由於伊拉克入侵和吞併科威特而引起的，伊拉克至今未在從科威特撤軍這個關鍵問題上採取實際行動，這項決議草案同時也要求伊拉克充分遵守安理會第六百六十號決議和其他有關決議，也就是要求伊拉克立即從科威特撤軍，對於這一點中國是贊成的，因此中國對這個決議草案也不投反對票。

這個決議案，最後以十二票贊成、二票反對、一票棄權通過了。中國投了棄權票。古巴和也門投了反對票。

會晤布什總統

當天晚上，貝克宴請安理會常任理事國外長，表面上談笑風生，底下卻通過工作人員通報說，明天去華盛頓，因為布什總統忙於處理海灣危機，不能安排時間會見我。當晚，美國國務院也如此通知了中國駐美使館。

我們判斷，慣於「做交易」的貝克，顯然是覺得這次「交易」中，自己虧了，心有不甘。此時，如果我們賭氣不去訪問，會顯得有點小家子氣了；去了華盛頓，總統不見，也不合適。大家商量的結果是，去還是要去，去了還要見到總統。

為此，我國駐美大使朱啟禎星夜驅車從紐約趕回華盛頓，於午夜三時同美國總統國家安全事務助理斯考克羅夫特 (Scowcroft, Brent) 通了電話。斯考克羅夫特於淩晨六時答覆稱，歡迎我按原定時間訪問華盛頓，布什總統期待着與我會晤。

我們於十一月三十日上午九時三十分由紐約乘飛機抵達華盛頓。十一時與貝克舉行會談，隨後他設午宴歡迎我。

會面時，他告訴我，布什總統將於當日宣佈邀請伊拉克外長阿齊茲訪美，並準備派貝克本人去伊拉克見薩達姆。我說，美方的這一步驟是重要的，有積極意義，我們支持。我在訪問巴格達時，伊方曾非正式地提到希望與美國直接對話。我在前一天也曾建議，最需要做的事情是與薩達姆本人談。貝克稱，他把我的意見當面告訴了布什總統，這也是布什總統做出這些決定的原因之一。

他還向我解釋了有關會見布什總統的安排。他自我解嘲說，由於中國未投贊成票，他個人覺得，安排布什總統會見似乎不妥，不過，現在這些事都過去了，布什總統已決定會見。我聽後笑了一下，轉換了話題，對他說，美國為爭取安理會通過決議，國務卿先後訪問了十二個國家，和這些國家的外長會晤。美國強調中國作為安理會五個常任理事國之一起着重要作用，卻不到中國去訪問。我向你發出過到中國去的邀請，結果只接到你一個電話，電話交流是容易發生誤解的。我仍歡迎你到中國去訪問。

十一月三十日下午一時四十分，貝克午宴結束後，我乘車直接去白宮會見布什總統。

與布什總統的會見，進行了四十五分鐘。布什表示，他重視美中關係，希望兩國關係逐步改善，直至恢復高級領導人的互訪。對於中國投棄權票，雖感到失望，但也要感謝中國在海灣問題上同美國的合作。棄權也使決議生效了，這才是重要的。

我對他說，中美在海灣問題上進行了很好的合作，中國對安理會十個有關決議都投了贊成票。中國這次做出投棄權票的決定，是很不容易的。中國領導人曾就此進行過反覆考慮。

我又向他介紹了訪問伊拉克的情況。我說，在敦促伊拉克從科威特撤軍的問題上，中美沒有分歧。中美今後在國際事務中要進行合作的領域還很多，儘管兩國處境不同，對問題採取的態度和方法不同，但雙方在維護世界和平方面，還是能找到共同點的。

這次訪問結束前，我舉行了記者招待會。會上記者的提問大都集中在中美關係問題上，並對布什總統會見我的安排感到驚奇。

二〇〇二年十月，我陪同江澤民主席訪問美國時，在老布什總統的圖書館會見了很多老朋友，其中就有斯考克羅夫特。我們談及海灣危機時，還回憶起這段十二年前的往事，大家都記得很清楚。我對斯考克羅夫特說：「對不起，那天把你從睡夢中吵醒了。」

【註】

非文件：非文件是外交文件的一種形式。主要是在雙邊、多邊交往中，某一方用以初步地闡述對特定問題的看法、立場或建議，但不具有正式約束力。

◎外交十記之四

東京的「葬禮外交」

一九八九年二月二十三日至二十五日，我作為外長以中國國家主席特使的身份，赴日本出席裕仁(Hirohito)天皇的葬禮，在東京停留了一天半。除了參加葬禮活動和同日本政府領導人接觸外，我同前來參加葬禮的印度尼西亞總統蘇哈托(Soeharto)就中國、印尼關係正常化問題進行了會談，達成「三點一致意見」，從而打開了關閉二十三年之久的兩國外交關係的大門。這條消息一時成為東京各媒體的頭條，引起了廣泛關注。有的評論說，中國在日本東京進行了一場成功的「葬禮外交」。

「大喪之禮」

先說說在東京參加葬禮的情況。

一九八九年二月二十四日上午，裕仁天皇葬禮在東京新宿御苑舉行。新宿御苑坐落在東京新宿區和澀谷區之間，是一座大型的國家公園。江戶時代，屬於信州(今長野縣)高遠藩主內藤(Utsifuji)家的領地。當時由於玉川上水經過，被稱為玉川園。一八七二年，那裡作為農業試驗場而被收為國有土地，一八七九年，又成為宮內省管轄的新宿植物御苑。一九〇六年，由一法國人設計，建成了一個法式庭園，面積為五十八萬平方米。整個御苑包括西洋式庭園、日本式庭園、兒童遊樂場，還設有溫室。一九四九年，這裡成為國家公園，對外開放。天皇去世後，天皇葬儀委員會就在新宿御苑內專門搭起一座黑白雙色的帳篷，作為葬禮的主會場。

那天，天皇的葬禮從上午七時三十分開始，持續到晚上八時五十分，一共進行了十三個小時二十分鐘。

儀式分兩部分，先是宗教儀式【註一】，只由皇族人士參加，現場用一塊大幕布隔開；然後是「大喪之禮」，也就是國葬，由明仁(Akihito)天皇、首相、議長等致悼詞，外賓悼唁。

據報道，為保證葬禮的順利進行和來賓的人身安全，日本警方出動了三點二萬名警察，採取了前所未有的戒備措施。東京街頭，尤其是皇宮和葬禮主會場周圍，可謂是三步一崗，五步一哨。記得當天清晨，天空灰暗，細雨濛濛，東京的早春天氣，還是相當寒冷的。在大帳篷內等待的外賓，都穿上了大衣，豎起衣領，日方特別備有暖手紙袋，發給客人。

上午九時三十分，靈柩車從皇宮出發，經國會議事堂、赤坂御所等駛向新宿御苑。十時十分，靈柩車抵達新宿御苑。在新宿御苑先舉行皇族參加的宗教儀式，明仁天皇及皇室成員供奉祭品，並向裕仁天皇遺體告別。

然後，「大葬之禮」開始。明仁天皇、竹下首相(竹下登，Takeshita Noboru)、眾議長、參議長、最高法院長官(院長)等先後致悼詞。隨後，各國參加葬禮的貴賓，按唱名前往靈柩前默哀致意。葬禮結束後，數十名禮賓人員抬着靈柩，緩步走向新宿御苑門口，將靈柩抬進靈車，直駛東京的皇族武藏陵墓地入葬。

當天晚上，竹下首相在赤坂迎賓館舉行招待會，對前來參加葬禮的各國貴賓表示感謝。

值得注意的是，葬禮前夕，日本國內出現了不少否定日本侵華戰爭侵略性質和為裕仁天皇開脫戰爭責任的言論。裕仁逝世後，日本媒體大量報道其生平事跡，渲染裕仁如何與國民「同甘共苦」、關心國家和平繁榮的「崇高品德」。二月十四日，竹下首相在國會回答在野黨議員關於第二次世界大戰的責任和性質的質詢時，竟然表示，上次大戰是不是侵略，應由後世史學家來評價。同日，日本內閣法制局長官味村治（Kanmi Muranaoru）在國會答辯時也說，不論從國內法，還是從國際法看，裕仁天皇都是沒有戰爭責任的。這是日本政府第一次有關裕仁天皇不負有戰爭責任的表態。

中國外交部發言人對此立即做出反應，強調指出，日本軍國主義過去發動的侵略戰爭，給中國人民和亞洲各國人民造成了巨大的災難，日本當局理應採取尊重歷史事實的正確態度。任何模糊戰爭性質、推卸戰爭責任的言行，都是違背中日聯合聲明和中日和平友好條約原則及精神的，也必將傷害中國和亞洲其他戰爭受害國人民的感情，歸根到底，對日本自身也是十分不利的。

我國人大常委、著名歷史學家劉大年還對日方推脫戰爭責任的言論進行了批駁。

事實上，天皇裕仁是侵華戰爭的元兇。他從小受武士道精神教育，一九二一年十一月起攝政，一九二六年十一月即位。日本於一九三一年侵佔中國東北三省，製造偽滿洲國，於一九三七年發動長達八年的侵華戰爭，所有這些，都是在裕仁天皇作為日本最高統治者和軍隊統帥時進行的，他負有不可推卸的責任。

中國是日本軍國主義對外侵略的最大受害國，我國派不派人和派什麼人去參加天皇的葬禮，一直是各方面關注的焦點。

不少群眾和海外僑胞紛紛來信、來電，要求中方出席天皇葬禮的規格不要過高，有的甚至建議不要派人出席。一些反華分子，更是借題發揮，別有用心地對中國進行謾罵和攻擊。

經多方權衡和考慮，中央決定由我作為外長以國家主席特使身份參加葬禮。這一決定既顧及了國際上正常的外交禮儀，也考慮到廣大群眾包括海外僑胞的感情。對此，國內外反應正常，大都予以理解。日本官方人士也表示日本重視對華關係，感謝中方派人出席葬禮。

由於中國以及國際社會對日方為裕仁天皇開脱戰爭責任表示出了強烈不滿，二月二十一日，竹下首相緊急召集內閣主要成員商討對策，決定通過外交渠道向有關國家說明情況，以求得諒解。

次日，日本駐華大使中島敏次郎(Nakajima Toshijiro)就竹下首相在國會答辯事向中方做了説明。他表示，竹下首相對過去那場侵略戰爭曾做過明確表態，至今沒有任何變化。竹下首相的認識是：(一)日本過去通過戰爭給鄰近各國人民造成了重大損害。對日本的上述行為，國際上認為是侵略戰爭並進行了嚴厲批判，這是事實，日本要充分認識這一事實；(二)日本政府對過去行為的認識，曾在一九七二年日中聯合聲明中表述過，這一認識至今毫無變化。對侵略的事實是不能否認的；(二)日本作為和平國家，為了不使這樣的事情重演，將為世界和平與穩定做出貢獻。

二月二十四日，我在東京飯倉公館會見日本外相宇野宗佑(Uno Sosuke)時，他代表日本政府，再次對竹下首相在國會關於過去戰爭問題的答辯未能表達真意表示遺憾，強調日本對戰爭性質的認識已寫進日中聯合聲明，並說首相對此問題的表態沒有任何變化。我說，中日關係發展到今天，來之不易，需要珍惜。由於歷史原因，對中日間的一些敏感問題，應當慎重對待。只有正確對待歷史，才能開闢未來，才能避免傷害戰爭受害國人民的感情。

同日下午，竹下首相在其官邸會見我時表示，他對發展日中友好有着一貫的信念，強調願堅持在日中聯合聲明和日中和平友好條約的基礎上發展兩國關係。我對他說，只有正確對待歷史，才能堅持中日友好。當晚，日本政壇的元老伊東正義(Ito Masayoshi)一個人專程到中國駐日本使館來見我，表達對我來日本參加葬禮的感謝，並表示願為日中友好盡力。

次日，日本各大報均詳細報道了我與日本首相和外相會見的情況，並發表了一些評論。有的報道說，竹下首相在此次葬禮外交活動中，緊急會見中國外長實屬破例之舉，說明首相本人及日本政府已深刻認識到有關戰爭責任問題發言帶來的嚴重後果，急欲藉此機會再次說明日方立場，求得中方理解。有的評論提醒說，日本應從中認識到，在與亞洲鄰國打交道時，不能只從民族特性差異這個角度來簡單地處理歷史問題，而要切實採取一絲不苟的態度。

此後，竹下首相又在二月二十七日的國會答辯上對他上次發言做出修正，明確表示上次戰爭給鄰國造成重大損害，其侵略的事實不可否認。

實踐證明，我國政府決定派人參加天皇葬禮的決定，以及出席葬禮的人選，是恰當和穩妥的，既不失外交禮儀，也有利於增進兩國關係，同時，推動日方在戰爭性質問題上進一步表明態度，取得了好的效果。

我這次去東京參加葬禮，雖然主要着眼於中日關係，但真正取得突破的，卻是中國與印尼的雙邊關係。

中斷的關係

在東京的葬禮上，我會晤了印尼領導人，使兩國中斷了二十三年的關係得以迅速恢復。這是一次利用特殊機會而取得外交突破的成功談判。

這場「葬禮外交」的意義，也許從中國、印尼兩國關係跌宕、複雜的演變過程中才能看出。

中國和印尼是近鄰，兩國之間有着長期友好交往的歷史。近代以來，兩國人民在反抗殖民主義和外來侵略的鬥爭中，患難與共，相互同情，互相支持。新中國成立後，印尼是最早同中國建交的國家之一。一九五五年四月，周恩來總理出席在印尼萬隆舉行的亞非會議（又稱「萬隆會議」），詳細闡明了我對外關係中堅持執行的著名的和平共處五項原則。隨後，周恩來總理對印尼進行了正式訪問，雙方簽署了《關於雙重國籍的條約》，為解決中國同其他國家之間雙重國籍問題提供了一個良好範例。中國一直支持印尼收復西伊里安等正義鬥爭，印尼堅決主張恢復中國在聯合國的合法席位。

但是，一九六五年九月，印尼發生了「九·三〇」事件。隨後，印尼國內形勢發生了急劇變化，與中國的關係迅速惡化，直至中斷關係。

所謂「九·三〇」事件，根據印尼方面的報道，是指一九六五年九月三十日，以印尼總統警衛部隊第三營營長翁東 (Untung, Sutopo) 中校為首的一批軍官，以陸軍「將領委員會」陰謀發動軍事政變為由，逮捕和打死了包括陸軍司令雅尼 (Yani, Ahmad) 在內的六名將領。印尼陸軍幾名將軍立即採取反制措施，挫敗了翁東中校等的行動。印尼隨即開始嚴厲鎮壓和清除印尼共產黨和親蘇加諾 (Soekarno) 總統的政治勢力。

中國對「九·三〇」事件事前一無所知，事後在相當長的一段時間內，也未對印尼政局表態，但印尼軍方從一開始就指責中國策劃和支持了「九·三〇」政變，干涉了印尼內政，並發展到派軍隊搜查中國大使館商務處。到了一九六七年，兩國關係進一步惡化，直至十月三十日，兩國外交關係中斷。

二十世紀七十年代後，國際形勢發生了許多重大變化。中國恢復了在聯合國的合法席位，成為聯合國安理會五個常任理事國之一。一九七二年，美國總統尼克松 (Nixon, Richard) 訪華，雙方發表了聯合公報，中美關係明顯緩和。中日建立了正式外交關係。西歐、拉美和非洲許多國家也紛紛與中國建交。特別是一九七三年初，關於在越南恢復和平的巴黎協定簽署後，美國結束了對印度支那的侵略戰爭，撤出軍隊，開始收縮在東南亞的軍事力量。在國際格局出現明顯變化的情況下，東盟對外政策也做了重大調整，東盟與中國關係開始從相互敵視走向友好合作。東盟六國中的三國，即馬來西亞、菲律賓和泰國，相繼同中國建交。

這時，作為東盟六國之首的印尼，與中國的關係如何發展，成為決定東南亞地區和平與穩定的關鍵。

一九七八年末，鄧小平同志對泰國、馬來西亞、新加坡進行了正式友好訪問，這是中國高級領導人首次訪問東盟成員國。雙方就維護東南亞和平與穩定、中國同東盟各國的關係坦誠地交換了意見，增進了相互瞭解，減少了東南亞國家對中國的疑慮。從此，中國與東盟各國關係進一步發展，特別是在反對越南入侵柬埔寨、和平解決柬埔寨問題以及維護東南亞和平方面，雙方持有共同主張，有着密切良好的合作。

與此同時，中國與東盟各國的經貿關係快速增長，文化交流也十分頻繁。

一九八八年十一月，李鵬總理在訪問泰國期間又宣佈了中國政府關於建立、恢復和發展同東盟各國關係的四項原則，即：(一)在國家關係中，嚴格遵循和平共處五項原則；(二)在任何情況下，都堅持反對霸權主義的原則；(三)在經濟關係中，堅持平等互利和共同發展的原則；(四)在國際事務中，遵循獨立自主、互相尊重、密切合作、相互支持的原則。

在這種形勢下，印尼對華關係也出現了鬆動，雙方接觸開始增多。一九七五年，蘇哈托總統曾表示，鑒於馬來西亞、菲律賓和泰國相繼同中國建交，印尼也正在準備改善對華關係。一九七七年十一月，印尼首次派工商會代表團參加了廣州交易會。一九八五年四月，應印尼政府邀請，國務委員兼外交部長吳學謙率中國代表團赴印尼參加了萬隆會議三十周年紀念活動。

印尼是東盟中最大的國家，在東盟中起着領導作用。在柬埔寨問題上，印尼同其他東盟國家基本上保持了一致的立場。印尼曾於一九八八年七月和一九八九年二月兩次主持召開關於解決柬埔寨問題的非正式會晤——當時稱為「雞尾酒會」。由於各方分歧嚴重，會議未能取得任何突破。作為柬埔寨問題巴黎會議兩主席之一，印尼感到為尋求柬埔寨問題的政治解決，必須同中國保持密切磋商和良好合作。

印尼的一些有識之士認為，作為大國，中國的實力是這個地區重要而又不可改變的現實，印尼不能再拒絕同中國打交道了。

國際環境的改變和共同的戰略利益，使印尼在對華態度上出現了積極變化。

一九八八年三月，蘇哈托總統在談及兩國復交問題時，放棄了原先提出的要中國就所謂中國捲入

「九·三〇」事件進行「公開道歉」的要求。一九八九年初，印尼外長阿拉塔斯通過印尼駐聯合國代表蘇特雷斯納(Sutresna, Nana)大使，面告中國常駐聯合國代表李鹿野大使，印尼將全力促進中國、印尼復交進程，政府各部門的協調已經恢復，並表示想同中國外長盡早會晤。李鹿野大使答覆蘇特雷斯納大使，中方讚賞印尼方為推動兩國復交進程所做的努力，中國願在和平共處五項原則的基礎上盡早恢復中國、印尼外交關係。中國外長也希望盡早與阿拉塔斯外長會晤。

正是在這時，出現了「東京葬禮」的時機。但是，我們得知，阿拉塔斯外長不隨蘇哈托總統赴東京，兩國外長會晤難以實現。為了抓住時機，我們仍向印尼方表示，中國外長將會作為特使，前往日本參加裕仁天皇的葬禮，這將是雙方會晤的好機會，如果方便，中國外長也願意拜會蘇哈托總統。二月十三日，印尼常駐聯合國代表團告知中方，國務部長穆迪奧諾(Moerdiono)將陪同蘇哈托總統參加天皇葬禮。因阿拉塔斯外長不在隨行人員之列，穆迪奧諾部長將同中國外長會談，並說，蘇哈托總統願會見中國外長，具體安排將通過雙方駐日本使館商定。

印尼方還說，穆迪奧諾雖是國務部長，但對中國、印尼雙邊情況相當熟悉。

穆迪奧諾是位少將，自當上尉時開始，就協助蘇哈托工作。蘇哈托執政後，他在內閣秘書處工作，後任內閣秘書、副部長和國務部長，並兼任印尼對華關係統籌委員會主任，負責處理對華的重要事務。他深受蘇哈托的器重，是印尼高層智囊團的重要成員之一，也是印尼內閣中的實權人物。他所掌管的國務秘書處與總統府僅一牆之隔，主要職責是負責起草總統演説和頒佈政府各項法令與條例，協調總統與政府各部門之間關係，實際上擔負着上下溝通的重要角色。每周的內閣會議之後，一般都由他向媒體吹風或發佈重大信息，故有「小總統」之稱。可以看出，印尼決定由穆迪奧諾出面商談兩國關係正常化問題，是一項經過深思熟慮的安排。

「三點一致意見」

中國、印尼的東京會晤，是雙方多年努力的結果。當時我們分析，此次會晤也許會出現兩種可能，一是印尼方對兩國復交問題會採取較前更為積極的態度；或是由於內部仍未協調好，提出中國、印尼關係正常化分步走的方案。

對各種可能出現的問題，我們都設想了應對之策。我們的基本態度是，充分利用這次機會，積極推動兩國復交的進程。

二月二十三日下午，按雙方事先商定的時間，我在印尼代表團下榻的東京帝國飯店，先會見了穆迪奧諾部長。這是我同穆迪奧諾的首次見面。他為人隨和，談吐直率，機敏而不失幽默。

會談中，我先回顧了雙方近年來開展直接貿易和在柬埔寨問題等國際事務方面的良好合作，闡明了中國對當前國際和亞洲形勢的看法。我表示，中國、印尼同屬亞洲大國，中國有十一億人口，印尼有一點七億人口。我們兩國都面臨建設自己的國家和提高人民生活的任務，都需要有一個和平的國際環境。我們兩個大國，若能集中精力搞好國內建設，並一同致力於和平，那將是本地區和平與穩定的重要因素。

我還專門向他解釋了中國對外關係中所遵循的和平共處五項原則。我說，五項原則中最重要的一條，就是互相尊重主權和互不干涉內政。我們不僅在處理國家關係上是這樣，在處理黨的關係上也是這樣。我們始終認為，每個黨的事務都屬於這個國家的內政，每個國家都有權自己處理這方面的問題。中國絕不會利用黨的關係來干涉別國的內政。

關於兩國關係正常化的問題，我對他說，兩國復交的時機已經成熟，中方對此一直持積極態度。今天利用這個機會，我願聽取閣下的看法。

穆迪奧諾贊同我對國際形勢的分析，接着說到印尼國內兩次政變【註二】給印尼造成的重大影響和嚴重危害。他說，剛才閣下談到和平共處五項原則，印尼在處理國內問題方面也有個五項原則，那就是「建國五基」，即：信仰真主、公正與文明的人道、國家統一、民主和社會正義與繁榮。他接着說，印尼的國家哲學和意識形態可能與別國不同，但我們願同其他國家發展關係。印尼尊重其他國家的意識形態，同時也希望其他國家尊重印尼的意識形態和世界觀，尊重上述印尼處理國內問題的原則。他還強調，印尼至今一直堅持一個中國的政策。在談話中，穆迪奧諾未再糾纏過去所謂中國捲入「九·三〇」

事件等問題。

我強調說，我們尊重印尼在國內所採取的原則，同樣我們希望雙方都共同信守國際關係中的和平共處五項原則。我們充分注意到印尼在處理國家關係中對不干涉別國內政特別關心，坦率地講，中國同印尼共產黨已經沒有任何聯繫，就連現在有沒有這樣一個黨我們也不知道。過去有些印尼人住在中國，如今大部分已離開了，剩下的人很少，最多幾十人，其中有的已年老退休，有的就業工作。作為外國在華僑民，我們不允許他們從事政治活動。關於如何實現兩國關係正常化這一目標，如果閣下認為可以討論這個問題，我建議雙方可通過各自駐聯合國代表團繼續進行討論，同時，兩國外長見面時也可商談。聯合國渠道的討論可更具體一些，為兩國外長會晤做好必要準備。

穆迪奧諾感謝我所做的說明，表示同意中方所提出的建議，由兩國常駐聯合國代表團就兩國關係正常化問題進一步磋商，必要時，兩國外長可以直接會晤。

說到這兒，他看了一下手錶，主動提議休會片刻，並沒說什麼理由。實際上，他是到隔壁房間，去向蘇哈托總統匯報我們兩人的會談情況。大約五分鐘後，他回來了，笑着對我說：「總統閣下要單獨會見外長閣下。」

蘇哈托總統給人的印象，很像一位滿頭銀髮的老教授，說話溫文爾雅，待人彬彬有禮。實際上，蘇哈托是一名軍人，行伍出身。他少年時代曾在清真寺附設的學堂讀過書，十九歲時就去當兵，從一名士兵一步步晉陞到將軍。一九六五年「九・三〇」事件後，蘇哈托接管了蘇加諾的總統權力，任陸軍臨時負責人、主管恢復治安和秩序的司令、內閣部長和陸軍司令等職。從一九六八年至一九九八年，七次蟬聯總統，成為印尼的政治強人。

有輿論分析說，在蘇哈托統治下，印尼的政治和社會秩序基本穩定，印尼共已經成為歷史，當時，他已決意要與中國恢復關係。但在蘇哈托當政的年代，對華僑華人實行了嚴格的限制和歧視政策，這種情況一直延續到他下台以後。印尼華人所處的環境，直到前總統蘇加諾的女兒梅加瓦蒂（Megawati Soekarnoputri）接任總統，才有較大的改善。

不過，在那次單獨會晤中，蘇哈托態度友善，情緒很好。我先向他轉達了中國領導人的問候，介紹了我同穆迪奧諾會談的情況，讚揚印尼在他領導下為發展民族經濟所取得的成就。

蘇哈托對此表示感謝，請我轉達他對中國領導人的問候。他表示，印尼一直遵守萬隆會議達成的十項原則，其中最根本的就是互相尊重主權，互不干涉內政，發展平等的關係。他說，「九・三〇」事件後，印尼在國內取締了共產黨，但這不意味着印尼對共產黨執政的國家採取敵對政策或有什麼敵意。如果兩國政府、兩國人民、兩個國家的黨都奉行和平共處、尊重主權和互不干涉內政的原則，兩國發展實質關係與合作的道路，就可以說是暢通的。蘇哈托還表示，印尼一直是承認中華人民共和國的。今後在政治領域磋商時，應在我們兩國之間進行，不需要通過第三國。現在要做的是一件小事，即消除兩國間的相互懷疑。他贊同兩國常駐聯合國代表可繼續進行接觸，必要時兩國外長還可直接會晤。

我對他説，中國、印尼兩國把相互關係建立在和平共處五項原則的基礎上，不僅符合兩國利益，也有利於亞洲和世界和平，並將為本地區的國家樹立一個榜樣。

同蘇哈托單獨會晤後，穆迪奧諾鄭重其事地說，現在要解決一下最為迫切的問題了。大家聽後，一開始覺得莫名其妙，接着又都笑了起來。他的意思是，讓大家先「方便一下」，再繼續工作。也許是雙方的會談和與總統的會晤十分順利，他有心情開開玩笑了。

隨後，雙方商談的主題是如何向新聞界發佈雙方會晤的消息。印尼方建議雙方共同會見記者，向新聞界發表一個共同商定的新聞稿。於是，我們擬定了一個關於實現兩國關係正常化的「三點一致意見」：(一)雙方同意，進一步採取措施，實現關係正常化；(二)兩國關係應建立在和平共處五項原則和萬隆會議十項原則的基礎上；(三)雙方決定，通過駐聯合國代表團就兩國關係正常化進行具體商談，必要時，兩國外長舉行會晤。

穆迪奧諾問，如記者問及此次東京會晤是如何實現的，該怎樣回答？我表示，可以說是通過聯合國渠道商定的。他又問，如果記者追問是誰採取主動的呢？我表示，可以說雙方都有這一願望。我還建議，這次會見記者，主要是宣佈我們共同的意見，時間不宜過長，以盡量避免外界對我們復交談判的干擾。

經商定，我們共同會見記者，由他做開場白，宣佈上述「三點一致意見」，然後，由我做補充說明，對此次會晤表示滿意，強調兩國關係正常化已經開始。

由於事先沒有透露任何消息，會談後，要舉行新聞發佈會，無法及時通知所有記者了。一些日本主要媒體記者紛紛趕到現場，而中國記者卻沒來得及參加。

這次聯合新聞發佈會所發佈的消息，成了次日日本各大報紙的頭版頭條，電視台也迅速反覆播映有關鏡頭，輿論界一致認為，中國同處於東盟領導地位的印尼關係正常化是「中國外交的又一勝利」，是一個「劃時代的事件」，對亞太地區的和平與穩定將產生巨大影響。

中國、印尼之間的東京會晤，也引起了日本官方的強烈關注。竹下首相在同我會見時，對此表示歡迎。這位特別喜歡用數字說明問題的日本首相說，世界上一億人口以上的國家，有六個在亞洲，除中國之外，有印度、印尼、日本、孟加拉、巴基斯坦。現在，所有一億人口以上的亞洲大國，都和中國建交了，這是一件大事，值得慶賀。中國、印尼兩國領導人的東京會晤，是中國的一次成功的「葬禮外交」。

復交談判

東京會晤後，為加快兩國關係正常化進程，我們通過聯合國渠道，重點就以什麼方式解決復交問題，同印尼方面進行商談。我們建議，雙方先以適當方式發表一個復交公報，關於公報內容、何人簽署、何時發表等問題，願意聽取對方的意見和建議。有關兩國關係中需要討論解決的具體問題，可在復交後，進一步磋商。

但是，一九八九年六月，北京發生了政治風波。美國和一些西方國家在國際上掀起了反華浪潮。在短短一個月的時間裡，美國政府和國會先後四次發表聲明或通過決議，攻擊中國，並宣佈中止中美間高級官員互訪、阻止國際機構向中國貸款等一系列制裁措施。國際上的兩個「富國俱樂部」——歐洲共同體和西方七國首腦會議，也先後發表聲明抨擊中國，並宣佈暫停同中國的高級接觸、凍結正在談判的合作項目等。

在此形勢下，印尼對兩國復交事項表現出了觀望的態度。

面對複雜而嚴峻的國際環境，中國外交堅持原則，務實靈活，在國際間，折衝樽俎，沉着應對，迅速打破了西方國家的制裁，並贏得越來越多的國家的理解，使不少國家改變了立場，恢復了與中國的友好關係。

這時，印尼對兩國復交的態度又積極了起來。雙方除通過聯合國聯繫渠道繼續保持接觸外，還利用一些國際場合，就如何盡早完成復交手續等問題交換意見。

一九八九年八月，我在出席柬埔寨問題巴黎會議期間，會晤了阿拉塔斯外長。這是自二月東京會晤後，兩國外長的首次見面。

阿拉塔斯對我說，東京會晤已在最高層做出了兩國關係正常化的決策，剩下的只是就必要的技術性問題達成協議。從印尼方面來說，復交準備工作已接近完成，兩國常駐聯合國代表可在本屆聯大前繼續進行磋商，聯大期間，兩國外長再進行會晤。

我表示，只要時機成熟，我們應該抓緊完成這件工作。我還提出，由於中國常駐聯合國代表對技術性問題不太熟悉，可以考慮在聯合國代表保持接觸的同時，開闢另一個渠道，由雙方派小組直接商談，到北京或去雅加達都可以，這樣解決問題更容易一些。

十月初，我與阿拉塔斯在紐約再次會晤，雙方商定由各自外交部司局級官員率領七八人的代表團，於十一月或十二月在雅加達會晤，討論和解決兩國復交的技術性問題。如有必要，可在北京舉行第二次會晤，達成協議並經兩國政府批准後，再正式簽署復交公報。同時，雙方還同意十月底前，通過各自駐聯合國代表交換需要討論的問題清單。

十二月四日至八日，外交部部長助理兼亞洲司司長徐敦信，同印尼外交部政治總司長羅哈納佩西

(Louhanapessy, Johan)就兩國關係正常化的技術性問題在雅加達舉行會談。雙方審議了兩國過去締結的條約、協定，並就雙方重新互設使館時為對方提供方便和各自使館規模和人數問題、關於雙重國籍和華僑問題、關於印尼欠中國的債務和償還問題以及雙邊關係中的其他問題進行商談。

坦率地說，當時中國與印尼之間所需談判的技術性問題很多，而且相當複雜，一一解決起來，需要許多時間。

我們考慮到，印尼是東盟國家的老大，在東盟國家中具有舉足輕重的地位，爭取早日同印尼復交，不僅可帶動另外兩個東盟國家新加坡和文萊同中國建交，有利於進一步打開我們同東盟國家的關係，還可以有效遏制台灣當局竭力推行的「彈性外交」，打破西方國家對中國的制裁。為此，我們對兩國復交中技術性問題的談判，採取「堅持原則，適當靈活」的方針，對一些較為複雜的問題，大體商定原則後留待復交後繼續商談。

經過數輪會談，雙方在幾個主要問題上達成了一致意見，簽署了會談紀要。會談氣氛友好，進展順利。由於會談前我們對問題理解準確，所提的預案富有建設性，對方感到了我們的誠意，使有關復交的技術性問題基本得到了解決。

一九九〇年三月和五月，雙方專家小組又在北京和香港就印尼所欠債務數額和償還方式舉行了多次會談，通過核查和協商，最終達成協議。

至此，兩國復交進程中的全部技術性問題的談判順利結束。

雲開日出

一九九〇年七月一日，阿拉塔斯外長應我的邀請來華訪問。這是自一九六七年十月兩國中斷外交關係以後，印尼外長首次訪華。

江澤民總書記在接見他時說，籠罩在兩國上空長達二十三年之久的烏雲過去了，晴天已經來臨。

訪問期間，我同阿拉塔斯舉行了兩輪會談。在代表團抵達當日的下午，根據印尼方建議，兩國外長就復交問題還先進行了一次「單獨會談」。

阿拉塔斯開門見山地說，去年二月東京會晤後，經過幾次技術性會談，有關兩國復交的問題都已解決。關於復交的時間和方式，蘇哈托總統指示，在今年內合適的時間完成。阿拉塔斯強調，鑒於兩國五十年代已建立外交關係，現在不是建交，而是復交，就是重開大使館。因此，方式可以簡單些，以互換照會的形式進行，當然，儀式可以隆重些，以強調其重要性。他說，蘇哈托總統有意邀請李鵬總理訪問印尼，復交可以在這次訪問中宣佈。訪問時間可在八月十七日印尼獨立日之前，也可在今年其他雙方方便的時間。

阿拉塔斯還說，考慮到外界對他此次訪華十分重視，雙方有必要簽署一項公報，內容包括兩國關係正常化日期、互派大使和李鵬總理訪問印尼等內容，同時還可發表一項新聞公報。他向我提交了復交公報和新聞公報文本，供中方考慮。我當即表示，同意以互換照會的方式來實現復交，讚賞蘇哈托總統把復交和高層訪問結合起來的建議。

緊接着，雙方舉行了第一輪正式會談，會談的重點卻是柬埔寨問題。

阿拉塔斯說，印尼和中國都致力於政治解決柬埔寨問題。雅加達曾幾次是關於柬埔寨問題非正式會晤的地點，試圖為柬埔寨問題的解決尋求一個大致的框架。因在停火方式、由誰主持國際監督機構、過渡時期政權和越南移民等問題上，與會各方沒能達成一致意見而陷入困境，如今不得不休會。但雅加達的這些會晤，導致了巴黎國際會議的召開。他認為，去年巴黎會議的基本精神，是柬埔寨問題必須得到全面解決，現在的問題是，太多的廚師都來做同一道菜，有關各方又提出不同的新方案，結果使柬埔寨問題的和平解決失去了勢頭和方向。他強調，停火必須同全面解決聯繫在一起，要警惕部分解決的危險。他希望中國繼續做西哈努克、宋雙、喬森潘（Khieu Samphan）三派的工作，勸說各方下定決心，面對核心問題，接受公正、合理的妥協。

我說，我們對印尼為政治解決柬埔寨問題所做出的努力表示讚賞。在尋求政治解決柬埔寨問題上，中國和印尼有很多共識。我們贊成印尼關於柬埔寨問題必須全面解決的立場。任何部分解決，都不可能使這一問題得到真正的解決，相反，還將留下很多後遺症。我表示，中國將盡力做柬埔寨抵抗力量三方的工作，希望柬埔寨問題能在巴黎會議的框架內獲得全面解決。

第二天，我們舉行了第二輪正式會談。這次是就兩國復交問題進行磋商，並十分順利地達成了幾點一致：(一)雙方決定於一九九〇年八月八日恢復兩國外交關係，同意互派大使，並為對方大使館的重新開設提供方便；(二)李鵬總理將在兩國復交之際於一九九〇年八月六日至九日對印尼進行正式友好訪問；(三)關於台灣問題，中方讚賞印尼一貫堅持一個中國的立場，但這對中國是一個敏感問題，有必要達成內部諒解。如需要進一步討論，中方可於七月之前派小組赴印尼磋商，就此達成內部諒解備忘錄，李鵬總理訪問印尼時簽署；(四)鑒於阿拉塔斯希望李鵬總理訪問印尼時雙方簽署貿易協定，中方向印尼方提交了協定草案供對方研究；(五)雙方商定七月三日簽署復交公報，並共同舉行記者招待會。

阿拉塔斯表示，印尼理解台灣問題對中國的重要性，相信能找出適當的文字加以表述，並同意中方派小組就內部諒解備忘錄進行磋商。在整個會談過程中，阿拉塔斯與在雅加達的穆迪奧諾不斷通電話，保持聯繫。這表明復交談判是在蘇哈托直接遙控下進行的。

七月三日下午六時，在釣魚台國賓館芳菲園，舉行了中國、印尼兩國復交公報和關於解決印尼所欠中國債務問題協定的簽字儀式。上百名記者湧到現場，採訪了這一重要事件。

整個簽字儀式不過十多分鐘，可這包含着雙方多年來的艱苦努力。中國、印尼關係從此揭開了新的篇章。

簽字儀式後，我和阿拉塔斯聯合舉行了記者招待會。

我首先宣佈，一九五〇年建立，以後又中斷二十三年之久的中國和印尼的外交關係將於一九九〇年八月八日恢復。兩國人民長久以來的共同願望終於實現了。我強調，亞太地區兩個人口最多的國家關係正常化，必然會對這個地區的和平、穩定與發展產生深遠的、積極的影響。這件大事之所以能夠順利完成，是由於兩國領導人的遠見卓識。我相信，不久以後李鵬總理對印尼的訪問，將使得復交後的兩國關係充滿新的活力。

阿拉塔斯接着說，今天我們所取得的重大進展，預示着兩國關係將開始新的一頁，兩國復交不僅符合兩國人民利益，而且將對亞洲地區的和平與穩定做出重大貢獻。他還說，我們這次邁出了重要的一步，李鵬總理即將對印尼的訪問將是歷史性的，一定會把兩國關係推向高峰。

接着，我們分別回答了記者的提問。

有記者問，新加坡方面曾表示，只有等中國同印尼恢復外交關係以後，才同中國建立外交關係，現在中國和印尼已經復交，中國方面是否已着手同新加坡建立外交關係的工作？我回答說，中國方面和新加坡方面，目前都在着手準備這一工作。

在回答印尼同中國復交之後兩國間經濟合作問題時，阿拉塔斯說，在一九八五年，印尼和中國就建立了直接貿易往來，從那以後，兩國貿易關係得到了顯著發展。現在關係恢復之後，要做的一件事就是，準備擬定新的貿易協定，雙方都已經為此做了準備。印尼和中國，作為亞太地區兩個重要國家，在經濟領域的合作不僅限於貿易領域，復交之後，在別的領域的交往也必然會有發展。已經得到發展的貿易，當然會得到更大的發展。

還有記者問，印尼與台灣有着廣泛的貿易和投資關係，印尼和中國之間是否已確定了某些原則和規定來處理此類事務。阿拉塔斯說，同其他東盟國家不同，印尼在五十年代就同中國建立了外交關係，而且是基於堅定的一個中國的政策基礎上，甚至在兩國關係中斷時，也沒有改變。印尼與中國建立外交關係之後，以及關係暫時中斷期間，印尼都同台灣有着經濟和貿易關係，但印尼一直繼續堅持一個中國的立場。印尼承認只有一個中國，這就是中華人民共和國。

中國和印尼的復交，在國際上，特別在東盟國家中，引起了良好反響。新加坡外交部於七月四日發表聲明，歡迎中國和印尼實現兩國關係正常化，並重申，一旦中國和印尼實現關係正常化，新加坡將與中國正式建立外交關係。泰國外交部表示，中國與印尼復交，將有助於東盟與中國之間各方面關係更趨完善和全面發展，並將使東盟與中國在國際事務中的合作，尤其是在柬埔寨問題上的立場，更趨一致。菲律賓等國官方及輿論也紛紛發表談話或評論，歡迎中國與印尼復交。

在同印尼恢復外交關係的推動下，我國於一九九〇年十月和一九九一年九月，先後同新加坡和文萊建立了外交關係。至此，我國實現了同東盟成員國全部建立外交關係。一九九一年七月，東盟首次邀請我出席在馬來西亞舉行的第二十四屆東盟外長會議開幕式並與東盟六國外長磋商；一九九四年七月，東盟接納中國參加「東盟地區論壇」；一九九六年七月，中國成為東盟的正式對話夥伴；一九九七年底，我們與東盟建立了「面向二十一世紀的睦鄰互信夥伴關係」；二〇〇二年十一月，中國與東盟十國領導人簽署了《中國與東盟全面經濟合作框架協議》，決定於二〇一〇年建成中國與東盟自由貿易區。雙方還簽署了或發表了《南海各方行為宣言》、《中國與東盟關於非傳統安全領域合作聯合宣言》等文件。

我國同東盟國家關係進入了一個新的發展時期。

【註一】

宗教儀式：此處的宗教儀式係指按日本神道教舉行的祭祀，由皇室成員向已故天皇供奉祭品，並向天皇遺體告別，外賓不參加此項活動。

【註二】

兩次政變：穆迪奧諾所說的兩次政變係指一九四八年九月的「茉莉芬」事件和一九六五年九月的「九・三〇」事件。

◎外交十記之五

通往漢城

初赴漢城

我第一次去漢城是一九九一年十一月，參加在那裡舉行的亞太經濟合作組織第三屆部長級會議。當時，我們剛剛完成加入這個組織的手續，是第一次出席會議。按照慣例，亞太經合組織每年舉行一次全會，各成員代表團由外交、經貿雙部長率團，我和當時擔任外經貿部部長的李嵐清一起率團赴漢城與會。

中國外長在漢城出現，這在當時是破天荒的事情。自一九四五年二戰結束以來，中國和韓國之間就沒有任何官方往來，更不用提朝鮮戰爭期間的激烈對抗。儘管今天國內隨處可見韓國遊客，中國公民也可以自由去漢城旅遊，但直到上世紀九十年代初，對中國來說，韓國仍是「禁區」，幾乎沒有多少人去過那裡。

十一月十二日，中國代表團乘坐的民航包機飛往漢城，在金浦機場降落。那時，中韓沒有外交關係，更沒有航班飛機。我們的包機沒有在韓國停留，立即返回北京，等會議結束時，再來接代表團回國。

我們在機場受到韓方的歡迎。韓方安排代表團從飛機上下來直接上汽車，陪同我們一起駛往市區。原來，韓方考慮到中國外長第一次來韓國，擔心記者多了影響機場秩序，沒有讓韓國和外國記者到機場採訪。

實際上，各國媒體記者當時就守候在中國代表團準備下榻的漢城最大的新羅飯店，嚴陣以待，期待捕捉到任何意味着中韓關係可能突破的信息和跡象。

當我們到達新羅飯店時，剛進大堂，就被早已等在那裡的記者圍了一個水洩不通。燈光閃爍，攝像機瞄準，長長短短的話筒一起伸過來，只見攝影記者在搶鏡頭，電視記者在錄像，文字記者七嘴八舌地提問題。記得，其中還有幾位台灣女記者，一個勁兒地高聲搶話。記者們最關心的不是中國加入亞太經合組織問題，而是中韓關係是否會發生什麼變化。當時，人聲嘈雜，亂成一片，既聽不清提問，也根本無法回答問題。我向記者們表示感謝，對他們說，我們還會有機會見面，隨即在韓方人員的引導下，勉強擠進了電梯。不想，記者們有辦法，一直追到我們住的樓層，堵在套間的門口，讓我們根本無法進出。看到這種情況，韓方接待人員就把我們住的樓層封鎖了起來，由專職警衛日夜把守，維持秩序，以防發生問題，同時也保證我們能正常出入。

這次亞太經濟合作組織部長級會議開得很順利，韓國外長李相玉(Lee Sang Ock)和各成員外長，在會上次第發言，都用準確的語言對三個新成員(中華人民共和國、中國台北、香港)加入亞太經合組織表示了歡迎。我在會上也發了言，感謝各成員的支持。我說，中華人民共和國、中國台北和香港加入亞太經濟合作組織，是亞太經濟合作進程的重要發展。我還對韓國作為東道主為實現這一安排所做出的努力表示讚賞。

在會議期間，韓方信守了承諾，包括總統歡迎宴會在內，都沒有安排在漢城的台灣「大使」參加任何活動。

亞太經合組織

中國參加亞太經合組織是費了一番周折的。

成立亞太經合組織的構想，最初是澳大利亞總理霍克(Hawke, Robert)在一九八九年初訪問漢城時提出的，主要目的是為了加強美國、加拿大、澳大利亞、新西蘭等國同東亞地區的經濟聯繫與合作。開始，澳大利亞方面很希望中國給予支持，為此曾派特使專程訪華。然而，一九八九年北京政治風波發生後，澳大利亞和美國等一些西方國家就改變了態度。中國沒有參加當年在澳大利亞舉行的第一屆部長級會議和次年在新加坡召開的第二屆部長級會議。但是，亞太經濟合作沒有中國參加是難以想像的。中國是一個大國，市場廣闊，和亞太地區有着廣泛的經濟聯繫，經濟又保持着高速、強勁、持續的增長。亞太經合組織的各成員都認識到，必須邀請中國參加亞太經合組織。在其第二屆部長級會議上所通過的聯合聲明中，就有這樣一段文字：

「部長們承認中華人民共和國、台灣和香港三個經濟體不論是就其現行經濟活動，還是就其對本地區今後繁榮而言，均對亞太地區具有特殊重要的意義；這三個經濟體參加今後亞太經合組織會議是合適的；部長們同意應繼續與三方進行磋商以便達成三方和亞太經合組織現有成員均能同意的安排，使三方在漢城會議上盡早加入亞太經合組織。」

正在同中國商談復交的印尼，是亞太經合組織的成員，首先向我們通報了有關情況。隨後，將擔任第三屆部長級會議東道主的韓國，開始派人與中國進行私下磋商。

中國加入亞太經合組織之所以比較複雜，主要是要處理好台灣、香港同時加入的名稱和地位問題。亞太經合組織與聯合國等由主權國家參加的國際組織不同，其成員都稱為經濟體，是討論經濟問題的論壇，開會時也不懸掛成員的國旗、國徽等標誌，所以，香港和台灣可以作為經濟體加入。

我們提出了解決這個問題的基本原則，即：在一個中國的前提下，中華人民共和國以主權國家的身份加入，台灣和香港作為地區經濟體加入。

為了在漢城會議前解決中國加入的問題，韓國表現出了很高的熱情。當時韓國雖與台灣保持着「外交關係」，但是它已經考慮到，在東亞今後的經濟發展和政治架構變化的前景下，與中國建交有利於韓國。因此，利用東道主的便利條件，積極推動解決中國入會問題，並以此帶動與中國的交往，就成為韓國政府外交政策的重要目標。

當時，韓國外交官員是不能來中國訪問的，但我們破例，讓韓國外交部次官補（即助理部長）李時榮

(Lee See Young)，以當年亞太經合組織高官會議主席的身份，多次來京與我們商談解決方案，並通過他，將情況通報給其他成員徵詢意見。李時榮還多次往返台灣和香港，與他們周旋和磋商。

談判的過程十分艱巨。之所以如此，倒不是韓國方面和亞太經合組織成員在區別主權國家和地區經濟的原則上有什麼不同意見，而主要是台灣方面從中作梗。

台灣方面堅持在亞太經合組織中享有「平等地位」。在稱謂上，堅持不同意使用我們最初提出的「中國台灣 (TAIWAN, CHINA)」的名稱；不願接受其「外長」不得與會的安排，而且，還不願就這些問題與我們直接商談。這就使談判遇到了障礙，問題一時無法解決。

李時榮在三地穿梭、往返傳話，還要設計讓各方都能接受的妥協方案，其艱辛程度可想而知。事情一直沒有進展，直到後來，據說李時榮向台灣發出了「如台灣方面拒不接受妥協，將讓中華人民共和國和香港先加入」的最後通牒之後，台灣方面才表現出了「識時務」的態度，不得已做出了讓步。

經過六輪談判，歷時九個多月，這才終於找到了我們認為合適、台灣和香港也能接受、其他成員一致贊同的辦法。

一九九一年十月二日，中國外交部國際司司長秦華孫和韓國的李時榮在紐約簽署了關於三方同時加入亞太經合組織的諒解備忘錄，其中包含了我們堅持的基本原則，以及對台灣的稱謂和參加活動的級別的明確規定。台灣要用「中國台北 (CHINESE TAIBEI)」的名稱，而且，只能由主管經濟事務的部長與會，其「外交部長」或「外交部副部長」不得參加會議。

亞太經合組織與台灣和香港也簽署了內容相同的諒解備忘錄。當時我們還與韓方達成一項協議，就是在漢城的台灣「大使」不能參加第三屆部長級會議的活動。這樣就為中國代表團出席漢城部長級會議掃清了道路。

會見盧泰愚

在我們到達漢城的當天下午，按照日程，盧泰愚 (Roh Tae Woo) 總統在青瓦台集體會見各成員部長，我們按時到達，登上又高又寬的數十級台階。進入了會見大廳。來賓按禮賓順序站好，這時，總統府禮賓官私下告訴我，說總統請我在集體會見後留下來，他將單獨會見。

盧泰愚雖是軍人出身，但比較溫和，在與中國建交問題上態度相當堅決。他於一九八八年二月就任韓國總統，上任後，根據國際形勢和朝鮮半島形勢的變化，明確提出為了半島的和平與穩定，要在他的任期內與中國、蘇聯和東歐等社會主義國家建交，稱之為「北方政策」。

一九八八年十月，韓國成功地舉辦了漢城奧運會，擴大了它在國際上的影響，同時也通過接待中國、蘇聯和東歐國家的體育代表團，鬆動了與這些國家的緊張關係。

一九八九年初，匈牙利作為社會主義國家，率先打破禁忌，與韓國建立了外交關係。到一九九〇年九月，蘇聯與韓國建交時，絕大部分東歐國家都與韓國實現了邦交正常化。

盧泰愚雖也曾多方試探，想與中國改善關係，但一直進展不大。當時，他的任期只剩下一年多一點的時間了，因此，他比較着急，自然也就不會放過中國外長在漢城出席國際會議這一絕好機會。

集體會見結束後，李相玉外長將我引到另一古色古香的會客廳，預先確定的陪同會見的人員都已到達。盧泰愚總統身着藏青色的西裝，走進了會客室，與每人握手。

落座後，盧泰愚總統首先歡迎中國代表團來漢城，祝賀中國加入亞太經合組織。然後，便單刀直入，談起兩國關係問題。他說，韓中一海之隔，自古有着悠久的交往，韓國的西海岸與中國的山東半島東部之間，真是雞犬之聲相聞。只是到了近代，韓中相互隔絕了幾十年，令人感到遺憾和不自然。值得慶幸的是，近年來，兩國關係有了改善，一九八六年和一九八八年，中國體育代表團來漢城參加了亞運會和奧運會，此後，雙邊貿易交流也已開始，韓方感到高興和滿意。韓國雖已與蘇聯和東歐國家建立了外交關係，但韓國與中國的關係應更親密。為了朝鮮半島的和平與穩定，也為了亞太地區的和平與發展，韓國真誠地希望與中國改善關係，並早日實現建交。

談話時，盧泰愚自始至終面帶微笑，風度儒雅。他特別提到山東半島是有原因的。他一直認為自己是山東盧姓的後裔，後來到中國訪問時，還曾專門去山東尋根。

我感謝他的會見，讚揚韓方為亞太經合組織部長級會議所做的準備工作。接着，我說，從歷史上看，中國和韓國有着悠久的交往歷史；從地理上看，中韓是近鄰，既然雞犬之聲相聞，就不能老死不相往來。目前的不正常關係，是第二次世界大戰以後形成的。我們希望朝鮮半島南北雙方和平共處，加強往來。中韓兩國間的貿易關係，近年來有了較大發展，希望雙方共同努力，使其更好地發展下去。同時，也希望美國和日本與朝鮮改善關係。

話說到這裡，意思也表達清楚了，對盧泰愚提出的建交問題，我沒有直接回答。

會見後一個小時，韓國電視台就立即做了報道。第二天，韓國各報均在頭版刊登了盧泰愚與我握手的大幅照片。媒體沒有有關談話內容的報道，但普遍評論稱，這是中韓關係的「轉折點」。

次日，我與李相玉外長共進了早餐。這項活動是行前就安排好的，韓方為此十分高興。在此之前，每年去聯合國開會時，韓國外長都提出，希望安排與我會見，但我們一直沒有同意。直到這年九月，朝鮮和韓國同時加入聯合國後，我才在參加聯合國大會期間，禮節性地會見了李相玉。中韓雙方外長，坐下來共進早餐並交換意見，這還是第一次。

早餐時，雙方先就會務有關問題交換了意見，隨後，像盧泰愚一樣，李相玉話鋒一轉，談起兩國關係問題。他提出，去年韓中貿易額為三十八億美元，今年可能突破五十億美元。如果建交尚需時日，他建議把雙方已經在對方建立的民間貿易辦事處升格為官方機構，以適應雙方貿易迅速發展的狀況。我表示，從長遠來看，兩國關係是要朝着這一方向發展，但目前還是以民間方式為好。我建議雙方人員，包括外交部官員，可以接觸辦事，保持溝通。李相玉說，韓國方面理解韓中建交，需要根據中國方面的準備情況來進行，但韓方希望能夠早一點實現。我說，中國有句民諺，叫做「水到渠成」。

那天晚上，還發生了一件有趣的事情。韓國青少年體育部長朴哲彥 (Park Chul Un) 多次提出要來見我。本來不想安排，但對方不斷打來電話，一再要求，並說他多次訪華，在中國有不少朋友，其中包括我的弟弟錢其璈，當時任天津市副市長，主管文教體育，曾在天津組織的國際體育賽事活動中，接待過來訪的他。夜裡快十一點時，朴哲彥帶着他的助手，來到我的房間，寒暄後，就提出他願意與我們建立秘密聯絡渠道，為實現兩國建交而共同努力。他說，今晚的會見是得到總統同意的。為了參加總統的競選工作，他不久將辭去部長職務，而實現韓中關係正常化，是他的主要政治任務之一。他又拿出一大一小兩把金鑰匙，大的送給我，小的送給我的弟弟，說希望用它來開啟兩國關係的大門。

那幾年，總有不少韓國高層人士，轉彎抹角地搞到另紙簽證【註】，私下訪問北京，向我們接待單位提出，願為兩國建交盡一份力量，全然不管接待單位是什麼性質。由此可見，實現中韓建交，當時在韓國已成為一種潮流，願意來當說客的大有人在。只是，人員複雜，一時真假難辨。

我對朴哲彥所說的，當時只能姑妄聽之。我告訴他，中韓兩國雖未建交，但官方已有接觸，不需要建立什麼秘密渠道。回國後，我讓工作人員將兩把金鑰匙送中國人民銀行鑒定，發現倒是足赤真金，如今放在外交部登記保存，可以作為當年中韓關係發展過程的一個小小的歷史註腳。

打破堅冰

中國要同韓國建交，難點並不在於雙邊關係方面，而在於中國與朝鮮的關係，即如何讓與中國有着傳統友誼的朝鮮，能夠逐步理解和接受這種外交政策的調整。

回顧歷史，中韓長期隔絕，有着很深的歷史根源。早在上個世紀三四十年代，金日成 (Kim Il Sung) 等朝鮮革命者就在中國東北參加了抗日聯軍，與中國人民共同抗擊日本的侵略，中朝傳統友誼就是在這一時期開始形成的。第二次世界大戰結束時，美蘇以「三八線」為界，各自派軍隊駐紮半島南北。一九四八年八月，大韓民國成立；同年九月，朝鮮民主主義人民共和國成立。

一九四九年十月一日，新中國成立，六天之後，即十月六日，就宣佈與朝鮮建交。

一九五〇年六月，朝鮮戰爭爆發。戰後，中國和蘇聯支持朝鮮，美國和日本支持韓國，停戰線大體上和「三八線」相近，形成了北南對峙的局面，一直延續至今。

從上個世紀七十年代中後期起，隨着國際形勢的發展和變化，許多國家從現實出發，承認了朝鮮和韓國的存在，並與他們建立了外交關係。蘇聯和東歐國家雖未承認韓國，但在國際多邊活動，如體育比賽和國際會議中，也開始了與韓國的交往。到八十年代初，國際上與朝鮮和韓國同時建交的國家已接近一百個。與此同時，朝鮮半島內部也發生了一些引人注目的變化，敵對的南北雙方，不僅有了接觸，而且還舉行了高級會談，並於一九七二年發表了排除外來干涉、促進國家統一的聯合聲明。

從我們國內看，黨的十一屆三中全會後，全國工作中心轉移到經濟建設上來了，改革開放隨之起步。在此情況下，如何積極開展對外活動，最大限度拓展國際交流空間，為現代化建設創造良好的外部環境，已成為外交工作面臨的迫切問題。

正是在這個背景下，進一步緩和朝鮮半島的緊張局勢，促進南北兩方和談，鬆動與近鄰韓國的關係，就提上了議事日程。

根據形勢變化，我們確定了新的規定，即今後凡是國際組織委託韓國舉辦的國際活動，只要中國也是該組織的成員，就可派人前往參加。同樣，中國舉辦的活動，也可同意韓國人員來華參加。這就是說，在國際多邊活動中，根據國際慣例和對等原則，我們改變了與韓國不相往來的做法，為以後雙邊正常往來創造條件。

當時，正趕上我國考慮申辦亞運會問題。多年來，隨着我國體育水平的提高，中國一直想舉辦亞運會，許多亞洲國家也有同樣的願望。但是，能不能允許韓國體育隊來華參加比賽，成了中國申辦亞運會的一個必須克服的障礙。一個國家如果拒絕另一個亞奧理事會成員的運動員入境參加比賽，該國就根本沒有資格申請承辦國際運動會。一九八三年八月，北京市向亞奧理事會提出了舉辦一九九〇年第十一屆亞運會的申請，中國外長同時去信向亞奧理事會做出保證，屆時將讓包括韓國在內的所有亞奧理事會成員入境參加。

考慮到中朝關係，我方及時向朝方做了通報，並表示如申辦成功，我們歡迎朝鮮派體育代表團前來參加，同時，我們也將遵守亞奧理事會章程，歡迎包括韓國在內的亞奧理事會所有成員派團與會。

鄧小平同志對中國與韓國關係問題，一直十分關心。一九八五年四月，小平同志在談到中國和韓國關係問題時說，中韓發展關係，對我們來說，還是有需要的。第一，可以做生意，在經濟上有好處；第二，可以使韓國割斷同台灣的關係。

一九八八年五月至九月期間，小平同志在會見外賓時，又幾次談到中國和韓國的關係問題，他說，從中國的角度看，我們同韓國發展關係，有利無害。經濟上，對雙方發展有利；政治上，對中國的統一有利。

在另一次談話中，他又進一步說，時機成熟了，發展同韓國的經濟文化交流的步子，可以比原來考慮的更快一些，更放寬一些。發展中國與韓國的民間關係，是一着重要的戰略棋子，對台、對日、對美、對半島的和平與穩定、對東南亞，都有着很重要的意義。

與此同時，小平同志也談到做這項工作要十分慎重，說這個問題很微妙，處理起來要很謹慎，要取得朝鮮民主主義人民共和國方面的諒解。

在小平同志的指導下，我們打破了多年的禁錮，鬆動了在多邊國際活動中與韓國的關係，雙方代表團的來往逐年增多。一九八六年和一九八八年，中國幾百人的體育代表團先後參加了漢城亞運會和漢城奧運會。一九九〇年北京舉辦第十一屆亞運會時，朝鮮和韓國都派團前來參加，朝鮮國家副主席李鐘玉 (Lee Jong Ock) 還出席了開幕式。朝鮮國旗和韓國國旗第一次在北京的體育場上空升起來。

貿易方面，在對韓政策調整後，更是發展迅速。一九八八年，兩國的貿易額已經突破了十億美元。隨着貿易量的大幅度增加，以經過香港而間接進行的貿易方式也越來越不適應了。這時，雙方開始需要考慮互設民間貿易辦事處，以利於開展中韓民間的直接貿易。

不想，這個問題引起了朝鮮方面的強烈關注，直至驚動了中朝雙方的最高領導人。

與朝鮮溝通

一九八八年十一月，在朝鮮外長金永南 (Kim Yong Nam) 訪華時，我專門與他談了中國與韓國的貿易關係問題，告訴他，中方正在考慮與南朝鮮互設民間貿易辦事處。後來，雙方最高領導人交換了幾次意見。一次是一九八九年下半年，金日成主席來北京，江澤民總書記與他談及此事。到一九九〇年下半年，金日成主席來瀋陽，與江總書記再次見面，江總書記又提到了這個問題。這時，金主席充分理解了中方的立場，表示同意。

一九九〇年十月，中國國際商會與大韓貿易振興公社就互設貿易辦事處問題達成協議。一九九一年初，雙方都在對方首都設立了貿易辦事處。

貿易辦事處成立後，又遇到一個新的問題，那就是朝鮮南北雙方加入聯合國的問題。

聯合國是國際上最大的政府組織，只有主權國家才能參加，朝方多年來一直反對南北雙方加入聯合國，擔心那樣就會使朝鮮半島南北分裂永久化。當時，朝韓在聯合國裡，都只有觀察員身份。但是，韓國一直謀求加入聯合國，而在聯合國成員國中，支持韓國加入聯合國的國家也越來越多。

一九九一年五月，李鵬總理訪問朝鮮，與朝鮮總理主動談及這一問題，表示說，今年聯合國大會期間，如韓國再次提出加入聯合國問題，中國將難以持反對態度，而一旦韓國單獨加入聯合國後，朝鮮再想加入，可能就會遇到困難。朝鮮總理聽後，沒有當場表態。訪問結束前，金日成主席在會見李鵬總理時最後又談到了這個問題，表示朝鮮會與中國在這一問題上協調合作。此後，朝鮮報紙發表一篇評論稱，朝鮮不反對南北朝鮮同時加入聯合國。

根據李鵬總理訪朝時與朝方達成的協議，中朝雙方就朝鮮加入聯合國問題繼續交換意見。為此，我於這一年六月十七日至二十日專門訪問了平壤，與金永南外長舉行會談，也見到了金日成主席。金永南在會談中說，對於南朝鮮企圖單獨加入聯合國的陰謀，朝方不能置之不理。為了防止在聯合國出現不利於朝方的事態，朝方決定採取主動措施，申請加入聯合國，並主張南北一攬子解決。假如美國要求分別討論南北的申請，希望中國堅決反對；如果美國否決北方，希望中國也否決南方。

當時，朝方最擔心的情況，是韓國加入聯合國的申請順利通過而朝鮮的申請受阻。我在會談中詳細地介紹了聯合國這次審議朝韓同時加入聯合國的程序，並表示我們將協助做好各方工作，消除了朝方的顧慮。

金主席在妙香山會見我時，也專門談到加入聯合國的問題。他說，南北加入問題，無論如何要爭取一攬子解決，如果分開討論，美國就可能提出核核查問題，行使否決權，那樣的話，朝鮮的處境就更困難了。在聯合國問題上，朝鮮不會讓中國為難，希望中國也不要讓朝方為難。

我向金主席說明，聯合國在討論這一問題時，對朝鮮半島北南雙方同時加入聯合國是有共識的，即這個問題是作為一個決議提出的，不會出現朝方所擔心的情況。

就這樣，一九九一年九月十七日，在聯合國大會上通過了一項決議，朝鮮和韓國同時加入聯合國，成為正式會員國。

啟動建交談判

在漢城開完亞太經合組織會議回來後，我們着手研究與韓國建交的問題。

當時，盧泰愚總統的任期只剩下一年，急於與中國建交，以在任期內實現他就任之初提出的北方政策的目標。從半島形勢來看，南北雙方已同時加入了聯合國，還經常一起參加國際會議和體育比賽。國際上，與朝鮮和韓國同時建交的國家已超過一百個。中國與韓國建交的條件可以說基本成熟。

一九九二年三月全國人大會議期間，按照慣例，我舉行了中外記者招待會。在歷年的記者招待會上，常有外國記者提問，探聽中國和韓國的關係是否會有變化。我的回答總是，中國的立場沒有變化，我們不會與韓國發生任何官方關係。這一年，我的回答有了變化，我說，我們與韓國建交沒有時間表。敏感的外國記者應該能從中有所感悟。

這年四月，亞太經社理事會第四十八屆年會在北京舉行，韓國外交部長李相玉前來參加。他是第四十七屆年會的主席，按照國際上的習慣做法，我在釣魚台國賓館與他舉行了會談，並設宴招待。

在這次會談中，雙方除了就關心的問題交換意見外，我單獨和李相玉談了中韓關係問題。我告訴他，中韓正式談判建交的時機還不成熟，但雙方可以先建立聯繫渠道，就兩國關係問題進行接觸。李相玉當即表示同意。雙方商定任命副部級的首席代表和大使級的副代表，由副代表率領工作班子，盡早在北京和漢城開始會面商談。韓方在這次會談前，曾多方探聽我們的立場，既想通過這次外長見面取得突破，又擔心步子邁得過大而適得其反。現在，他們心裡的石頭終於落了地。

這次外長會談後，中韓雙方很快任命了首席代表和副代表，中方首席代表為副外長徐敦信，韓方是外務次官盧昌熹（Roe Ching Hee）。雙方的工作班子分別由中方的張瑞傑大使和韓方的權丙鉉（Kown

Byong Hyon）大使牽頭，各有六七個人。五月開始商談，為了保密，韓方建議先在北京舉行，說在漢城，眼睛太多，難免會洩露出去。

第一次接觸安排在釣魚台國賓館十四號樓。這座樓比較僻靜，不易被外界發覺。韓方人員是分頭經第三地來京的，住下後，連樓門也不出。在第一次接觸中，我方本來想先一般談一談，摸摸韓方的想法，可是韓方很着急，寒暄之後，馬上提出商談建交問題。於是，從一開始接觸，雙方就談起建交問題。我們對此也有準備，提出了我們的建交原則，要求韓方與台灣斷交、廢約、撤館。韓方最初不同意，與我們討價還價，設想只把台灣的「使館」降為「聯絡處」，我們當然不會同意。第一次的接觸就這樣結束了。

第二次談判，仍在北京舉行。我們重申了建交原則，這次，韓方有所退讓，只是強調因為韓台之間的關係時間太久了，要我們同意在中韓建交後韓國與台灣可以保持某種特殊關係。我們感到，這是韓方的最後一張牌，只要我們堅持既定方針，談判有可能突破。於是，我們提出第三次談判在漢城舉行，韓方表示同意。

在第三次談判中，韓方接受了我們的建交原則，雙方就建交問題達成協議，包括一項不供發表的備忘錄。

三次談判用了不到兩個月的時間，六月底就結束了工作，只等雙方首席代表見面，草簽建交公報，並確定外長正式簽署和發表日期了。

平壤之行

中韓建交問題，對緩和朝鮮半島的緊張局勢和維護亞太地區穩定，有着積極的影響。為此，在與韓國接觸時，我們一直注意及時向朝方通報情況，爭取它的理解。

一九九二年四月，中韓還未接觸之前，適逢楊尚昆主席前往平壤參加金日成主席八十壽辰慶祝活動，受中央委託，楊主席向金主席做了通報，分析了國際形勢和我們的對外關係，告訴金主席，中方正在考慮與韓國建交問題，同時強調我們將一如既往支持朝鮮的統一事業。金主席聽後表示，現在朝鮮半島處於微妙時期，希望中國能協調中韓關係和朝美關係，請中方再多做考慮。楊主席回國後，將金日成主席的意見上報了中央。

這年六七月間，我陪同楊尚昆主席到非洲訪問，七月十二日回到北京，江澤民總書記到人民大會堂來迎接我們。

歡迎儀式結束後，江總書記請楊主席和我留了下來，在人民大會堂裡，專門商談了中韓建交的事情。他說，經反覆權衡，為最大限度地體現對朝方的尊重，中央決定讓我去平壤一趟，面見金主席，轉達他的口信，通報我們決定同韓國建交的立場。

時間緊迫，不容遲疑，在徵得朝方同意後，三天之後，我乘空軍專機前往平壤。這不是一次輕鬆的外交訪問。在專機上，我心裡一直不太踏實，不知道朝鮮方面是否能充分理解我們的立場。雖然金主席答應見我，但我們所通報的內容，會不會令他感到突然，朝方又會做何反應呢？

北京平壤之間的距離很近，還沒來得及多想，專機就平穩地降落在平壤順安機場。以前每次到朝鮮訪問，朝方都在機場組織群衆歡迎，氣氛熱烈。這次飛機停在機場的偏僻之處，來迎接我們的只有金永南外長。

握手寒暄後，金永南告訴我們，還要去外地，並帶着我們走向不遠處停着的一架直升機。登上直升機，只見裡面放着一張小桌，我和金永南對面坐着，其他人員則分坐兩側。正值炎夏，直升機裡如同蒸籠一般，熱不可耐。

直升機飛了不久，就降落在一個偌大的湖邊。同去的熟悉情況的同志告訴我，這裡有金主席的別墅，他夏天常來此地休養。

下了飛機，我們被帶到一幢別墅休息。

約在上午十一時，金主席在另外一幢高大的別墅裡會見了我們。他在會見廳門口迎接，與每一個人握手，然後，大家隔着寬大的會談桌相對而坐。

我首先感謝金主席在百忙中會見我們，並轉達了江總書記對他的問候。接着，我轉達了江總書記的口信。

江總書記代表鄧小平同志和中共中央的同志，向金主席致以崇高的敬意和良好的祝願。江總書記指出，目前中朝兩黨兩國關係正在很好地向前發展，中方對此感到十分高興和滿意。當前國際形勢動盪不定，隨時都可能發生重大變化。在此情況下，我們宜抓緊時機，創造有利的國際環境，發展自己，增強國力。中朝兩黨兩國相互尊重和理解，不斷增進友好合作關係，具有重要意義。關於中國與韓國的關係，經過這一段國際形勢和朝鮮半島形勢的變化，我們認為中國與韓國進行建交談判的時機已經成熟。我們的考慮和決定，相信會得到您的理解和支持。我們將一如既往，努力發展中朝兩黨兩國在長期鬥爭中結成的傳統友誼，支持朝鮮的社會主義建設和自主和平統一，推動半島局勢進一步緩和，推動朝美、朝日關係改善和發展。

金主席聽後，沉思片刻，說江總書記的口信聽清楚了。我們理解中國獨立、自主、平等地決定自己的外交政策。我們仍將繼續努力增進與中國的友好關係。我們將克服一切困難，繼續自主地堅持社會主義、建設社會主義。金主席請我回國後轉達他對鄧小平和其他中央領導同志的問候。

金主席看了看我們帶來的禮品，九龍戲珠玉雕和新鮮荔枝，就送客告別了。

在我的記憶中，這次會見，是金主席歷次會見中國代表團中時間最短的，會見後，也沒有按過去的慣例舉行宴會招待。

在這關鍵的歷史時刻，金日成主席着眼於中朝關係大局和朝鮮半島的局勢，理解了中方的立場，做出積極而明智的決定，表現出了老一代領導人的胸懷和眼光，不能不讓人欽佩。

金永南外長陪我們簡單吃了個午飯，我們就乘直升機返回平壤。這次平壤之行，安排是當天往返，專機正在機場等候。我們向主人告別後，就登上專機，直飛北京。

回到北京，已近下午五點，我們直接驅車去了中南海江總書記的辦公室。江總書記正等在那裡。我將情況詳細地做了匯報。江總書記聽後，問了幾個問題，感到很滿意。

這次中央派我去見金主席的任務，至此算是完成了。

中韓建交

一九九二年八月二十四日上午九時，我與韓國外長李相玉在釣魚台國賓館芳菲園正式簽署了中韓建交公報。兩國電視台現場向全世界進行了實況轉播。國際媒體和輿論對此高度重視，迅速報道，並紛紛發表評論，表示祝賀。

中韓建交在國際上也受到廣泛歡迎。唯獨台灣氣急敗壞，指責韓國「忘恩負義」，並於前一天撤走在漢城的「大使館」。

建交後一個月，即九月下旬，盧泰愚總統應楊尚昆主席的邀請訪華。對方主要陪同人員中有李相玉外長，我特地從聯合國趕回來，參加接待工作。第二年五月，我又應邀正式訪問了韓國。當時，韓國政府剛換屆，我和新外長韓升洲 (Han Sung Joo) 舉行了會談，並會見了新任總統金泳三 (Kim Young Sam)。

轉眼之間，中韓建交已經十多年了，兩國關係的飛速發展，超出了預想。作為近鄰，中韓兩國領導人頻繁互訪，不斷增進相互理解，推動了在各個領域的交流與合作。到二〇〇二年，兩國貿易額突破了四百億美元，中國成為韓國的第三大貿易夥伴，而韓國則是我國的第五大貿易對象國。同時，韓國對華投資已超過一百億美元，並在繼續擴大。在聯合國等國際組織和國際活動中，雙方的合作正在加強。在維護朝鮮半島的和平與穩定和無核化方面，中韓也有着共同的語言。

二〇〇三年二月下旬，我再一次正式訪問漢城，代表中國政府，參加了韓國新總統的就職典禮，分別會見了卸任總統金大中 (Kim Dae Jung) 和新任總統盧武鉉 (Noh Mu Hyun)。

自中韓建交至今，韓國政府已幾經更換，但中韓兩國的關係，由於奠定了堅實的基礎，一直在平穩地發展。

【註】

另紙簽證：簽證的一種特殊形式，用於發給因特殊原因不能將簽證做在其所持護照或其他旅行證件上者，或發給持用不被承認的護照或其他旅行證件者。

◎外交十記之六

黑雲壓城城不摧

在我擔任外長十年期間，中國外交所經歷的最艱難的時期，莫過於上世紀八十年代末到九十年代初的那段時間。那時，國際風雲突變，西方各國政府紛紛宣佈制裁中國，各種政治勢力出於各種目的，也在世界上掀起了陣陣反華浪潮。從一九八九年六月五日至七月十五日，短短的一個多月裡，美國、日本、歐共體和西方七國首腦會議相繼發表聲明，中止與中國領導層的互動，停止向中國軍售和商業性武器出口，推遲國際金融機構向中國提供新的貸款。一時電閃雷鳴，烏雲翻滾，頗有「黑雲壓城城欲摧」的味道。在鄧小平同志的直接領導下，我們敢於鬥爭，又善於應對，很快打破了西方的種種制裁，遏制了反華浪潮。

歷史證明，中國的長城，堅不可摧。

山雨欲來

一九八九年四五月間，北京正是春暖花開的季節。但是，這個春天，空氣裡似乎瀰漫着一種躁動的氣息，人們的心裡也隱隱有一種不安的感覺，彷彿要發生什麼大事。

中國的外交仍然在正常地進行着。五月下旬，在送走蘇聯領導人戈爾巴喬夫後，我按計劃出訪，首站是厄瓜多爾，經停墨西哥到古巴，最後一站是美國。

由於中國沒有直飛拉丁美洲的航班，五月三十一日，我乘中國民航班機離京，借道美國，於六月二日轉赴厄瓜多爾。在過境美國時，我受到了美方很好的接待。因為每年出席聯合國大會，美方的警衛人員都已經很熟悉了，從入境到出境，一直二十四小時的守護。出境時，美方人員還向我告別，說過幾天再見。未曾想到的是，後來事態急轉直下，以至取消了那次訪美。

抵達厄瓜多爾首都基多的第二天，也就是六月三日下午(即北京時間四日上午)，當地電視頻道開始反覆播放CNN和BBC等媒體提供的所謂「天安門事件」的畫面和報道，每隔十分鐘就滾動播出一次。而那時，我們卻收不到來自國內的任何消息。厄瓜多爾的華僑，一改過去友好熱情的態度，都板起臉來，問我們國內到底發生了什麼事情。氣氛變得緊張和凝重起來。

這時，與國內聯繫已十分困難。經過多次努力，我們終於同周南副外長通了電話，瞭解基本情況。一天後，才收到了國內發來的有關文告。

六月四日，在厄瓜多爾港口城市瓜亞基爾，我分別舉行了臨時記者招待會和華僑座談會，一一回答了各方提出的問題，強調中國各項改革開放政策沒有改變，也不會改變。當地媒體對此做了大量報道，大多數通訊社也都發了消息，認為中國外長沒有回避問題，答覆具體明確，闡明了中國的立場。

這時，國際上的形勢變得更加嚴峻了。我決定繼續進行對古巴的訪問，主動取消了計劃中的對美國的訪問。

從厄瓜多爾到古巴，我們選擇經墨西哥飛往哈瓦那。途經墨西哥城國際機場中轉時，已經能夠感覺到異樣的氣氛了。當時，墨西哥外交部聲稱，墨西哥政府取消了中國外長的訪問。六月六日晚上，當我乘坐的航班到達墨西哥城國際機場時，候機大廳擠滿了事先得知中國外長將要過境消息的記者。出於安全的考慮，墨西哥政府安排我們走下飛機舷梯後，直接上了汽車，去中國駐墨西哥大使館。隨行人員高樹茂等因辦理入境手續和提取行李，下機後從旅客出入的廊橋走出來時，等候在門外的記者將他誤認為中國外長，一擁而上，圍追堵截，紛紛向他提出連珠炮式的問題。高樹茂坦然面對，微笑不語，無意中成了當晚電視鏡頭裡的新聞人物。

那天晚上十點左右，一批在墨西哥的中國留學生得知我下榻使館，便來到使館，要求見我。他們的情緒似乎很激烈，將使館的大門叩打得「咚咚」作響。我讓使館的同志將他們都請到使館接待廳，和他們見面。他們進來後，都安靜了下來。我問他們從國內什麼學校來的，學習什麼專業，並向他們如實地介紹了國內情況。這時，一名學生提出，希望我能夠代表人民。我回答說，一個國家的外長當然要代表自己的國家和人民。隨後，勸說他們多瞭解真實情況，不要聽風就是雨。最後，大家的情緒都緩和了下來，在平靜中離開了使館。

六月七日，我們一行抵達哈瓦那。作為一九六〇年古巴革命後第一位訪古的中國外長，我此行的主要任務，就是改善與古巴的關係，增進相互瞭解。

多年來，在對待蘇聯問題上，古巴和中國一直有些隔閡，到那時仍未完全消除。古巴和蘇聯關係好，對中國存有較大的戒心，也有許多誤解。古巴外長在年初訪華時，有改善關係的表示。這次我是回訪。

古巴領導人卡斯特羅 (Castro, Fidel) 主席對我的來訪非常重視。在我抵達古巴第二天晚上，他就在革命宮親自為我舉行歡迎宴會。宴會後，又與我長談。談到客人散去後，他意猶未盡，乾脆請我到他樓上的辦公室裡繼續交談，一直到深夜十二點鐘。

卡斯特羅主席精力旺盛，熱情，健談，又好奇，對中國的一切都充滿了興趣。

談話中，我向他通報了蘇聯領導人戈爾巴喬夫不久前的對華訪問和中蘇關係正常化的情況。卡斯特羅主席聽了很高興。他說，社會主義國家和第三世界各國都贊成中蘇關係正常化，這是具有歷史意義的重大事件。

接着，卡斯特羅主席詳細介紹了他所瞭解的「天安門事件」真相及各方面的反應，表示古巴政府全力支持中國政府，並願為我提供發表任何聲明的場所和條件。卡斯特羅主席還對我說，中國需要團結，不能像西方國家希望的那樣，出現無政府狀態，如果那樣，對全世界來說都是悲劇。

關於我取消訪問美國的計劃，卡斯特羅主席認為是一個正確的決定。他說，如果你去了美國，會有成百名記者向你提出種種挑釁性的問題。我同意卡斯特羅主席的看法，並對他講，在那樣的場合，不管你說什麼，甚至你什麼都沒說，總有一些記者會加以歪曲報道。待到你要去更正時，已經不會有人去注意了。卡斯特羅聽後笑了。在世界上，他顯然是被西方媒體歪曲得最厲害的人物之一。

卡斯特羅主席對中國興趣的廣泛，給我留下了深刻的印象。他的問題一個接着一個，幾乎無窮無盡。他問中國南北方的差異，香港收回後怎樣管理，以及從中國到古巴要走哪條航線，乘什麼樣的飛機，等等。對於我的介紹，卡斯特羅主席聽得很入神，談話到了深夜，他仍絲毫沒有倦意。後來，有人對此很好奇，問我們的西班牙文翻譯，卡斯特羅主席與中國外長都談了些什麼。翻譯幽默地回答說：

「十萬個為什麼。」

美國密使來華

就在以美國為首的西方世界制裁中國的喊聲甚囂塵上之時，美國派來了密使。

實際上，制裁中國並不符合美國的全球戰略和長遠利益。在當時的中美蘇大三角關係中，中美兩國在抗衡蘇聯擴張方面進行了卓有成效的合作。美國孤立中國，未必對其自身有利。對此，美國認識得很清楚。

那一段時間裡，布什總統幾次私下向中國傳遞口信，表明他重視中美關係，解釋說，目前對中國的制裁，是在美國國會和社會的壓力下採取的行動，希望中國領導人能夠諒解。

一九八九年六月二十一日，布什總統秘密致函鄧小平同志，要求派特使秘密訪華，與小平同志進行完全坦率的談話。

第二天，小平同志就覆信布什總統，指出中美關係目前面臨嚴峻的挑戰，他對此感到擔心，因為這種關係是雙方多年共同培養起來的。為了避免中美關係繼續下滑，小平同志表示同意布什總統的建議，在雙方絕對保密的情況下，歡迎美國總統特使訪華，並願親自同他進行真誠坦率的交談。

布什總統接到回信後十分高興，決定派國家安全事務助理斯考克羅夫特將軍作為總統特使於七月一日訪華，隨行人員只有副國務卿伊格爾伯格 (Eagleburger, Lawrence) 和一名秘書，不帶警衛和其他人員。

關於這次特使的人選，美方內部進行了反覆研究。美國方面私下透露，曾考慮過派前總統尼克松或前國務卿基辛格 (Kissinger, Henry) 作為特使訪華，但擔心樹大招風，不利於保密，最後選定了斯考克羅夫特擔當此任。斯考克羅夫特處事穩妥，又擔任要職，派他來華，既顯示美國重視中美關係，又不易引起外界的注意。

至於陪同官員的人選，美方意見也不一致。據美國國務卿貝克在他所著的《外交政治》一書中透露，最初布什總統決定只派斯考克羅夫特一人訪華，不帶陪同人員。貝克國務卿認為這樣不妥。他説，如果只有國家安全委員會官員前去訪問，而沒有國務院官員隨行，美國外交體制難以運行。實際上，貝克提出這一問題的真實目的，是他本人想承擔這項秘密訪華的使命。對此，他在書中倒也毫不隱諱。他說，他自己很想來，但考慮到作為國務卿，外事活動頻繁，很難保密，因此，建議布什總統派副國務卿伊格爾伯格陪同斯考克羅夫特訪問。

為了避免洩露斯考克羅夫特秘密訪華的消息，美方可謂是煞費苦心。斯考克羅夫特抵京後，不同美國駐華大使館發生任何聯繫，在華的各項活動均不通知美國駐華大使館，當時李潔明大使已奉命離開北京。在美國國內，除布什總統外，只有國務卿貝克知道這件事。至於選擇七月一日抵達北京，美方也有考慮。這一天，臨近美國國慶日，斯考克羅夫特此時離開華盛頓不會引人注目。同時，美國在通訊和專機問題上也採取了嚴格的保密措施：斯考克羅夫特不使用美國駐華使館通訊設備，而是自帶兩名報務人員；所乘坐的C-141型美軍運輸機，外部經過偽裝，塗掉了標記，使其看起來像一架普通的商用運輸飛機。在寬大的機艙內，臨時吊裝了一個載人的客艙，裡面設施齊全，舒適方便。飛機連續飛行二十二個小時，空中加油，中途不在任何地方着陸，以免引起地勤人員注意。美國方面對這次訪問所採取的保密措施，程度之高，超過了七十年代初基辛格博士的秘密訪華。當時基辛格博士從巴基斯坦乘飛機來華，保密措施也很嚴格，但並未達到對美國駐巴基斯坦大使也要瞞着的地步。八十年代末，中美關係的複雜與敏感，從中可窺見一斑。

有趣的是，在與布什總統合著的《變革中的世界》一書中，斯考克羅夫特描述了這段歷史的某些情節。他在書中是這樣描述的：他當時所乘坐的C-141型美軍運輸機進入中國時，由於中國只有極少數人知道這件事，以至於沒有人想到要通知空防部門，因此中國軍方打電話請示楊尚昆主席，報告發現了一架不明國籍的飛機，進入了上海附近的中國領空，請示要不要把它打下來。斯考克羅夫特說，算他們走運，這個電話直接通到了楊主席的辦公室。楊主席告訴部下，不要開火。這是一次非常重要的飛行使命。

故事聽起來十分「驚險」。不過，據我所知，中美兩國就斯考克羅夫特專機進入中國領空的路線和時間事先進行了充分的磋商，中方為此做了周密的安排。當時，美方曾要求美機不必飛經上海空中走廊，以節省時間。我國有關部門考慮到如不經上海空中走廊，則手續複雜，且省時不多，沒有同意美方的這一要求。出於保密的考慮，中方同意美國專機塗掉標記，成為「不明國籍」的飛機。後來，美國專機正是在中方規定的路線和時間，進入中國領空的。在這種情況下，斯考克羅夫特所說的「險情」是不可能發生的。

斯考克羅夫特是在七月一日下午抵達北京的，專機停在首都機場。中方的保密措施也很嚴格，所有的會見、會談和宴請場所及斯考克羅夫特乘坐的汽車、下榻的賓館，均不懸掛國旗，美方代表團抵達和離京均不發消息。有關活動的攝影事先徵得斯考克羅夫特的同意，所拍資料一律封存。

由於斯考克羅夫特在華只停留二十多個小時，日程安排得很緊。先由小平同志見他，然後，再由李鵬總理和我同他會談。這是一次極為重要的訪問，關係到當時中美關係向何處去。小平同志對此非常重視，親自參與並定下了會談的基調。

七月二日上午，小平同志在會見斯考克羅夫特前，對陪同的李鵬總理和我講：「今天只談原則，不談具體問題。制裁措施我們不在意，嚇不倒我們。」

我對小平同志說，不久將舉行西方七國首腦會議，不知又會宣佈對中國採取什麼制裁措施。

小平同志語氣堅定地說：「不要說七國，七十國也沒有用。」又指出，中美關係要搞好，但不能怕，怕是沒有用的。中國人應該有中國人的氣概和志氣。我們什麼時候怕過人？解放後，我們同美國打了一仗，那時我們處於絕對劣勢，制空權一點沒有，但我們沒有怕過。中國的形象就是不怕鬼，不信邪。接着，小平同志語重心長地說，做外事工作的人要注意這個問題。

同我們講了這席話後，小平同志在人民大會堂福建廳會見了斯考克羅夫特。小平同志首先對他說：「我知道你一直關心中美關係的發展，一九七二年尼克松總統和基辛格博士的那次行動，你是參與的，像你這樣的美國朋友還有很多。」接着，小平同志指出，目前中美關係處在一個很微妙，甚至可以說相當危險的境地。對於導致中美關係向着危險的，甚至破裂方向發展的行動，在美國方面，我們沒有看到任何停止的跡象，反而還在加緊步伐。三天前，美國眾議院又通過了一個進一步制裁中國的修正案。這種行動還在繼續。小平同志又說，好在雙方領導層中，都還有比較冷靜的人，在美國方面，有布什總統；在我們方面，有我本人和其他中國領導人。但是，這個問題不是從兩個朋友的角度能解決的。布什總統要站在美國的利益上講話，我和中國其他領導人，也只能站在中華民族和中國人民利益的立場上講話和做出決定。

隨後，小平同志進一步指出，問題出在美國。中國沒有觸犯美國，而美國在很大範圍內，直接觸犯了中國的利益和尊嚴。中國有一句話：「解鈴還須繫鈴人」，希望美國今後能採取實際行動，取信於中國人民，而不要火上澆油了。

小平同志還特別反駁了美國對中國司法事務的干預，明確告訴斯考克羅夫特，中國的內政決不允許任何人加以干涉，不管後果如何，中國都不會讓步。中國領導人不會輕率採取和發表處理兩國關係的行動或言論，現在不會，今後也不會。但是，在捍衛中國的獨立、主權和國家尊嚴方面，中國的立場是堅定的。

聽了小平同志的話後，斯考克羅夫特強調，布什總統是小平同志和中國人民的真正朋友，同偉大的中國和中國人民有直接和密切接觸的經歷，這在多年來歷屆美國總統中是獨一無二的。

小平同志笑着接過這句話說，他(布什)在北京騎自行車逛街。

大家笑了起來。氣氛才鬆弛下來。

斯考克羅夫特趕緊說：「是的，正是由於上述原因，布什總統最近親筆寫信給您，並派我來華轉達他的口信。」

對於美國制裁中國，斯考克羅夫特做了辯解，說他這次來華，不是談判解決目前中美關係中困難的具體方案，而是解釋布什總統所面臨的困境和他要努力維護、恢復和加強中美關係的立場。由於兩國內部情況的原因，中美關係出現了尼克松總統第一次訪華以來從未遇到過的風波。布什總統對此深感不安，派他作為特使，直飛上萬公里秘密訪華，沒有其他含義，就是要同中國領導人取得聯繫，維護中美關係。

斯考克羅夫特又說，目前，美國國會要求布什政府採取更加嚴厲的措施。布什總統反對這種議案，今後還將繼續反對，但在國會一致通過制裁中國的情況下，布什總統如使用否決權，將遇到極大困難。總統在控制事態發展方面，並不是萬能的。

聽了斯考克羅夫特這番「解釋」後，小平同志神情嚴峻地表示，他希望美國政治家和人民瞭解一個事實：中華人民共和國的歷史，是中國共產黨領導人民打了二十二年仗，如果算上抗美援朝，則是打了二十五年仗，犧牲了兩千多萬人，才贏得了勝利。中國是一個獨立的國家，執行獨立自主的和平外交政策，中國的內政不容任何外人干涉。中國不會跟着人家的指揮棒走。不管遇到什麼困難中國都能頂得住。中國沒有任何力量能取代中國共產黨的領導。這不是空話，這是經過幾十年考驗證明了的。任何國家同中國打交道，都應遵循和平共處五項原則，包括平等互利、互相尊重、不干涉內政的原則。我們希望中美關係能在遵循和平共處五項原則的基礎上繼續發展，妥善處理各種問題。否則，關係變化到什麼地步，責任不在中國。

小平同志最後強調：「閣下剛才講的話，有些我們同意，相當一部分我們看法不一樣，但這沒關係。結束這場不愉快的事，要看美國的言行。」

講完這席話後，小平同志就向客人告退，並請斯考克羅夫特繼續與李鵬總理談。斯考克羅夫特在小平同志離開前，客氣地說：「鄧主席身體很好。」小平同志反應敏捷，馬上幽默地回答道：「老了，八十五歲了。《美國之音》放出謠言，說我病重，死了，可見謠言不可信。」這樣既回答了對方的客套問候，又不動聲色地批評了美國媒體的不實報道，還巧妙地指出，美國政府在謠言基礎上制定對華制裁政策，是極不明智的。

在接下來與李鵬總理和我的會談中，斯考克羅夫特一方面說，中國政府的行動完全是中國的內部事務；另一方面又說，中國的事務會在美國國內產生影響，變成美國內部的政治問題，這是事情的核心。

李鵬總理向他強調，不論哪個國家的政府和領導人，在制定政策時，都以事實為依據，而不能依據不確切的情報和社會上的謠言來確定自己的方針、政策和行動。中國還有一句話：不能以感情代替政策。在這段時間裡，美國政府的決策者，包括國會和領導人，並沒有把中國最近發生的事情完全搞得很清楚、很準確，其情緒是由一些不確切的情報和社會的謠言煽動起來的。

斯考克羅夫特回國後，向布什總統匯報了訪華，尤其是與小平同志會見的情況。七月二十八日，布什總統秘密致函小平同志，一方面感謝小平同志接見斯考克羅夫特，同時通報了在不久前舉行的西方七國集團首腦會議上，美國和日本曾把一些非常令人激怒的措辭從指責中國的公報中刪去；另一方面又為美國干涉中國內政進行辯護，並試圖把中美關係發生困難的責任推給中方。

布什在信中說：「您在接見斯考克羅夫特時提到一句中國的成語：『解鈴還須繫鈴人』。這正是我們的難題。您認為我們的行動是『繫鈴』。而我們認為，正是後來發生的事情才是『繫鈴』。我非常尊重中國關於不干涉內政的一貫立場。因此，我也知道當我建議現在可能採取何種行動時，我在冒損害我們友誼的風險。但是，我們雙方曾竭力加強的美中友誼要求一種只有朋友才能表達的坦率。目前，美國國會繼續試圖壓我斷絕與中國的經濟關係，但我將盡力防止這條船搖擺過度。」

布什總統在信中還說：「請理解這是一封親筆信，它來自一個希望看到我們共同前進的人。如果我跨越了建設性的建議與『干涉內政』之間無形的門檻，請不要對我生氣。在我們上次會面時，您告訴我，您已將更多的日常事務交給其他人。但我出於尊敬，出於一種親密和友誼的感情向您求教。您幾經起伏，經歷了所有這些事件。現在我請求您同我一起展望未來。這是一個具有戲劇性變化的未來。美國和中國對這個令人激動的未來都能做出很大貢獻。如果我們能夠使我們的友誼重新回到正軌，那麼，我們都能為世界的和平和我們兩國人民的幸福做更多的事。」

八月十一日，小平同志給布什總統覆信，首先讚賞他對保持和發展中美關係的重視以及為此做出的

三個多月前到莫斯科來時，這是個美麗的湖泊，現在已經結了厚冰，蓋上了層厚雪。遠處房屋過去是沙皇官吏的別墅，現在是個博物館了。一九五四年十二月攝於蘇聯中央團校校外小湖上，左一為作者，中間為遇衍濱（原少年兒童出版社社長）。

一九五五年五月在莫斯科蘇聯中央團校校門前，左一為作者，左三為汪家鏐（原中央黨校常務副校長）。

一九五五年六月在莫斯科中央團校附近小湖旁。

一九五五年七月底於莫斯科大學前。

二十世紀七十年代在幾內亞任大使時，與夫人周寒瓊合照。

一九七八年八月，與布什夫婦合影。在休斯敦機場休息室，布什等前來送行。

一九八二年三月二十六日，就蘇聯勃列日涅夫主席在塔什干關於中蘇關係的講話，在北京舉行新聞發布會。

一九八二年，與伊利切夫（左）在北京。

作者會見賈丕才。

一九八二年在北京郊外休息。

一九八三年十月四日，參加第三輪中蘇磋商的蘇聯政府特使、外交部副部長伊利切夫（右）到達北京。

一九八四年三月，與伊利切夫（右）在莫斯科扎維多瓦郊外外交別墅。

一九八八年九月二十八日，在第四十三屆聯合國大會講壇上。

一九八八年九月二十八日在紐約聯合國總部。從左至右：蘇聯外長謝瓦爾德納澤、作者、美國國務卿舒爾茨、聯合國秘書長德奎利亞爾、法國外長迪馬、英國外交大臣傑弗里．豪。

一九八八年十二月一日至三日，應蘇聯外長謝瓦爾德納澤的邀請，對蘇聯進行正式訪問。

一九八八年十二月訪問蘇聯時，與戈爾巴喬夫會談。

一九八九年七月三十一日，在巴黎出席關於柬埔寨問題的國際會議期間，會見參加會議的民柬主席西哈努克親王（右二）、民柬政府總理宋雙（右三）和負責外交事務的副主席喬森潘。

一九八九年二月與印度尼西亞總統蘇哈托（左一）在東京會晤，雙方就兩國關係正常化問題達成一致意見。

一九八九年六月訪問古巴，與卡斯特羅交談。

一九八九年九月二十九日，聯合國秘書長佩雷斯·德奎利亞爾在聯合國總部與安理會五個常任理事國外長共進午餐。右起：英國外交大臣梅傑、美國國務卿貝克、中國外長錢其琛、聯合國秘書長德奎利亞爾、法國外長迪馬和蘇聯外長謝瓦爾德納澤。

一九八九年十二月九日，在北京釣魚台國賓館同美國總統特使、總統國家安全事務助理布倫特·斯考克羅夫特舉行會談。

與蘇聯外長謝瓦爾德納澤。

努力，然後，就「解鈴」、「繫鈴」的含義，特別做了解釋。

小平同志指出，「我說過『解鈴』、『繫鈴』的話，意思是：美國深深地捲入了中國的內政，其後又帶頭對中國進行制裁，在很大範圍內觸犯了中國的利益和尊嚴，由此引起的中美關係的困難，責任完全在美國方面，應由美國來解決。美國對華採取的制裁措施還在繼續，干涉中國內政的事件仍時有發生。我希望這種情況早日改變，相信布什總統在這方面是可以有所作為的」。

中美雙方領導人就「解鈴」、「繫鈴」的爭論，不是一般的詞義之爭，而是反映出當時兩國關係問題的癥結所在。

在中國看來，是美國干涉中國內政，給中美關係打上了難解的結。只有美國採取主動，解開這個結，才能推動中美關係向前發展。而美方對此卻不願承認，反而將責任推給中方。在打破美國對華制裁的過程中，雙方圍繞這個關鍵問題進行了激烈的較量。

「繫」、「解」之間

斯考克羅夫特秘密訪華，是美國宣佈制裁中國後雙方高層之間的首次接觸。這次秘密訪問對防止兩國關係繼續惡化起了一定的積極作用，但是，由於美國繼續制裁中國，雙方關係仍然處於僵持狀態。中美關係的「結」並沒有因此解開。

這時，美國與蘇聯的關係倒是有所改善。兩國首腦即將於十二月初在馬耳他會晤。中、美、蘇之間的三角關係，出現了調整趨勢。在這種情況下，美國擔心中國會重新與蘇聯接近，於是決定派特使再次訪華。

十一月六日，布什總統給小平同志來信，表示美國與蘇聯即將舉行的首腦會晤不會損害中國的利益，當初尼克松訪華的地緣政治原因依然存在，今天，中美兩國在許多重要領域有着相似的利益。為此，布什總統建議，在同蘇聯領導人戈爾巴喬夫會見後，美國將派特使訪華，向小平同志通報會晤情況，並探討如何使中美關係正常化。

收到布什總統來信時，小平同志也在考慮如何解決中美關係中的關鍵問題。當時，恰好基辛格博士來訪。基辛格博士是中國人民的老朋友，對發展中美關係做出過很大貢獻。小平同志在接見他時，提出了一攬子解決中美關係糾葛的建議，並請他回到美國後向布什總統轉達。

小平同志一攬子解決的建議內容包括：(一)在一定前提條件下，解決方勵之問題，讓方勵之夫婦離開美國駐華使館，到美國或某第三國去。(二)美國採取適當方式，明確宣佈取消對華制裁。(三)雙方共同努力，爭取在較近期內落實幾項較大的中美經濟合作項目。(四)建議美方邀請江澤民總書記於第二年適當時間正式訪美。

這項建議的主要目的是，解決困擾中美關係的棘手問題，使兩國關係重新回到正常軌道。

基辛格博士回到美國後，很快向布什總統匯報，同時，小平同志於十一月十五日回覆了布什總統十一月六日的來信。

小平同志在信中說：「我一直把你看做中國的朋友，並非常希望在你任期內中美關係得到發展，而不是倒退。在我退休的時候，改變中美關係目前惡化的局面是我的心願。讀了你的信後，我對中美關係如何共同採取步驟恢復和發展友好關係問題，產生了一些想法。我已委託基辛格博士向你當面轉達。我希望並相信將能得到你的積極響應。我本人和中國政府歡迎你派私人特使訪華。」

美方很快做出反應。十二月一日，美國總統布什給小平同志寫信，提出在馬耳他美蘇首腦會晤後一周內，將派國家安全事務助理斯考克羅夫特作為特使公開訪華，向中方領導人通報美蘇首腦馬耳他會晤情況。信中還要求中方對小平同志提出的結束中美關係糾葛的一攬子建議，做出進一步的澄清，表示希望並相信可以找到恢復兩國關係的途徑。

布什總統在信中表示，他正在為「解鈴」而做出努力，請中方也予以協助，共同做出努力。

十二月九日，斯考克羅夫特再訪北京，主要陪同人員依然是副國務卿伊格爾伯格。

與半年前秘密訪華不同，這次訪問是公開的，進行了兩天。小平同志、江澤民總書記和李鵬總理都分別會見了他，我與他進行了會談。

我與斯考克羅夫特共舉行了兩次會談。第一次是計劃內的，第二次則是應他要求而增加的。

斯考克羅夫特在介紹了美蘇首腦在馬耳他會晤的情況後，話題很快轉向中方的一攬子解決方案。我向他說明，小平同志提出一攬子方案的考慮是：第一，從兩國的根本利益出發，盡快結束糾葛，開闢未來。第二，中美間達成的解決辦法，必須同步或基本同步實現。第三，將來兩國之間如果發生糾紛和爭執，雙方都應該採取克制的態度，保持接觸，解決問題。

我接着說，小平同志提出的這個一攬子建議，充分表明了中方解決中美糾葛的誠意，也充分考慮了美方的反應及布什總統來信中的想法。中方考慮的後續行動是：(一)建議雙方共同努力，爭取在較近期內落實幾項較大的經濟合作項日。(二)建議美方邀請江澤民總書記於明年恰當時間正式訪美，屆時應當有一個中美關係比較好的環境。

我特別強調，中美之間不能做相互傷害的事。中國從來不做傷害美國的事，也希望美國不做傷害中國的事。中美之間要友好相處，並要相互支持，這樣才有利於地區和世界的和平與穩定。

我希望美方對我們的建議予以認真考慮，做出反應。如果來不及，也可以在以後答覆。如果美方希望以後繼續就這些問題同中方討論的話，我本人願意在明年初中國的春節(一月下旬)前後去美國訪問，繼續我們的討論。

斯考克羅夫特表示，中方的建議很重要，他將帶回去仔細研究。隨後，他談了一些初步的想法，主要是用美國國內情況的複雜性來進行辯解，要求中方理解美國國內的情況。他說，布什總統在這些問題上不是一個不受約束的人。六月宣佈的對華制裁措施，是為了照顧所謂美國人民感情上的需要而採取的行動。在目前情況下，如果布什總統實際取消制裁措施，很可能導致國會以總統無法否決的多數票通過立法。對於方勵之問題，斯考克羅夫特説，雙方確實需要進行仔細的談判。這最好在北京談。如果有些對美國非常敏感的問題，可以在美國進行談判。

我對他説，這個問題有一定的複雜性，希望美方認真研究後，提出自己的方案。問題的解決，當然必須經過雙方共同的努力。你們有你們的困難，我們有我們的困難。你們在尋求解決問題的方法，我們也在尋求解決的方法。

斯考克羅夫特此次公開訪華，實際上打破了美國不與中方高層官員互訪的禁令。在會談中，雙方同意盡快結束糾葛，開闢未來，中美關係一度取得一些進展。

幾天後，美國副國務卿伊格爾伯格就中方的建議提出了反建議，表示美方原則上接受中方提出的一攬子建議中四個組成部分的每一部分，同時有以下相應的考慮：第一，為了滿足所有有關方面的共同利益，美國駐華大使李潔明和中方代表在北京討論解決方勵之的問題；第二，中美關係的其他方面應由中國駐美大使和美方代表在華盛頓討論；第三，美方原則同意做出認真的努力，就合作項目達成協議，並歡迎中方就這些項目提出建議；第四，美方原則同意邀請江澤民總書記在明年合適的時間訪問美國，以完成關係正常化進程；第五，美方願提出一個雙方採取有利於關係正常化的行動計劃的建議。

斯考克羅夫特的此次訪華，儘管在中美雙邊關係方面取得了進展，但在美國國內卻為他引來了一些「小麻煩」，特別是在我為他舉行的歡迎宴會上，新聞媒體將雙方舉杯祝酒的場面拍攝下來，在報紙上登出，又在電視上反覆播放，西方媒體一片喧嘩。在他自己著的《變革中的世界》一書中，斯考克羅夫特說，那個雙方舉杯祝酒的場面弄得他在美國十分狼狽。二〇〇二年，我到美國訪問又見到他時，斯考克羅夫特還特別提到這件事，向我開玩笑地抱怨說：「你們可把我整苦了。」

美國特使是公開訪華，中國方面設宴招待，是盡地主之誼，本是正常的外交禮節，而斯考克羅夫特訪華之行，完全是維護美國利益的外交行動。美國有些媒體和部分人士大肆炒作，實際上，是向當時主張維護對華關係的布什政府施壓，顯然有項莊舞劍之意。

一波三折

斯考克羅夫特返回美國後不久，中美關係出現了改善的趨勢，就在此時，東歐局勢發生巨變。先是羅馬尼亞政局動盪，一夜突變，共產黨執政的政府被推翻，其領導人齊奧塞斯庫於當年十二月二十五日被槍殺。

東歐一變，國際格局也隨之而變。美國開始重新評估世界的整個形勢，突然變得又不急於與中國改善關係了。

剛剛緩解的中美關係退回到「一攬子解決方案」提出之前的狀態了。一攬子方案被放在一邊，不再提及。

對此，斯考克羅夫特後來在《變革中的世界》一書中，做了相反的解釋。他認為齊奧塞斯庫倒台，導致了中國在中美關係改善方面採取了向後轉的態度。實際情況恰恰相反，中國沒有向後轉，而是美國在看到東歐巨變後，大概不知中國能否抗得住此番風浪，因此採取了向後轉的態度。

一九九〇年四月，中方曾提出派特使秘密訪問美國，一方面通報李鵬總理訪問蘇聯的情況，一方面就兩國關係中的問題交換意見。美方則以目前美國國內氣氛不適合來訪為由，加以婉拒。不久，美方提出，兩國官員可以在第三國會面，並聽取通報情況。中方認為，特使訪美通報情況是中美兩國之間的事情，完全沒有必要在第三國進行，因此，沒有接受美方的提議。特使訪美一事，由於美方的消極態度而不了了之。

對於美方的短視行為，小平同志於五月十四日託來華訪問的埃及總統穆巴拉克轉告布什總統，提醒他不要因東歐事情過分興奮，也不要用同樣的方式來處理中國問題和中美關係。否則，雙方很難不發生摩擦，甚至導致衝突。這對兩國都不利。

當時，美蘇關係經歷了從雅爾塔到馬耳他的重大變化，對抗因素正在弱化，合作因素正在增長。同時，東歐巨變，加上蘇聯國內局勢的動盪，使得中美合作的戰略基礎發生深刻變化。美國國內有人認為美國不再需要與中國合作了，開始鼓吹「遏制中國」。

在這種背景下，美方對小平同志的這番忠告置若罔聞。中美關係重新陷入了僵持階段。

正在此時，也就是一九九〇年夏季，伊拉克突然出兵入侵並吞併科威特，海灣危機爆發。

海灣危機直接影響了美國的切身利益。海灣地區石油儲量佔世界三分之二，是美國和西方國家經濟的「生命線」。美國知道，如果不及時制止伊拉克的擴張，美國和西方國家在中東的利益將會受到嚴重損害。

在處理這一地區危機時，美國馬上意識到，它非但不是不需要與中國打交道，而是更需要同中國合作了。

美國為了獲得聯合國安理會的授權，使用武力將伊拉克軍隊趕出科威特，必須得到中國的支持。作為聯合國安理會常任理事國，中美在解決重大國際問題和地區衝突上肩負着重要使命。應付世界上各種隨時可能發生的突發事件，需要中美兩國的協商。兩國關係長期陷入僵局不僅不符合雙方的利益，也不利於世界的和平與穩定。

美國不得不重新估價中美關係，並又開始試探改善兩國關係。中美關係由此峰迴路轉，柳暗花明。

八月三十一日下午，美國駐華大使館向中方轉交了布什總統致小平同志的信。布什在信中表示，美國不會縮小或降低具有重要戰略性的中美關係。美國對中國就伊拉克佔領科威特所採取的原則立場表示讚賞。

那一年的十一月，我計劃訪問伊拉克。美國國務卿貝克聽說後，就表示他那時正好也在中東地區訪問，希望雙方能在途經開羅時，與我在開羅會面，交換對伊拉克問題的意見。

十一月六日下午，我在開羅國際機場的候機廳裡與貝克會見。

貝克國務卿表示，希望中國不要阻攔聯合國安理會有關授權對伊採取一切必要的行動，包括軍事行動的決議。為了換取中國的支持，他承諾美方將尋求機會取消對華制裁，美國也不反對晚些時候世界銀行向中國「星火計劃」項目貸款一點一億美元的計劃。

我對他說，在經濟合作方面，美國的行動已經顯得緩慢了，中國與日本、歐共體的合作，都已有了進展。至於海灣危機問題，中方並未將其與中美關係掛鈎，無論中美關係如何發展，中國都將堅持一貫的立場，主張和平解決爭端。

隨着海灣局勢越來越緊張，美國決心對伊拉克動武。為此，能否得到聯合國安理會的授權，成為美國外交上亟待解決的首要問題。中國如何投票，又成為美國能否合法出兵海灣的關鍵。

貝克國務卿辦起外交來，一如經商做買賣。在談判桌上，他的口頭禪是：「讓我們做個交易。」這次也不例外。從開羅機場會晤到後來十一月二十八日深夜在紐約會見，又一直到十一月二十九日安理會投票，他總是把與布什總統會見作為「做交易」的籌碼。

此事後來的發展，在本書「飛往巴格達」一章裡詳有記敘，這裡不再贅述。

貝克訪華

一九九一年十月十日，布什總統約見中國駐美大使朱啟禎，表示他決定派國務卿貝克訪華，且不附加任何條件。這是他作為總統做出的決定。

布什總統還對朱大使說，盡早恢復中美關係對雙方都至關重要，這既符合美國的最大利益，也符合中國的最大利益，希望貝克國務卿訪華將成為兩國關係的轉折點。布什總統特別強調，鑒於目前美國國內政治氣候，這次訪問只能成功。明年是美國的大選年，美國國內政治氣候將會對中美關係產生影響，雙方應盡快採取行動，否則，在維護兩國關係方面，他將難以有所作為。

同年十一月十五日，貝克國務卿抵達北京。這是美國自一九八九年中止與中國高層接觸和互訪以後，美國國務卿首次訪華。

當時，中美關係有所緩和，但兩國的接觸仍是十分敏感的問題，而美國國內的氣氛更是微妙。也許是有了斯考克羅夫特的「前車之鑒」，貝克一再向中方表示，他訪華是為了討論和解決問題，希望新聞媒體最好播發他與中國領導人進行會談的照片，而不是拍攝宴會上碰杯的鏡頭。

我與貝克舉行了多輪會談。在會談中，貝克說，此次來華訪問本身，實際上意味着禁止高層往來的禁令的解除，這在美國是一個極不受歡迎的政治行動，許多人不理解。美國國會正急不可待地要接管對華政策，而那對美中關係來說，將是一場災難。如果他這次訪問無功而返，兩國關係的維持將會更加困難。因此，他的訪華本身，就是已經「裝滿了中國的籃子」，現在需要中國給他的「籃子」裡裝滿東西，讓他帶回去。

我問他，籃子裡想裝什麼東西呢？

他倒直截了當，說他有三隻空籃子，一個想裝防止武器擴散，一個想裝經貿合作，一個想裝人權。總之，訪問結束之後，他不能空手而歸。

李鵬總理在會見時對他說，中方不反對就這三方面問題與美方進行討論，也希望在這三隻籃子裡都裝些東西。但是，中方也有幾隻籃子，最大的一隻，就是希望美國支持恢復中國在關貿總協定中的締約國地位。

於是，雙方就圍繞如何裝滿對方「籃子」的問題，展開了艱苦的談判。

在十五日晚宴上，貝克主動約我單獨會談。在單獨會談中，他反覆強調，現在最關鍵的問題，是訪問結束後如何向新聞界介紹情況，以顯示訪問的成果。

我對他說，對此可以理解。但是，如果中方沒有獲得成果，在國內同樣也會產生強烈反響。對中國而言，美方能做些什麼非常重要。斯考克羅夫特將軍前年年底訪華時，雙方達成了協議，中方採取了行動，但美方沒有跟上，有些方面沒有落實。這也許與東歐形勢的變化有關，美方採取了「等着瞧」的態度。因此，雙方在一些方面達成一致，就必須付諸實施；如果達不成一致，也要加以說明。

貝克表示，如果現在中方要求布什總統採取的步驟，遠遠超過中方可以採取的行動，這將在美國國內招致更大的不滿。目前緊要的是，要讓此次訪問有成果，使美國人感到這次訪問的重要性。

十七日中午，我和貝克舉行了最後一輪談判。這次談判異常艱苦。從中午一直談到下午五點半，以至於美方專機離京時間不得不七次推遲，原有的安排完全被打亂。雙方激烈較量，包括兩國外長在內的雙方談判人員，都連續工作，不離談判現場。

最後，談判終於取得了進展。

美方承諾支持中國入關，以亞太經濟合作組織模式來解決台灣入關的時間問題；美方同意取消當年六月十六日宣佈的中止向我國出口衛星等三項制裁措施，以及取消對中國實施的特殊「三〇一」條款；美方還表示，將積極考慮中美間關於設立貿易、經濟和科技合作的三個聯委會，在明年的適當時候，恢復部長級會議。

我方承諾，在美國取消中止向我出口衛星等制裁措施的條件下，遵守導彈及其相關技術控制體系（MTCR）的準則和參數；在美國取消對中國實施的特殊「三〇一」條款的基礎上，加大保護知識產權的力度。

在人權問題上，中方堅持內政不得干涉的原則，同時通報了一些美方「關切」的情況。美方拿出了一份長長的所謂被拘押的「不同政見者」的名單，其中，以訛傳訛，錯誤百出，有的只有拼音，沒有漢字，常常不知所指。名單中有「吳建民」其人，我向貝克說，我們的新聞司司長叫吳建民，正在現場。此時，吳建民答道：「在。」貝克見狀，反應還算機敏，馬上說：「噢，你放出來了。」引起哄堂大笑。

訪問結束後，貝克國務卿滿意，感到不虛此行；布什總統認為，貝克訪華富有成果，對中美關係有着積極意義；國際輿論對貝克訪華也給予了正面評價，普遍認為，貝克訪華本身就是中國外交的勝利。

至此，美國和西方各國對中國持續了兩年多的制裁，開始被打破。

分化瓦解

在聯合制裁中國的各國中，日本一直扮演着一個不太情願的角色，只是為了維護西方各國立場的一致，才勉強同意西方七國首腦會議制裁中國的決議。

一九八九年八月一日，我在巴黎出席柬埔寨問題國際會議時，見到日本外相三冢博。他對我說，在半個月前舉行的西方七國首腦會議上，日本為中國做了解釋，勸告西方不要使對華制裁升級。隨着中國恢復穩定，日本在一九九〇年就恢復了對華第三批日圓貸款。

當然，日本這樣做是為了它自身的利益。但是，日本作為西方制裁中國的聯合戰線中薄弱的一環，自然成為中國突破西方制裁的最佳突破口。

當時，我們推動日本在這方面先行一步，不僅僅是為了打破西方的制裁，而是有更多的戰略考慮，即通過實現雙方的高層往來，進而促成日本天皇首次訪華，使中日關係的發展得以進入新的階段。

在中日兩千年的交往史上，日本天皇從未來過中國。實現天皇訪華，不僅可打破西方各國中止與中國高層互訪的禁令，而且對中日關係還有更加深遠的意義，會使日本民眾更加支持日中睦鄰友好的政策。

實現天皇訪華，需要做大量細緻的工作。首先要從加強兩國外長接觸開始，為兩國元首互訪營造良好的氛圍。

一九九一年四月五日至七日，日本外相中山太郎應邀訪華。我在同他會談時表示，儘管兩國關係出現過一些困難和曲折，但去年下半年以來，經過雙方努力，兩國關係不斷得到恢復和改善。今年以來，繼大藏大臣橋本龍太郎 (Hashimoto Ryutaro)、通產大臣中尾榮一 (Nakao Eiichi) 訪華後，中山太郎外相又首次訪華。我對日方所做的努力表示讚賞，並高度評價日本在主要西方國家中率先恢復和改善對華關係的做法。中山太郎外相則希望我在海部俊樹 (Kaifu Toshiki) 首相訪華前訪問日本，並在我訪日時，確定海部首相訪華的日程。

在談到明年將是中日邦交正常化二十周年時，中山太郎建議兩國各舉行各種活動，包括兩國領導人互訪。我表示完全同意，並進一步提出，如能在邦交正常化二十周年時實現日本天皇訪華，將是中日關係的一個非常重要的活動，一定能受到中國人民的歡迎，也將使中日睦鄰友好關係進入一個新的發展期。

對中方的這一建議，中山太郎外相表示，日本將在政府內部認真研究。

兩個多月後，也就是六月二十五日至二十八日，我對日本進行了回訪。在與中山太郎外相會談時，我們再次談到邦交正常化二十周年的紀念活動。

我對他說，二十年在中日關係史上是短暫的一瞬，重要的是我們雙方應該利用這個機會更好地總結過去，開闢未來，認真探討如何在中日邦交正常化的第三個十年，推動兩國關係進一步向前發展。為此，我建議明年還可舉行一輪高層互訪，再次表示，中方歡迎天皇訪華。

中山太郎贊成我的意見。雙方確定了海部俊樹首相八月訪華的日期。對於天皇訪華，中山太郎外相表示，日本政府內部正給予積極的考慮。

一九九一年八月十日，日本首相海部俊樹來到北京，成為西方對中國實行制裁後第一位訪華的西方政府首腦，標誌着日本名副其實地解除了對華制裁，完成了兩國關係的修復工作。

由於日本是惟一遭受原子彈傷害的國家，中國理解日本人民對防止核擴散的關切，所以，在海部俊樹首相訪問期間，中國宣佈原則上加入《核不擴散條約》。海部俊樹首相則正式通知中方，日本政府已決定，作為第三批日圓貸款，日方將向中國一次性提供一九九一年度二十二個項目的一千二百九十六億日圓貸款。

一九九二年四月六日至十日，江澤民總書記訪問日本，廣泛與日方各階層接觸，強調中日友好，以及天皇訪華對發展兩國關係的重要意義，進一步消除了日方的疑慮。

十月二十三日至二十七日，日本天皇明仁和皇后美智子（Michiko）對中國進行了正式訪問。在楊尚昆主席舉行的歡迎宴會上，明仁天皇發表了講話。在談到歷史問題時，他說：「在兩國關係悠久的歷史上，曾經有過一段我們給中國人民帶來深重苦難的不幸時期。我對此深感痛心。戰爭結束後，我國國民基於不再重演這種戰爭的深刻反省，下定決心，一定要走和平國家的道路。」明仁天皇此次有關歷史問題的表態，比此前日本領導人有明顯進步，雖無「謝罪」之詞，但有較強的反省之意。

日本天皇訪華，這在中日兩千年交往史上還是第一次，使中日邦交關係由此提高到了一個新的水平。同時，日本天皇在這一時刻訪華，對打破西方對華制裁起了積極作用，其意義顯然超出了中日雙邊關係的範圍。

隨着中日關係的修復與突破，西方制裁中國的另一組成部分——歐洲共同體，這時也開始鬆動立場了。

作為西歐一體化的組織機構，歐洲共同體不僅在歐洲經濟一體化方面，而且在對外政策上，也發揮着重要作用，其主要代表形式是「三駕馬車」，即歐洲共同體上任、現任和下任主席國，每半年輪換一次。

按照慣例，每年九月的聯合國大會期間，歐共體「三駕馬車」的外長都要與中國外長舉行會晤，交換對國際形勢和歐共體與中國關係的看法。自一九八九年西方實行對華制裁後，歐共體國家外長當年中斷了在聯合國與我們的會晤。後來，歐洲發覺美國雖帶頭實行對中國的制裁，私底下卻與中國接觸不斷，而日本在改善與中國關係方面捷足先登，相比之下，倒是歐洲落在了後面。由於擔心今後失去在中國市場的份額，歐共體「三駕馬車」決定急起直追，由三國外長出面，恢復與中國的接觸。

一九九〇年六月二十八日，意大利外交部通知中國駐意使館：歐共體都柏林首腦會議決定，「三駕馬車」外長希望在當年聯大會議期間與中國外長會晤。

我認為這是一個積極的姿態，於是，在當年九月二十八日上午，與歐共體「三駕馬車」外長，即意大利外長德米凱利斯 (De Michelis, Gianni)、愛爾蘭外長柯林斯 (Collins, Gerard) 和盧森堡外長普斯 (Poos, Jacques)，在紐約舉行了會晤。

意大利當時是歐共體主席國，因此，會談主要是在德米凱利斯外長與我之間進行。會談的氣氛比較融洽。德米凱利斯外長對我說，儘管過去的事件使雙邊關係出現了問題，但世界局勢發生重大變化，歐洲同中國在許多國際問題上的看法趨於一致。冷戰後的國際新秩序，沒有中國參加是難以建立的。歐共體希望盡快實現雙方關係正常化。

他還表示，曾以為西方可以影響中國的制度，現在認識到，適合歐洲的制度不一定適合中國。不同社會制度的國家也能夠進行良好的合作。

德米凱利斯外長向我透露，作為歐共體理事會主席，他將在十月份召開的歐共體理事會會議上正式提出建議，「完全恢復」歐中關係。

我向他們介紹了中國在國際問題上的立場，告訴他們中國改革、開放的政策不變，並表示讚賞意大利外長關於每個國家情況有所不同的觀點，強調人權應從各國的法律來體現，並得到各國法律的保護。

這次歐共體「三駕馬車」外長與我在紐約的會晤，實際上意味着歐洲與中國高層官員接觸禁令的結束。

值得一提的是，在中國外交面臨嚴峻考驗的艱難時刻，許多西方國家仍然對中國保持了友善的態度，其中令我記憶深刻的是西班牙。在當時一片反華聲浪中，西方國家中沒有隨波逐流的是西班牙。西班牙對中國的情況表示理解，並一直執行中西兩國已簽約的貸款協議和經濟合作項目，積極恢復與中國的政治交往。

一九九〇年十月一日，西班牙外交大臣奧多涅斯 (Ordonez, Francisco Fernandez) 在紐約主動約見我。會見中，他對我說，西班牙一直支持與中國保持友好關係，對中國與歐共體國家外長在聯大會談的良好氣氛感到高興。他還告訴我，現在歐共體內對華強硬國家的態度有所改變，下周歐共體外長將開會，會就盡快恢復對華關係做出決定。

在這次會見中，他與我達成了兩國外長互訪的共識。一九九〇年十一月，奧多涅斯訪華，成為歐共體取消對華制裁後第一個訪華的西方國家外長。三個月後，我回訪了西班牙。

不幸的是，奧多涅斯先生後來患上了癌症。他曾在中國買過蜂王精，回去服用後，覺得很有療效，體力增強。我聽說後，曾專門託人給他帶去蜂王精，希望中國的藥品能幫助他提高抵抗力，最終戰勝病魔。

在西方對中國制裁不斷被打破的形勢下，歐共體外長終於在一九九〇年十月二十三日盧森堡會議後宣佈，除政府首腦以上交往和軍事往來、合作及軍品貿易外，取消一九八九年六月以來實行的針對中國所採取的其他限制性措施，立即恢復同中國的正常關係。

歐共體會議能夠做出這一決定，西班牙和意大利等南歐國家，不能不說是發揮了積極作用。

這是歐共體在改善關係方面採取的關鍵步驟，也是中國在打破西方制裁上取得的又一重大勝利。

回首打破西方制裁的歷程，不能不提及發展中國家的聲援。在那段艱難的日子裡，他們堅定地站在中國一邊。

患難真情

發展中國家雖然不可能在經濟上彌補西方大國對華制裁給中國造成的損失，但在政治上，他們卻給予我們極大的支持，尤其是在聯合國大會期間，這些亞非拉各國的領導人或外長，對中國的熱情友好一如既往，與他們的緊密接觸，成為每年我在聯合國會外活動的重要內容。這在當時中國受到西方孤立的情況下，尤為難能可貴。

聯合國大會一般每年九月在紐約舉行，會議日程總是安排得很緊。儘管如此，我總是擠出時間，在會下與盡可能多的亞非拉各國的領導人或外長會晤，每年會議期間，大約要見三四十位。其中，與東盟、海灣國家和里約集團國家外長的會晤，更是年年舉行。

非洲國家外長在談話中總是讚譽中國的外交政策，希望和中國加強團結，為發展經濟和維護世界和平共同努力。我感謝他們對中國的讚揚，表示至關重要的還是要發展經濟，加強國力，只有這樣，才能在國際事務中有更大的發言權，才能在維護世界和平方面發揮更大和更為關鍵的作用。

海灣國家對中國如何看待一九九〇年伊拉克入侵科威特一事十分關切。我在與海灣國家外長會見時，着重闡明中國一向反對侵略，要求伊拉克撤軍的原則立場。那時，海灣局勢十分緊張，成為聯合國內外談論的焦點。我的闡述有助於海灣國家對中國立場的理解。會談中，大家剛入座時，往往都很嚴肅，但談了一會兒後，氣氛就會活躍起來。

拉丁美洲國家外長對中國經濟發展和改革開放政策很感興趣，我曾專門就這一問題向他們做過簡明扼要的介紹。

東盟國家與中國的關係，這時已有了長足的進展。繼印尼與中國恢復外交關係後，中國與新加坡和文萊都建立了外交關係，雙方的建交公報就是由我和新、文兩國外長於聯合國大會期間在紐約簽署的。

國與國之間，有時就像人與人之間一樣，患難之中才見真情。中國與發展中國家的關係，經受住了暴風雨的考驗。這些老朋友在關鍵時刻的支持，大大緩解了中國外交所面臨的困難局面，壯大了中國打破西方制裁的聲勢，使中國像長城一樣，能夠屹立於東方而不倒。

雨過天未晴

作為大國，中國在國際上具有重要的戰略地位，又有潛力巨大的廣闊市場，在經濟全球化迅猛浪潮中，各國相互依存、共同發展成為了新的趨勢。在這樣的背景下，中國離不開世界，世界也離不開中國。

西方大國主導的對華制裁行動，違背了歷史潮流和國際關係準則，損人害己，維持了兩年，最終徹底瓦解了。

西方的制裁行動雖告失敗，但國際間的外交鬥爭仍未有窮期。

以中美關係為例，兩國關係的發展就從來沒有平穩過，各種事端總是不斷被製造出來，真可謂是「一波未平，一波又起」。

人們可能還會記得所謂「銀河」號事件。當時美國根據所謂情報，一口咬定：中國「銀河」號貨船載有化學武器原料，正駛往某個國家。中方做了負責的調查，發現這種指控並非事實，並將調查結論正式通知了美方。對此，中國領導人也明確表了態。美方則堅信自己掌握的所謂「情報」不會有錯，死活不肯罷休。待到「銀河」號靠港，把船上的所有集裝箱都送到岸上，美方派出專家翻箱倒櫃，結果什麼也沒查出，自找沒趣，只好以鬧了一場醜劇了事。

一九九七年和一九九八年，江主席和克林頓 (**Clinton, Bill Jefferson**) 總統實現互訪，中美關係順利發展。正在此時，一九九九年五月七日，中國駐南斯拉夫使館突然受到美國五枚導彈的襲擊，造成三名中國記者身亡，二十多人受傷。消息傳來，舉國憤怒，世界震驚！美國飛機從本土飛來，按照指揮中心所制定的目標、確定的路線，進行精確打擊，五枚導彈相繼擊中，怎能說是「誤炸」呢？

二〇〇一年，在美國共和黨贏得大選執政之初，我曾奉命訪問華盛頓，與布什 (**Bush, George Walker**

Jr.）總統、切尼（Cheney, Richard）副總統、鮑威爾（Powell, Colin）國務卿、拉姆斯菲爾德（Rumsfeld, Donald）國防部長、賴斯（Rice, Condoleezza）安全事務助理等一一會見，就雙邊關係和國際問題進行了商談。當時，談得不錯，雙方都期望中美關係有一個平穩的發展。不想，一個星期後發生了南海撞機事件。這次事件雖帶有偶然性，但美國偵察機不斷在我國南海地區貼近飛行，進行偵察活動，在這種情況下，就不那麼「偶然」了。

◎外交十記之七

從蘇聯到俄羅斯

初到蘇聯

我第一次出國就是到蘇聯。那幾乎是五十年前的事情了。一九五四年八月，我被派到蘇聯團校學習。那年我二十六歲，初為人父，女兒出生只有二十多天。

從一九五一年後，共青團中央每年選派一些團幹部到蘇共中央團校學習，為期一年。我參加的是第四期，領隊是當時在東北做青年工作的徐淨武同志，副隊長是北京大學的張學書。

我們十九名學員，加上兩名翻譯，共二十一個人，是在一九五四年八月底離京飛往莫斯科的。記得我們乘坐的是一架小型的蘇聯飛機，從北京起飛，途中降落兩次，並在伊爾庫茨克過夜，第二天換乘大型飛機，中間又停了好幾站，最終才到達目的地。到莫斯科的那天，印象中，那裡好像剛剛下過雨，走出機場前，腳下還不時會踩到雨後一片片的積水。

蘇聯中央團校坐落在莫斯科郊外的小鎮威什尼亞基，離莫斯科市區有市郊列車六站地的路程。學校周圍有一片白樺林和一個不小的湖泊，附近還有一座彼得大帝時期一位大臣的莊園，那時已改做博物館。

團校的課程有聯共(布)黨史、哲學、政治經濟學三門主課，還有俄語、青年團工作等幾門副課，另外就是體育課了，冬季還要學習滑雪。團校授課採取課堂宣講和課下自學相結合的方式，每天，教授在課堂上先講授三到四個小時。那些蘇聯教授的理論功底都很深，講起課來真是引經據典，照本宣科，馬列主義的某個觀點、某句話，在哪一本著作中的第幾頁上，都能一一說出，分毫不差。課下，我們則要用大量時間來閱讀指定的理論書籍，也就是馬列主義經典原著。此外，就是由教師圍繞教學內容組織的課堂討論，俄語叫「席明納爾」。在這種討論中，教師和學生是一種互動的關係，可以互相提問，內容當然只是從書本到書本，從理論到理論，很少有與實際相結合的討論。

赴蘇之前，所有學員只受過為時半個月的俄語訓練。開始時，老師授課和師生之間交流都要通過翻譯，從俄語翻譯成中文，再將中文翻譯成俄語。學習俄語，成了首要任務。根據學員的水平，俄文課分成了四個小班開設，每個班約有四五個人。分班前有個水平測試，讓從地圖上指出某個城市，還問一些諸如「你是怎樣到這裡來的？」之類的問題。我和幾位曾在國內自學過俄語的同學分在一個班，被其他同學戲稱為「高級班」。

開學後，大家每天清早一起床，就都忙着背俄語單詞或朗誦課文。到了學習結束時，我和有的學員已經可以用俄語回答問題了。

除了課堂學習外，蘇聯團校還組織我們參觀革命遺址、紀念館、工廠、集體農莊，以及參加一些文化娛樂活動。我們參觀過托爾斯泰 (Толстой, Лев Николаевич) 故居、高爾基紀念館，觀賞過特列季亞科夫畫廊，還在莫斯科大劇院看過經典的芭蕾舞《天鵝湖》，以及聽一些著名的歌劇。

一九五五年寒假，我們去列寧格勒旅行。時值隆冬，天寒地凍。在一片皚皚白雪中，我們參觀了冬宮、斯莫爾尼宮和因「十月革命」的一聲炮響而聞名的「阿芙樂爾」號軍艦。全班同學還在蘇聯和芬蘭邊界附近的拉茲里夫湖畔的一個小茅屋前合了影。當年，列寧(Ленин, Владимир Ильич)就是住在那間小茅屋裡，寫下了著名的《國家與革命》。暑假期間，我們又被安排去烏克蘭旅行，並乘船遊覽了黑海和克里米亞。

二十世紀五十年代中期，中蘇關係正處於最好的時期。蘇聯團校的教員、同學、翻譯，乃至後勤工作人員，對中國學員都非常熱情，在學習和生活等方面，也照顧得很周到。我們的俄語老師聽說中國人喜歡吃花生米，就在課堂上說，她一定會給大家找一些來。過了很久，大家差不多把這件事忘記了，那位老師卻真的為大家帶來了許多花生米。那是她從莫斯科市裡千方百計找到的。當她把花生米一一分給她的中國學員時，臉上帶着滿足的笑容。班上的翻譯瓦里婭，還受校方委託，負責安排學員的各種活動，假期帶領大家到外地參觀訪問。她不辭辛苦地幫助中國學員解決校園生活中遇到的種種問題，那份耐心、熱情和周到，給大家留下了很深的印象。

那時，在我們中國學員的心目中，蘇聯是革命聖地、列寧的故鄉，是社會主義國家的樣板。蘇聯的經濟建設取得了巨大成就，又在反法西斯戰爭中取得了輝煌的勝利，而社會發展的光明前景，更是令人嚮往。新中國剛成立不久，百廢待興，在經濟建設等很多方面，都在學習蘇聯的經驗。我們到了蘇聯，都很興奮，生活又很愉快，一心要以蘇聯為榜樣，好好學習。

但是，在蘇聯學習的時間長了，和老師、同學的交往多了，慢慢發現蘇聯也存在着一些難以理解、不如人意的社會現象。不少蘇聯人在談吐中，不時會流露一些不滿情緒。大家最初深感詫異，想不明白，為什麼社會主義建設了幾十年的蘇聯，會有這麼多的問題呢？社會主義社會難道也會不完美嗎？

留蘇工作

一九五五年夏天，蘇聯團校的學習還沒結束，組織上就通知我，畢業後留在駐蘇使館工作。

我們剛到蘇聯時，我國駐蘇大使是張聞天同志。一九五五年初，張聞天奉調回國，由劉曉同志出任大使。陳楚同志和張德群同志先後在使館任公使銜參贊。

我先是被安排在使館的留學生管理處工作。

那時，我國一年中同時在蘇聯的留學人員約有四千多人，其中在莫斯科的就有二千多人，在列寧格勒、基輔、斯維爾德洛夫斯克、敖德薩等地也有不少人。使館的留學生管理處負責所有與留蘇學生有關的事務，例如聯繫院校、確定專業、留學生的思想教育，乃至個人生活方面的一些問題也要處理。留學生管理處的主任是教育部派來的參贊李滔同志。在留學生管理處工作時，我幾乎到過所有有中國留學生的蘇聯院校，並有一年的時間住在列寧格勒，專職管理那裡的一千多名留學生。

一九六〇年，我調到使館研究室，主持調研工作，直到一九六二年初奉調回國。

從一九五四年去蘇聯團校學習，到一九六二年回國，我在蘇聯學習，工作了八年。這期間，蘇聯內部和中蘇關係都發生了不少影響深遠的變化。特別是一九五六年，蘇共召開二十大，赫魯曉夫做關於斯大林問題的「秘密報告」，在蘇聯社會引起了強烈反應，西方輿論也廣為傳播。不久，中國發表了《關於無產階級專政的歷史經驗》等文章，兩黨發生分歧。從一九五九年起，中蘇開始了為期三十年的「冷戰」。我一九六二年初回國時，中蘇兩黨正處於「十年論戰」的高潮，而兩國關係正在一步步滑向嚴重的對抗。

重返莫斯科

十年後，也就是一九七二年初，我正在安徽幹校勞動之時，又一次奉命赴蘇，到駐蘇使館擔任政務參贊。

當時，中國仍在經受「十年文革」的磨難，人們的思想在經歷了社會動亂之後，正孕育着對社會主義的新認識。在赴莫斯科的火車上，我也在想，不知十年後的蘇聯會是什麼樣子，社會有什麼變化。

從北京到莫斯科，火車要行駛整整一個星期，一路上，倒是可以好好觀察一下。從車窗望出去，仍是一望無際的森林和原野，挺拔的白樺樹，廣袤的草原……風光依舊。只是沿途看不到什麼大的建築、新的工廠或新的城市。列車一站站停靠時，從行色匆匆的旅客們的衣着和行李上，以及車站小賣部搶購食品、到處有人拎着麵包的情況來看，蘇聯沒有什麼變化，發展好像停滯了。當年赫魯曉夫吹噓的「二十年內建成共產主義」的「宏偉規劃」顯然已成了泡影。

要說有什麼變化的話，那就是北京至莫斯科的國際列車上乘客已經寥寥無幾了，和十年前的境況真有天壤之別。我們幾乎可以獨享整節車廂，旅途煩悶時，只能和乘務員聊聊天。當時，中蘇之間的交往已經很少了，但兩國間的國際列車仍照舊運行。

中國駐蘇使館在列寧山上，佔地十二公頃，主樓是一座宏偉建築。這時，使館的工作人員已大大縮減。由於雙方關係緊張，蘇聯方面設了好幾個警察崗哨，對中國使館進行嚴密「保護」，也就是嚴格監控。

從使館的樓上，可以清楚地看到莫斯科大學建築的尖頂上閃亮着碩大的紅星。一九五七年十一月，毛主席正是在這所大學的大禮堂裡向留蘇的中國學生說，你們青年人好像是早晨八九點鐘的太陽，希望寄託在你們身上。當時，留學生們高喊着「為祖國建設奮鬥五十年」的口號來回應，場面激動人心。

時過境遷，當年熱情澎湃的場景已經不再。駐蘇使館裡相當冷清，與對方已經沒有多少外交業務了，只能在使團中開展工作。對蘇方，除了一些禮節性拜會外，就是我方提出抗議，或是駁回對方的「抗議」。

二十世紀七十年代初期，駐蘇大使是劉新權同志。使館有三位政務參贊，除了我，還有馬列和王藎卿同志。

由於莫斯科地處交通要道，過往的中國代表團仍然不少。使館的一項工作就是向他們介紹蘇聯的情況，以及逗留期間應注意的事項。

我們也利用一切機會到蘇聯各地旅行，去瞭解情況。我先後訪問了外高加索地區和波羅的海沿岸。蘇聯方面對我們的出行格外注意，採取嚴密的監控措施。被「盯梢」真是家常便飯。只是這種「盯梢」太容易發現了，有時把他們甩掉，有時也開開他們的玩笑。有一次，在旅途中，我乾脆就直接跟「盯梢」的人說，你跟在後面太辛苦了，我們正好不認識路，還是請你到前面來，給我們帶路吧。「盯梢」的人被弄得哭笑不得。

一九七四年夏，我調離蘇聯，去非洲赴任。

從一九五四年算起，斷斷續續，我在蘇聯度過了整整十年，經歷了中蘇關係最好的時期，也見證了兩國關係的逐漸惡化，而最後這兩年，則是中蘇關係最為緊張和困難的時期。

「八·一九」事件前後

自一九七四年離開蘇聯後，我仍多次訪問過蘇聯，並從一九八二年起，主持了為恢復兩國關係正常化而進行的中蘇磋商。

令人意想不到的是，二十世紀九十年代開始後，隨着蘇聯社會政治經濟矛盾的不斷加劇，蘇聯竟在一夜之間瓦解了。

二十世紀八十年代末期，波羅的海沿岸三國——愛沙尼亞、拉脫維亞、立陶宛——最先發出了獨立的呼聲，並提出控制本國財產的要求。接着，位於外高加索的格魯吉亞宣佈主權獨立。就像是多米諾骨牌倒下去一樣，到一九九〇年年底，蘇聯的十五個加盟共和國全都通過了關於主權獨立的決定，其中四個明確表示退出蘇聯。

在這一過程中，俄羅斯的獨立具有決定性影響。一九九〇年六月十二日，俄羅斯發表了主權宣言，其中明確提出：俄是主權國家，聯邦憲法和法律在國內有至高無上的權力。蘇聯法律同俄聯邦主權相抵觸時，俄將中斷其在本土的效力。俄羅斯還宣佈，俄有支配本國全部財富、解決本國社會全部問題以及退出蘇聯的權力。後來這一天被定為俄羅斯的「獨立日」，成為他們的國慶節。

蘇聯最初是在一九二二年底由俄羅斯、烏克蘭、白俄羅斯和南高加索聯邦組成的，一九四〇年八月後，形成了包括十五個加盟共和國、跨十一個時區的世界上佔地面積最大的國家。俄羅斯在蘇聯各加盟共和國中土地面積最大，人口最多，其國民生產總值佔蘇聯的一半以上。俄的日常事務實際上是由蘇聯政府中的各機構直接管理。現在，俄羅斯宣佈獨立了，蘇聯存在的基礎一下子就沒有了。

為了挽救蘇聯解體的危機，一九九〇年，戈爾巴喬夫總統提出了新的結盟原則。這是一個重新規範中央與各加盟共和國關係的新聯盟條約。條約的草案在十一月公佈了，其主要內容是規定聯盟中央掌握通過憲法以及國防、安全、外交的權力。各共和國之間的關係是平等的，相互尊重主權和領土完整，互不干涉內政，和平解決爭端。各國可自主確定國家體制。各國首腦參加聯邦委員會，參與確定聯盟的內政、外交等基本方針。

草案公佈後，波羅的海三國明確表示不參加締約。格魯吉亞稱「在獲得真正主權之前不會締結任何形式的條約」。俄羅斯、哈薩克斯坦則要求中央先承認它們的主權宣言，並明確同它們劃分權限之後才能締約。

第二年春天，蘇聯的政治、經濟形勢更加嚴峻，戈爾巴喬夫與俄羅斯等九國領導人為克服危機，商定採取緊急措施，以穩定國內局勢，並盡快簽署新聯盟條約。這即是通常所説的「9＋1」協議或「新奧加廖沃進程」。用當年曾任蘇聯科學院美國加拿大研究所所長的阿爾巴托夫（Арбатов, Георгий Аркадьевич）的話來説，當時，「新奧加廖沃進程」重新燃起了人們的希望。大家普遍認為，即使沒有波羅的海國家，我們國家面臨的急迫問題也可以在邦聯而不是聯盟的基礎上加以解決了。

一九九一年五月中旬，江澤民總書記訪問蘇聯。戈爾巴喬夫在會談時曾向江總書記強調，蘇聯許多問題的解決都將取決於如何更新聯盟的問題。現在首要的任務，就是制定一個新的聯盟條約。新聯盟條約將確定中央和各加盟共和國的權限和活動範圍。哪一個加盟共和國簽字，加盟共和國就可以在蘇聯統一的經濟空間中享受各種優惠條件。如果不簽字，就會被視為外國，從而不能享受統一的經濟空間的各種優惠條件。他說，現在十五個加盟共和國都來人了，正在莫斯科開會討論這個問題。「就像羅馬選教皇一樣，」他比喻說，「結果出來之前，誰也不能離開教堂。只有在教堂頂端升起煙來，向外界宣告選舉結果後，參選者才准離開。我們還要開聯邦委員會會議，如果房頂不冒煙的話，誰也不准離開莫斯科。」

八月初，戈爾巴喬夫宣佈，新聯盟條約將於八月二十日公開簽署。然後，他就去克里米亞半島休假了。

八月中旬，這個尚未簽署的條約草案被刊登了出來。這個條約明確規定，蘇聯採取聯邦制，國名改為「蘇維埃主權共和國聯盟」。各共和國均為主權國家，自然資源歸各國所有，本國法律在國內至高無上。締約國授予聯盟的權限是：捍衛聯盟及其主體的主權及領土完整，對外締約、宣戰，批准聯盟預算和發行貨幣等。

就在預定簽署這個條約的前一天，發生了「八．一九」事件。

在八月十九日前後，到底發生了些什麼事情，至今仍有些撲朔迷離。

當時美國駐蘇大使馬特洛克（Matlock, Jack F. Jr.）曾回憶說，那年六月，莫斯科市長波波夫（Попов,

Гаврил Харитонович）告訴過他，蘇聯有人正在策劃一場「倒戈」的政變。他根據布什總統的指令，將這個消息通報給了戈爾巴喬夫。戈爾巴喬夫對他說：「我完全掌握着局勢。」

當時任蘇聯總統助理的切爾尼亞耶夫（Черняев, Анатолий Сергеевич），在其回憶錄中也有同樣的記述。他還寫道，在美國大使走後，他還與戈爾巴喬夫相互談到了各自獲得的類似信息。

當時的蘇聯國家安全委員會主席，後來成為「國家緊急狀態委員會」成員的克留奇科夫（Крючков, Владимир Александрович）是這樣解釋的：一九九一年八月四日，戈爾巴喬夫去休假，他讓克留奇科夫、內務部長普戈（Пуго, Борис Карлович）和國防部長亞佐夫（Язов, Дмитрий Тимофеевич）準備實行緊急狀態。八月五日，他們三人在莫斯科聚會，大家都清楚地意識到，再過一段時間，蘇聯就不復存在了。克留奇科夫說，他們幾個人決定站出來。八月十八日，他們去找過戈爾巴喬夫，因為感覺他或許還能起一些作用，想把他請回莫斯科來，重新整頓秩序。在休假地，戈爾巴喬夫對他們說，你們願意怎麼幹就怎麼幹吧。他既沒有說同意，也沒有說反對。

八月十九日凌晨，塔斯社和蘇聯中央電視台先後播發了蘇聯副總統令，宣佈蘇聯總統戈爾巴喬夫因「健康原因」不能繼續履行蘇聯總統職務，由副總統亞納耶夫（Янаев, Геннадий Иванович）代行總統職責。隨即，又發表了由蘇聯代總統、總理、國防部長和國家安全委員會主席聯合簽署的聲明，宣佈成立包括他們在內的由八人組成的「國家緊急狀態委員會」。這個委員會在發表的告全國人民書中稱，立即在蘇聯部分地區實行緊急狀態六個月。

這一舉動，立即在蘇聯各地，特別是各加盟共和國中引起了強烈的反應。俄羅斯、烏克蘭等則紛紛表示反對實行緊急狀態。

面對強大的反對聲浪，宣佈接管國家政權的「國家緊急狀態委員會」有些驚慌失措。

二十日下午，亞納耶夫等舉行記者招待會，表示希望戈爾巴喬夫早點兒回來。二十一日，「國家緊急狀態委員會」的部分成員與俄聯邦總理西拉耶夫(Силаев, Иван Степанович)及盧基揚諾夫(Лукьянов, Анатолий Иванович)、伊瓦什科(Ивашко, Владимир Антонович)等蘇聯黨政領導人一起前往克里米亞去見戈爾巴喬夫。隨後，戈爾巴喬夫通過蘇聯中央電視台發表聲明，稱他已完全控制了局勢，將恢復行使總統職責。第二天凌晨，戈爾巴喬夫回到莫斯科。

至此，「八·一九」事件以失敗告終。

八月二十二日，我應約會見了蘇聯駐華大使索洛維約夫(Соловьев, Николай Николаевич)。見面時，蘇聯大使先向我轉達了戈爾巴喬夫總統給中國領導人的口信，說他健康狀況正常，蘇聯將在近日全面恢復憲法秩序。蘇聯實行民主變革和認真遵守國際條約、公約和其他義務的方針仍然不變。蘇聯內閣將致力於在全國恢復法制和經濟。我對大使表示，中國政府一貫主張並始終認為蘇聯的內部事務應當由蘇聯人民自己來處理。我們相信，在一九八九年和一九九一年中蘇兩個聯合公報確定的各項原則的基礎上，中蘇睦鄰友好關係將繼續得到發展。

蘇聯瓦解

日後的事態證明，事情並沒有按照戈爾巴喬夫的意願發展，相反，蘇聯瓦解的進程進一步加快。

八月二十四日，戈爾巴喬夫總統下令解散蘇聯內閣。二十五日，他辭去蘇共總書記職務，同時以總統名義，命令地方蘇維埃凍結共產黨的財產，停止所有政治黨派在蘇聯軍隊、執法機關和國家機關中的一切活動。九月初蘇聯的最高權力機構——蘇聯人民代表大會解散。

九月六日，由蘇聯總統和各共和國領導人組成蘇聯國務委員會，決定承認波羅的海沿岸三國立陶宛、愛沙尼亞和拉脫維亞獨立。

九月七日，我致電三國外長，通知中國政府承認三國獨立，並由田曾佩副外長前往談判建交事宜。九月中旬，中國同這三個國家正式建立了外交關係。

對蘇聯而言，更致命的打擊發生在那年的十二月。

十二月七日，俄羅斯總統葉利欽 (Ельцин, Борис Николаевич) 和烏克蘭總統克拉夫丘克 (Кравчук, Леонид Макарович) 來到白俄羅斯。下了飛機，他們就轉往布列斯特城以北白俄羅斯和波蘭交界處的別洛韋日森林，在那裡，與白俄羅斯最高蘇維埃主席舒什科維奇 (Шушкевич, Станислав Станиславович)

進行了會晤。據説這個森林裡曾有野牛出沒，赫魯曉夫擔任蘇聯最高領導人時，在這裡建了一棟「狩獵小屋」，供他狩獵時休息。在嚴格保密的情況下，三國領導人在這棟房子裡進行了整整兩天的會談。

十二月八日，三位領導人發表了共同聲明，宣佈由於簽署聯盟條約的談判「走入了死胡同」，各共和國退出蘇聯、建立獨立國家成為現實，作為國際法主體的蘇聯「已不復存在」。

因此，三國決定建立獨立國家聯合體，並對其他共和國開放，其協調中心設在白俄羅斯的明斯克。

這份「三國協議」很快就在三國的最高蘇維埃會議上被批准通過。緊接着，哈薩克斯坦等中亞五國領導人經協商發表聲明，表示五國願意成為聯合體的平等發起國。

十二月十七日，俄羅斯議會宣佈享有蘇聯最高蘇維埃的財產所有權。十八日，俄羅斯政府接管了克里姆林宮。

二十一日，十一個共和國在哈薩克斯坦的阿拉木圖簽署了《阿拉木圖宣言》和《獨立國家聯合體協議議定書》。俄羅斯的《消息報》在報道這一消息時，用了「蘇聯歷史在哈薩克斯坦結束」這樣的標題。

這時，蘇聯已經成為一個沒有政府也沒有國土的國家了，戈爾巴喬夫也成了沒有什麼可以統治的總統了。

一九九一年十二月二十五日，也就是距蘇聯成立六十九周年還差五天的時候，戈爾巴喬夫通過電視發表告人民書，宣佈停止行使蘇聯總統職務。在他不到半個小時的電視講話結束後，大約在莫斯科時間晚上七時三十分左右，蘇聯國旗從克里姆林宮黯然降下，接着升起了俄羅斯聯邦的三色旗。

第二天，蘇聯最高蘇維埃共和國院舉行了最後一次會議，宣佈蘇聯停止存在。

二十七日，俄羅斯聯邦在聯合國正式取代蘇聯的席位。

眾説紛紜

蘇聯的解體，可以説是二十世紀最令人驚嘆，也最令人深思的事件之一。

蘇聯的解體，幾乎像是一朝一夕發生的事情，但導致其瓦解的許多因素，卻是長期積累下來的，在這裡，不能不提到在上個世紀初，兩個著名的法國作家當年對蘇聯的觀察。

在二十世紀三十年代，法國著名作家羅曼·羅蘭 (Rolland, Romain) 和安德烈·紀德 (Gide, André) 都曾懷着對這個當時蒸蒸日上的國家的極大興趣，來到莫斯科旅行。他們都將自己在蘇聯的所見所聞、所疑所思，以日記的形式記載了下來。

紀德把自己的日記命名為《從蘇聯歸來》，並在一九三七年公開發表，坦率地把他對蘇聯的現實考察和長遠思考説了出來。而以小説《約翰·克利斯朵夫》聞名於世的羅曼·羅蘭卻宣佈：「未經我特別允許，在自一九三五年十月一日起的五十年期限滿期之前，不能發表這本日記。」他的這一舉動，曾引起不少猜測，從而使他的訪蘇日記蒙上了一層神秘的色彩。

現在，我們可以看看他們當時的觀察和思考。羅曼·羅蘭一方面表示「我從這次旅行中得出的主要印象與感覺」是「無比高漲的生命力和青春活力的強大浪潮」，「他們正在為全人類更美的，最好的，燦爛的未來而工作」；一方面又認為那裡「正在不人道地形成賤民階級，必須承認這一切，只能對此感到可惜，只能糾正和根除」。紀德則寫道：「對絕大多數勞動者來說，每日工資為五盧布或更少；而對某些享有特權的人來說則享受更多的優惠。」他得出的結論是，蘇聯出現了貴族。

無論是羅曼·羅蘭還是紀德，在自己的日記裡，都不斷地將高大的紀念性建築、寬敞的別墅和窄小、簡陋、擁擠的普通老百姓住房作為對比。

紀德在日記中對當時的蘇聯市場有着深入的觀察。他是這樣描繪的：百貨公司還不到營業時間，門前已開始有兩三百人在排隊。那天是賣床墊，或許只有四五百件，卻來了八百到一千多顧客。不到天黑，所有的東西都賣光了。需求量那麼大，顧客那麼多，就是在很久以後，一切東西仍會供不應求。

羅曼·羅蘭則對蘇聯人的精神狀況表示了擔憂：「我確信，他們有時甚至過分低估其他民族的生命力。即使資本主義的政府和制度是他們的敵人，也不能低估其生存力。蘇聯勞動者堅信他們擁有並且親自創造了一切最美好的東西，而其餘的世界喪失了這些美好的東西(學校、衛生設施等)。青年不可能自由地將自己的智力成就和思想與他們的西方朋友的成就相比較。真擔心有朝一日突然發生這樣的事，就會產生動盪。」

對此，紀德顯然也有同感。他寫道：「蘇聯人對於國外的局勢和狀況處於驚人的無知之中。不僅如此，他們還被弄得深信：外國的一切都遠不及蘇聯好。」他說，有一個青年人曾這樣對他說：「幾年前，德國和美國還能在某些方面讓我們獲益。而現在，我們沒有什麼必要去向外國人學習了……」

俄羅斯學者阿爾巴托夫是這樣論述二十世紀七十年代的蘇聯的：經濟學者已經意識到蘇聯的經濟發展一直是在走外延發展道路，而現在外延增長的因素已經枯竭。因此，必須把轉向集約化發展道路提上日程，必須從依靠行政命令轉為用經濟槓桿調控經濟。必須重視已經開始的新科學技術革命等。當這些問題被提到蘇共代表大會上時，只是議論了一番。實際上，一切依然如故，毫無結果。

到了二十世紀八十年代後期，用曾任蘇聯總統助理的切爾尼亞耶夫的話說，對蘇聯社會的質疑開始出現了。當戈爾巴喬夫說「忠於社會主義價值」、「純淨的十月革命思想」等等時，「我們自己也弄不明白，我們究竟是處在什麼樣的社會中」。

曾任蘇共中央領導人的利加喬夫（Лигачев, Егор Кузьмич）說，我們當時感到特別驚訝的是，蘇聯在科技方面與西方的差距非常大，我們對社會民主化進程的停滯也感到擔憂，這一切都影響到人民生活水平以及社會思想。他認為蘇聯進行改革的前幾年，解決了一些住房之類的社會問題，隨後便困難重重，在經濟方面出現了無組織現象。由於急於扭轉經濟上的不利局面，而又不懂經濟規律，就匆忙決定快速轉向市場經濟，結果遇到很多困難，尤其是消費品嚴重短缺，從而引起社會的強烈不滿。

利加喬夫在分析蘇聯瓦解的原因時，特別強調以下因素：首先是大批黨的領導人在國內外各種因素的影響下變了質；其次，是蘇聯為增強國家的防禦能力而過度消耗了大量資金，把最優秀的幹部、專家學者，最好的設備、材料和大量的工業企業，都投入到這一領域。

切爾尼亞耶夫進一步分析道，西方用超級武器進行的威脅，原來都是虛張聲勢的嚇人手段，而莫斯科卻特別容易受到這些嚇人手段的支配，並捲入了致命的螺旋式的軍備競賽，為之犧牲了一切，最終，也包括犧牲了自己國家的未來。

曾任蘇聯部長會議主席的雷日科夫(Рыжков, Николай Иванович)認為，俄羅斯議會一九九〇年六月發表主權宣言，是蘇聯瓦解的決定性事件，此後沒有任何東西能夠阻止蘇聯走向崩潰。一旦俄羅斯明確宣佈自己是小於蘇聯整體的主權國家，聯盟的瓦解就成為不可避免。其他共和國沒有任何別的選擇，只能也成為主權國家。

哈薩克斯坦總統納扎爾巴耶夫(Назарбаев, Нурсултан Абишевич)認為，有兩件事對蘇聯解體產生了巨大作用，一是一九九〇年俄羅斯的主權宣言，因為當時全蘇聯境內除愛沙尼亞外，沒有一個加盟共和國搞獨立，俄羅斯向誰要主權?答案只能是：向其他加盟共和國，向蘇聯；再就是俄羅斯聯邦共產黨宣佈退出蘇聯共產黨。這兩件事一發生，蘇聯解體的命運就定了，因為支撐它作為一個統一國家的主要支柱已經坍塌，維護和保證國家統一的紀律和意識形態也不復存在了。

如今看來，可以這樣說，就蘇聯而言，成也俄羅斯，敗也俄羅斯。

承認俄羅斯及獨聯體國家

一九九一年十二月二十五日，我在向第七屆全國人大常委會第二十三次會議做關於國際形勢和外交工作的報告時談道：蘇聯解體標誌着第二次世界大戰後近半個世紀的美蘇對抗、東西方冷戰和兩極體制的最終結束。中國人民與原蘇聯各共和國人民有着悠久的傳統友誼和友好往來。蘇聯解體後，中國政府本着不干涉別國內政的原則，尊重各國人民的選擇，同時，將繼續與這些共和國保持和發展友好合作關係。

二十七日，我致電俄羅斯外長科濟列夫（Козырев, Андрей Владимирович），正式通知他：中國政府決定承認俄羅斯聯邦政府，並決定中國原駐蘇聯大使王藎卿改任駐俄羅斯大使，還表示中國政府願在和平共處五項原則的基礎上，保持和發展同俄羅斯的友好合作關係。

王藎卿大使本來是作為我國新任駐蘇聯大使，於一九九一年十一月底到達莫斯科的。十二月初，他按照慣例拜會蘇聯副外長羅高壽時，蘇方告訴他，戈爾巴喬夫總統可能在十二月七日到十四日之間接受王大使的國書。

但是，局勢瞬息萬變，這份國書還沒來得及遞交，蘇聯便已不復存在了。

蘇聯解體後，其對外關係部（即原來的蘇聯外交部）向俄羅斯聯邦外交部辦了移交。部長離任，四名副部長被臨時任命為俄聯邦外交部的「執行特別任務大使」。十二月二十四日，已成為這四位大使之一的羅高壽約見了王大使，對王大使沒能及時遞交國書表示歉意，並表示將盡快安排王大使向俄羅斯領導人遞交國書。但這時，王大使赴任時帶去的致蘇聯國家元首的國書已經不能用了，國內立即委託信使給他帶去了新的國書。

等到王大使終於向葉利欽總統交上國書的時候，已經是一九九二年的二月初了。

一九九一年十二月二十七日，我致電烏克蘭、白俄羅斯、哈薩克斯坦、烏茲別克斯坦、塔吉克斯坦、吉爾吉斯斯坦、土庫曼斯坦、格魯吉亞、亞美尼亞、阿塞拜疆、摩爾多瓦等國外長，告知中國政府決定承認這十一個國家獨立，並準備同他們進行建交談判。

當時，以外經貿部部長李嵐清為團長、外交部副部長田曾佩為副團長的中國政府代表團正在對烏克蘭、俄羅斯等國家進行訪問。中國的承認電發出之時，他們正好到莫斯科。李嵐清部長在同俄羅斯副總理紹欣（Шохин, Александр Николаевич）見面時，轉達了楊尚昆主席和李鵬總理致葉利欽總統的口信。田曾佩副部長與俄羅斯副外長庫納澤（Кунадзе, Георгий Фридрихович）就兩國關係問題進行了會談。十二月二十九日晚，雙方簽署了兩國會談紀要。紀要肯定和平共處五項原則為兩國關係的基礎，確認一九八九年和一九九一年中蘇兩個聯合公報規定的各項基本原則為兩國關係的指導原則。雙方同意將繼續履行中國與蘇聯簽訂的條約、協定所規定的義務，並加強各領域各級別的交往。同時，兩國將盡快批准中蘇東段邊界協定。這個紀要解決了中蘇關係的繼承問題，也是在新形勢下開展中俄關係的第一個指導性文件。

在中俄兩國副外長會談期間，李嵐清團長繼續對白俄羅斯進行訪問。代表團本來按計劃要到中亞地區繼續訪問，但十二月三十日獨聯體各國首腦要在明斯克開會，到訪國的主要領導人和外長均不在其國內。代表團便決定於二十九日先回烏魯木齊，然後從一九九二年一月二日起，開始訪問烏茲別克斯坦、哈薩克斯坦、塔吉克斯坦、吉爾吉斯斯坦、土庫曼斯坦。代表團每到一地，即與對方進行建交談判，簽署建交公報。因當場來不及打印，許多建交公報的正本都是手工謄抄，這在新中國的外交史上，大概是從未有過的。

就在同時，代表團成員之一的王藎卿大使返回了烏克蘭，同對方商談建交問題，雙方在一月四日簽署了兩國建交公報。

在訪問期間，代表團還同烏克蘭、烏茲別克斯坦等五國簽訂了經濟貿易協定。中亞地區這些國家的主要領導人都會見了中國代表團，並都表示，非常願意發展同中國在各領域的關係。有的國家領導人提出，應盡快實現高層領導人之間的互訪；有的詢問，中國何時能派來大使；有的國家外長還説，已經初步為中國使館物色了館址。

一月中旬，王藎卿大使又作為中國代表，同亞美尼亞、阿塞拜疆、格魯吉亞和摩爾多瓦的代表在莫斯科進行建交談判，後來又分別去了這些國家，與對方簽署了建交公報。中國與白俄羅斯的建交公報，是一九九二年一月二十日在北京簽署的。這樣，中國就完成了與所有的蘇聯前加盟共和國建立外交關係的任務。

中俄新關係

蘇聯的瓦解，及其所造成的國際局勢突變和世界社會主義運動的挫折，加上當時西方大國自一九八九年以來對我國施加的政治經濟壓力依然存在，這一切使得中國所面臨的國際環境更為嚴峻和複雜了。面對這種局面，鄧小平同志指出：「一些國家出現嚴重曲折，社會主義好像被削弱了，但人民經受鍛煉，從中吸取教訓。」他要求大家不要驚慌失措，不要認為馬克思主義就消失了，沒用了，失敗了。他說，中國搞社會主義，是誰也動搖不了的。我們搞的是有中國特色的社會主義，是不斷發展社會生產力的社會主義，是主張和平的社會主義。

一九九二年春天，小平同志發表了著名的「南巡講話」，中國的社會主義事業在進一步深化改革和開放中，顯得更加生機勃勃了。

這時，應與俄羅斯及其他獨聯體國家建立何種關係，成為中國外交亟待解決的問題。

還在蘇聯的政治經濟體制開始明顯轉變之前，小平同志就明確提出，中國觀察國家關係問題不是看社會制度，不管蘇聯怎麼變化，我們都要同它在和平共處五項原則基礎上，從容地發展關係，包括政治關係，不搞意識形態爭論。

根據這一論斷，中國外交制定了超越意識形態和社會制度的不同，在平等互利、互不干涉內政的基礎上，與俄羅斯及其他獨聯體國家開展政治經濟等各方面交往的方針，使中國與這些國家的關係進入了新的發展時期。

一九九二年初，俄羅斯外長科濟列夫在給我的信中表達了俄方願按當年中蘇之間的規模和級別，發展同中國關係的願望。

一月底，聯合國在美國紐約舉行了歷史上第一次安理會首腦會議。李鵬總理出席了這次會議。俄羅斯方面由葉利欽總統前往參加。這也是俄羅斯取代蘇聯在聯合國的席位後，俄領導人首次參加聯合國活動。李鵬總理和葉利欽總統在聯合國總部見了面，就兩國關係交換意見。

葉利欽總統首先表示，俄將恪守雙方已有的兩個聯合公報，同時希望將兩國關係提高到一個新的高度。俄將盡快批准兩國東段邊界協定。李鵬總理說，中國在處理與外國關係時，不以意識形態和社會制度劃線，中俄兩國人民有着傳統的友誼，兩國間的四千多公里邊界應成為和平與友誼的邊界。中俄之間經濟上有很大的互補性。葉利欽還特別指出，俄很重視俄羅斯的西伯利亞和遠東地區與相鄰的中國省份發展經濟合作關係。

這是中俄領導人的第一次接觸，雙方都對這次會面感到滿意，認為這是個好的開端。

此後，中國和俄羅斯在各個方面的來往開始增多，兩國關係的新局面逐漸展開。

這一年的二月份，中國全國人大常委會和俄羅斯議會先後批准了兩國東段邊界協定。三月，科濟列夫外長訪華。行前，他來信告訴我，他的隨行人員中有五位俄羅斯遠東地區的邊疆區和州的負責人，還有一些實業界人士，顯示了俄方對其遠東地區與相鄰的中國省份發展經貿關係的重視。

在與科濟列夫外長會談時，我說，去年底中國代表團訪問俄羅斯時，雙方簽署的會談紀要為兩國關係的進一步發展奠定了基礎。今年一月，兩國領導人在聯合國的成功會見，更使雙方在發展兩國睦鄰合作關係方面有了許多共識。我們認為，兩國領導人通過各種渠道加強接觸十分有益，並願將這種接觸繼續下去。

科濟列夫表示，俄中關係不是從零開始，而是有基礎的，因為過去俄聯邦就堅決支持蘇中關係正常化。俄的對外政策是實現對外關係的平衡，既要同西方國家發展友好關係，也要進一步發展同鄰國，特別是同中國的睦鄰關係。在對華關係上，俄尊重過去，注重未來。俄非常希望同中國進一步發展經貿關係。

我對他說，兩國發展經貿關係的前景很好，最近中國決定在中俄邊境地區開放綏芬河、黑河、滿洲里和琿春四個城市，為的就是開展兩國之間的交流。

科濟列夫在肯定中俄兩國領導人在聯合國安理會首腦會議期間的會晤對兩國關係發展的作用時，提出希望兩國領導人的這種接觸繼續下去。他說，葉利欽總統在紐約時就曾說過，應該去中國訪問。

我當時表示，中國方面歡迎總統在雙方方便的時間訪華。

就這樣，俄羅斯首任總統對中國的訪問，提到議事日程上來了。

為了準備此次元首訪問，中俄之間開展了一系列積極的外交活動。

一九九二年四月，俄羅斯新任駐華大使羅高壽到任。羅高壽大使和他的父親都是研究中國的漢學家。他在上個世紀五十年代到七十年代，曾兩次來中國工作，周總理授予過他中蘇友誼獎章。八十年代，他任蘇聯外交部副部長時，我曾同他進行過關於兩國關係正常化問題的磋商，還同以他為團長的蘇聯代表團進行過兩輪邊界談判，算是熟人了。

在我同他會面時，我先回顧了一九八九年中蘇關係正常化以來雙方領導人往來的情況，認為葉利欽總統訪華將是中俄領導人高級接觸的繼續，是合乎邏輯的。我表示，中方願在新的基礎上與俄羅斯發展經濟關係和政治關係，兩國邊界談判和邊境地區裁軍談判應繼續進行下去。兩國經貿關係已有一定的發展，特別是邊貿十分活躍。對此，兩國政府都應採取積極支持的態度，並共同協商在這個過程中可能遇到的問題。羅高壽大使對此表示完全同意。

八月下旬，俄方正式提出葉利欽總統訪華的建議日期。

九月，出席聯合國大會期間，我又與同來與會的科濟列夫外長就訪問的具體時間和將要簽署的文件等交換了意見。

十月，俄羅斯副外長庫納澤來華，就葉利欽訪華的政治文件及兩國聯合聲明與中方進行磋商。由於蘇聯解體，當時中蘇西部邊界已經成為中國和俄羅斯等四國的邊界，庫納澤同時率哈薩克斯坦、吉爾吉斯斯坦、俄羅斯、塔吉克斯坦聯合代表團，同中國就邊界問題進行會談。

十月二十四日，中國與這四個國家簽署了邊界會談紀要。紀要確認了在中蘇邊界談判中已達成並載入兩個中蘇聯合公報的解決邊界問題的原則，確認中蘇邊界談判中就邊界線走向所達成的協議原則上仍然有效，並同意成立負責起草邊界協定工作小組。對尚未協商一致的邊界地段有關方面將繼續進行討論。

我在會見庫納澤時説：蘇聯解體後，中俄兩國繼承了中蘇關係正常化以後的積極成果，而沒有繼承消極因素，使中俄關係在完全平等、和平共處、平等互利的基礎之上不斷地向前發展。我們相信，兩國關係將會比過去中蘇關係更健康，更正常。我們的邊界線上充滿生機和活力，這是令人鼓舞的。中國在實施沿海沿江開放的同時，沿邊也在開放。而陸地邊界開放主要就是面向俄羅斯和獨聯體各國。這樣，我們的邊界不再是軍事對峙的、封閉的邊界，而是開放的、鼓勵雙方往來和開展友好合作的邊界。因此，在邊界談判中，我們也應適應新情況，用新方法來解決爭議。

中國和俄羅斯、哈薩克斯坦、吉爾吉斯斯坦、塔吉克斯坦四國的邊界談判，逐步發展成為「上海五國」的機制。五國領導人每年進行會晤，討論範圍擴大到在邊境地區建立信任措施、地區安全形勢和加強經貿往來。後來，烏茲別克斯坦也參加了。這成為「上海合作組織」【註】的前身。

出訪俄羅斯

一九九二年十一月，我訪問了俄羅斯，同時也訪問了烏茲別克斯坦、吉爾吉斯斯坦和哈薩克斯坦。這是蘇聯解體、上述國家獨立後，中國外長對這些國家的首次訪問。

二十四日中午，我從阿拉木圖飛抵莫斯科，兩小時後，就同葉利欽總統在克里姆林宮見了面。

葉利欽一九三一年出生在斯維爾德洛夫州的一個農民家庭，一九五五年，從烏拉爾工學院建築系畢業後，從事過建築工作，後來，擔任過斯維爾德洛夫州和莫斯科市的負責人，一九九一年六月，正式當選為俄羅斯首任總統。年輕時，他還當過排球隊的隊員，後來又喜歡打網球，是一個運動愛好者，看上去，身體強壯，精力旺盛。

賓主剛一落座，葉利欽總統就切入主題，說我們兩國關係開始了一個「新紀元」，這是一個具有歷史意義的階段。他又說，對華關係，無論在亞洲還是在世界政治方面，都將在俄對外政策中佔優先地位。他還讚揚了中國改革開放取得的成就，說俄羅斯與中國的合作，實際上已經邁出了重要的一步，就是雙方的貿易額不僅沒有下降，反而取得了大豐收，今年可達四十五億美元。這時，在座的科濟列夫外長插話說，今年很可能達到五十億美元。

葉利欽總統當場確認了訪華日期，並說，他相信訪華時雙方在很多問題上都能找到共同語言，希望這次訪問既務實又充實。他還對身旁的俄方官員說，希望在準備兩國將要簽署的文件時，要避免蘇聯時期的老做法，在各個文件之間抄來抄去，弄得所有文件的文字都一個樣，從這個五年計劃抄到下個五年計劃。

他表示，自己從未到過中國，中國有值得俄羅斯學習的東西，可惜，他這次實在沒有更多的時間去更多的地方看一看。接着，他向我說起他十二月份以後緊張的活動日程。

我對葉利欽總統說，我這次來訪，就是為他訪華做進一步的準備。動身之前，江澤民總書記等中國領導人特意要我轉告總統，期待着同總統在北京見面。相信總統的訪問將會取得積極的成果，開闢中俄關係的新階段。俄羅斯是中國最大的鄰國，俄羅斯人民是偉大的人民。我們相信俄羅斯人民能夠克服當前的困難，迎來繁榮和發展。中國政府十分重視發展同俄羅斯的關係，珍惜兩國人民的傳統友誼。希望兩國之間的友好和互利合作關係繼續鞏固和發展。

接着，我談到了中蘇關係經歷了幾十年的風風雨雨，既有深刻的教訓，又有成功的經驗。我們認為，要使兩國關係健康、穩定、長期地發展，最重要的是互不干涉內政，尊重各自的選擇，進行平等互利的合作。我還向他介紹了一個多月前閉幕的中共十四大通過的關於建立社會主義市場經濟的決定，並強調這也是發展中俄經濟往來的有利因素。此外，我還提出兩國之間要加強交通聯繫，使邊界成為一條開放的、活躍的、促進兩國交往與和平友好的邊界。

會見中，葉利欽的興致一直挺高。看得出，他對中國正在發生的一切很感興趣。談話進行了一個小時，如果葉利欽不是五分鐘以後要去參加一個政府會議，他也許還會有更多感興趣的問題要問。

第二天，我同科濟列夫外長進行會談，主要是相互交流各自對中俄高級會晤的準備情況，並草簽了中俄相互關係基礎聯合聲明。

在結束訪問回國前，我接受了記者的採訪，回答了他們關於中國發展同俄羅斯等獨聯體國家關係的原則和中國發展同這些國家的關係對國際形勢的影響等問題。我表示，我們一貫認為，意識形態、社會制度，以及價值觀念、文化傳統等方面的異同，都不應該成為發展國家關係的障礙。國家間的關係，應該建立在下列原則的基礎上：從政治上講，是和平共處、互相尊重、睦鄰友好、互不干涉內部事務；從經濟合作來講，應該是平等的、互利的。如果有了這樣的共識，中俄兩國的關係一定能夠得到良好的發展。

我接着強調，世界本身就是多樣化的，各國差異很大，意識形態、宗教信仰、民族文化，形形色色，各式各樣，社會制度以及發展道路也都有很大差別。在這樣一個多樣化的世界裡，大家要和平相處、共同發展，首先要承認並尊重這樣的客觀事實。

至於說到中國與俄羅斯和其他獨聯體國家的關係，我指出，從前中國和蘇聯有過結盟關係，也有過很長的對抗時期。今後，我們同俄羅斯和其他獨聯體國家關係的原則是：既不結盟，也不對抗。這才是正常的國家關係。重新回到結盟，不需要也不可能，對緩和國際局勢不利；重新回到對抗，對緩和國際形勢也不利。只有建立這種正常的國家關係，才有利於地區的穩定和世界的穩定，對國際局勢起到建設性的積極作用。

葉利欽訪華

一九九二年十二月十七日上午，葉利欽總統夫婦一行飛抵北京。隨同訪問的，有俄聯邦內的薩赫共和國總統、巴什基爾共和國最高蘇維埃主席、俄聯邦外長、最高蘇維埃副主席、政府副總理等近百人，若再把隨行記者和其他有關人員計算在內，總共要有二百五十多人。

楊尚昆主席在人民大會堂主持了歡迎儀式，並同葉利欽進行了會晤。楊主席說，中俄進行高級會晤有重要意義，國際輿論對此也很重視。相信總統的這次訪問定將推動兩國關係的進一步發展。葉利欽對中方為他的訪問所做的各種安排表示滿意，說他作為建築師，去參觀故宮很有意義。他又說，毛澤東主席說過不到長城非好漢，代表團的成員也都想去當一回好漢。

葉利欽總統接着表示，是俄羅斯人民對中國人民的友好情誼促使俄羅斯領導人採取措施，擴大同中國發展各領域的友好關係。

楊主席說，我們沒有理由把關係搞壞，只能把關係搞好，現在兩國都面臨發展本國經濟的共同任務，更應該建立穩固的睦鄰友好和互利合作關係。現在兩國貿易額已超過中國與蘇聯的最高水平，這是個好的開端。兩國各有所長，在經貿合作方面，以及其他領域的合作都有許多文章可做。除高級會晤外，兩國在其他各個級別上，在公司和企業之間，都應更廣泛地進行接觸。

第二天，李鵬總理和葉利欽總統舉行了會談。李總理強調，兩國人民有着傳統友誼，今後兩國發展關係的基礎，應是「平等互利，睦鄰友好」這八個字。葉利欽說，發展俄中關係是俄外交工作的優先方向，俄同西方的關係不能代替俄同東方的關係。俄尊重中國的內外政策。

中午，江澤民總書記在釣魚台會見並宴請了葉利欽總統。

江總書記談到，他本人從童年時代起就很熟悉俄羅斯科學家羅蒙諾索夫（Ломоносов, Михаил Васильевич）、門捷列夫（Менделеев, Дмитрий Ивановч）的名字，而在中國，許多人喜歡托爾斯泰、普希金（Пушкин, Александр Сергеевич）等俄作家的作品。兩國間的關係有過美好的時光，也有過僵冷的歲月。這幾年兩國關係得到發展，相信總統這次來將會使兩國關係發展得更健康，更順利。

葉利欽説，兩國的關係具有巨大的潛力和廣闊的發展空間，他這次是抱着真誠的願望來中國訪問的。這次訪問，雙方一共要簽署二十多個文件，這是創記錄的，可以載入吉尼斯世界記錄大全了。他又表示，中國在改革開放和提高人民福利方面取得了很大的進展，坦率地説，中國改革中的某些獨到辦法值得俄羅斯研究和借鑒。

江總書記向他介紹了中共十四大系統闡明了鄧小平關於建設中國特色社會主義的理論，確立了社會主義市場經濟的模式，並表示，我們將堅定地按此目標，把經濟建設搞好，也希望在此過程中，同俄羅斯開展各方面的合作。

十七日晚和十八日下午，分別舉行了關於中俄相互關係基礎的聯合聲明和二十四個政府間和部門間的合作協議及有關文件的兩次簽字儀式。楊主席和葉利欽總統在中俄相互關係基礎的聯合聲明上簽了字。我和科濟列夫外長、紹欣副總理也分別在兩國政府科技合作、文化合作、互免團體旅遊簽證、和平利用與研究宇宙空間等協定上簽字。

兩國元首在簽署的聯合聲明中宣佈：中國和俄羅斯相互視為友好國家。這意味着中俄關係在全面繼承中蘇關係正常化成果的基礎上，又有所前進。

在葉利欽總統訪華期間，中方參加接待的，除了國家有關部委負責人以外，還有來自黑龍江、吉林、內蒙古等地方的領導，他們還同隨葉利欽來訪的俄聯邦的共和國、邊疆區和州的領導人進行了接觸。

葉利欽一行本來按計劃應於十九日去深圳訪問，但那天一大早，俄總統辦公廳主任就向外交部戴秉國部長助理提出，由於俄國內有些重要事情須總統親自處理，葉利欽總統經過再三考慮，決定提前於今天上午回國。

後來，科濟列夫外長等陪葉利欽夫婦先期回國，其他人繼續去深圳參觀。

關於葉利欽提前回國的原因，後來據他自己說，是因為政府組閣問題遇到了麻煩。他比喻為「分公文包」分出亂子來了，需要他趕回去整頓秩序。

一九九四年九月，江澤民主席對俄羅斯進行了正式訪問。這是蘇聯解體後，中國國家元首首次訪俄。江主席和葉利欽總統在會談後簽署的《中俄聯合聲明》中宣佈：「兩國已具有新型的建設性夥伴關係，即建立在和平共處各項原則基礎上的完全平等的睦鄰友好、互利合作關係，即不結盟，也不針對第三國。」

一九九六年四月，葉利欽總統再次訪華。他這次訪問的重要成果是，雙方在《中俄聯合聲明》中宣佈兩國發展「戰略協作夥伴關係」。

本來，在葉利欽啟程之前，雙方已經基本商定了聯合聲明的文本。四月二十三日晚，俄駐華使館主管官員向中方緊急通報，說葉利欽總統在專機起飛不久就認真閱讀了雙方商定的文本，認為這個文件還不能真正反映兩國關係今後一個時期的發展方向，他建議將兩國關係表述為「平等信任、面向二十一世紀的戰略協作夥伴關係」。外交部立即把這個情況報告了江主席。江主席同意了葉利欽總統的建議。

一九九九年十二月，葉利欽作為總統最後一次訪華。回國後，正當人們興高采烈地準備迎接新千年之時，他突然於十二月三十一日正午十二時出現在電視畫面上，宣佈了一個令世界吃驚的決定：「我決定在即將過去的世紀的最後一天辭去總統職務。」在聲明中，他表示，之所以這樣做，並不是因為健康原因，而是「出於對所有問題的綜合考慮」。他還說，「俄羅斯應由有智慧、精力充沛的新政治家帶入新世紀」。他立即簽署了把總統職責交給政府總理普京 (Путин, Владимир Владимирович) 的命令，旋即將核密碼箱等移交給普京。普京代總統於當日簽署命令，對卸任總統及家人的人身、財產安全提供法律保障。

二〇〇〇年三月，普京正式當選為俄羅斯總統。當年七月，他應江澤民主席邀請訪華。兩國元首簽署了《北京宣言》，強調中俄平等信任、面向二十一世紀的戰略協作夥伴關係符合兩國人民的根本利益。此外，在這一年，兩國元首還在聯合國千年首腦會議等場合進行過三次會晤。

二〇〇一年七月，江澤民主席應普京總統的邀請，對俄羅斯進行了自擔任國家主席以來的第五次訪問。我陪同江主席進行了這次重要的訪問。七月十六日，兩國元首在克里姆林宮簽署了中俄睦鄰友好條約，接着又發表了聯合聲明，指出這個條約在總結歷史經驗的基礎上，概括了中俄關係的主要原則、精神和成果，將兩國人民「世代友好、永不為敵」的和平思想，用法律形式確定下來。條約確認，兩國的友好關係，是建立在不結盟、不對抗、不針對第三國基礎上的新型國家關係。

中俄新關係，以此條約為基石，從此奠定了一個堅實的基礎。

【註】

上海合作組織：一九九六年四月，中國、俄羅斯、哈薩克斯坦、吉爾吉斯斯坦、塔吉克斯坦在上海舉行元首會晤，簽署《關於在邊境地區加強軍事領域信任的協定》，「上海五國」機制誕生。二〇〇一年六月，中、俄、哈、吉、塔和烏茲別克斯坦六國元首在上海舉行會晤，簽署《上海合作組織成立宣言》，宣布在「上海五國」機制基礎上建立新的多邊合作組織——上海合作組織。

◎外交十記之八

非洲情結

初訪非洲

我與非洲結緣，始於一九六四年。那時，我在教育部工作，隨楊秀峰部長訪問埃及、阿爾及利亞、馬里和幾內亞四國。我們是四月一日離京，到五月十四日才回國，在非洲訪問了一個半月。代表團成員有四人，除了楊秀峰部長和我，還有北京大學教授季羨林、教育部的司長胡沙。其中，楊秀峰部長最為年長，長我三十歲；其次，是季羨林教授，長我十七歲；那年我三十六歲，胡沙和我年紀相仿。一行人中，「老、中、青」俱全。

算起來，此次非洲之行，已是將近四十年前的事了。訪問之後，季老曾發表過遊記，我也即興寫過短文，介紹北非和撒哈拉以南黑非洲兩種迥然不同的風土人情和文化氛圍，以及非洲人民對中國人民如火一般的兄弟情誼。

有必要說明一下當年前去非洲的路程，以見當時行旅之艱辛。我們一行先從北京飛到昆明，過夜。第二天飛往仰光，再過夜。第三天乘飛機到達卡（當時東巴基斯坦的首府），為換機票，在機場等到深夜，才乘上飛往卡拉奇的飛機，到那裡過夜。在卡拉奇休息一天後，再飛往開羅。前後整整花去將近一周的時間，才終於踏上了非洲的土地。

非洲之行的第一站是埃及。我們在那裡感受到了非洲文明的久遠。當時，在金字塔有一種「聲與光」的表演，茫茫夜色中，燈光和聲音不停地變幻着，使人似乎感受到古埃及法老魂靈之間的對話。據說，這個節目幾經修改，一直演到今天。

訪問埃及之後，我們先是西行，訪問了北非，然後南下，進入了非洲大陸的腹地。

上世紀六十年代初，非洲民族解放運動蓬勃興起，一個接一個的國家擺脱了殖民統治，獲得了獨立。阿爾及利亞、加納、幾內亞、馬里都是民族解放運動的先鋒，而中國是他們最堅定的支持者。

我們這次訪問，正好是在周恩來總理訪非之後不久進行的，警察見到我們的車隊掛着中國國旗，都立正敬禮。沿途群眾也紛紛招手致意，兒童高呼「周恩來！周恩來！」各國都給予我們高規格的接待，這種高規格的接待，一定包括當地的土風舞蹈和非洲「塔姆塔姆」鼓的擊鼓表演。黑人兄弟用形體和打擊樂表現出的熱情，使我們久久沉浸在濃濃的友情之中。

當時，阿爾及利亞、馬里、幾內亞三國均獨立不久，特別重視本國的教育事業，急於清除殖民主義統治的影響，希望培養自己的人才和幹部。馬里總統凱塔 (Keita, Modibo) 對我們説，馬里要在十年到二十年內解決所有學齡兒童入學問題。幾內亞獨立後，立即收回了教育主權，將私立學校國有化，幾內亞總統杜爾 (Toure, Ahmad Sekou) 親自抓教育改革。馬里、幾內亞的教育經費佔到國家財政預算的百分之二十，其中學在校生一律供給膳宿，有的還提供服裝。而阿爾及利亞的教育經費更是高達財政預算的百分之三十，大學生全部享受為數相當高的助學金，在有的女子中學，學生有單間宿舍，伙食標準很高。

在訪問馬里時有個插曲。楊秀峰部長突然接到國內指示，讓他作為中國政府代表，前往桑給巴爾去參加「五一」節慶祝活動。那時，東非的坦噶尼喀共和國和桑給巴爾人民共和國決定合併組成坦桑尼亞聯合共和國。

楊秀峰部長此行需要翻譯，但桑給巴爾一帶是講英語的，而團內是法語翻譯。大家一再商量，看到我最年輕，還懂英語，便派我陪同楊老一同前往，既作秘書，也當譯員，連同警衛任務也一起兼了。

當時，非洲各國之間的交通很不方便，一般都要先飛到歐洲宗主國後才能轉機。為了去桑給巴爾，楊老和我就是先飛到法國巴黎。那時中法剛剛建交，尚未建使館，只有一些先遣人員在那裡。我們到了那裡，要自己燒晚飯。從巴黎，我們再飛意大利羅馬。那時，中意還沒有建交，只好請阿爾巴尼亞駐意使館提供幫助。由羅馬，我們又轉道肯尼亞，然後才到了坦噶尼喀和桑給巴爾。在那裡參加完慶祝活動，我們又經蘇丹、尼日利亞、加納，飛回幾內亞，繼續我們的非洲之行。當時，楊秀峰同志已是六十六歲的老人，一路奔波，相當辛苦，好在一切順利，我也總算圓滿完成了此項特別任務。

非洲是我除蘇聯以外最早訪問的地區。一九六四年的這次非洲之行，使我對這片土地的神奇和文化的多彩，有了親身的感受和感性的認識。當時沒有想到的是，十年後，自己會被派到非洲去當大使。

出使非洲

一九七四年七月，我被任命為中國駐幾內亞大使兼任駐幾內亞比紹大使。

我是那年八月重返幾內亞首都科納克里的。從機場到使館的路上，我坐在汽車裡，透過車窗，默默望着窗外街景，不禁回憶起十年前訪問這裡的情景。大西洋畔的科納克里風光依舊，只是街旁的建築比十年前陳舊了許多。在經濟面臨困難的情況下，當年人們隨着民族獨立運動所迸發的激情似乎也消散了。

出任大使，第一件事就是遞交國書。幾內亞外交部很快就做了安排。八月二十日，我向杜爾總統遞交了國書，並向他轉達了毛澤東主席、周恩來總理的親切問候和敬意。杜爾總統讚揚中幾兩國的友好合作關係，說對於中國在各方面給予幾內亞的援助，幾內亞人民永遠不會忘記。遞交國書的儀式十分隆重，幾方的總理和十多位部長一起出席，顯示了對中國的格外重視。

出任駐幾內亞大使的同時，我還兼任中國駐幾內亞比紹的首任大使。當時，幾內亞比紹剛剛打完游擊戰，才宣佈獨立不久，政權正在建設中。

那年九月下旬，幾內亞比紹政府決定在臨時首都博埃——原游擊隊根據地——舉行獨立一周年的慶祝活動，邀請我出席慶典，並向國家元首卡布拉爾 (Cabral, Luis Almeida) 遞交國書。

那次，一同前往參加幾比慶典的還有其他國家的使節和賓客，共約二十人。杜爾總統派出了飛機和車隊。我們一行人先是乘飛機到了與幾內亞比紹接壤的博凱省首府，然後改乘汽車進入幾內亞比紹，前往博埃。

當汽車駛入幾內亞比紹的國境後，滿眼是非洲熱帶稀樹草原的景色，野草遍地，人煙不見，甚是荒涼。草原上連路也沒有，全憑當地人的經驗，沿着丘陵谷地中以前留下的轍印前進。據説，我們走的就是當年游擊隊溝通前後方的小道。

經過一番顛簸，終於抵達博埃。我們下榻的「賓館」是一間用竹子和樹葉搭成的具有非洲特色的圓頂茅屋。茅屋內，放着兩張簡陋的竹架床，牆壁既透風又透亮。每天早上，都有當地婦女頭頂一桶冷水，放在門口，供來客使用。茅屋後面，挖了一個土坑，上面留了一個小口，看了就知道是廁所。

儘管幾比外交部竭盡全力，來賓的膳食需求仍然無法很好地滿足，好在我們早就準備了罐頭和餅乾。

九月二十五日，在鄰近的一間大一點的圓形茅屋裡，我向卡布拉爾主席正式遞交了國書。路易斯·卡布拉爾，我們又稱他為「小卡」，是前任幾內亞和佛得角非洲獨立黨總書記阿米卡爾·卡布拉爾(Cabral, Amilcar)的同父異母兄弟。他們兄弟倆都到過中國，對中國懷有友好之情。可惜的是，他的兄長在一九七三年被人暗殺了。二十世紀六十年代，我們支持幾佛獨立黨爭取民族獨立的鬥爭，並為其培訓了二十多名幹部，這些人後來在黨政軍部門都擔任了要職。

在交談中，卡布拉爾主席一再對中國的支持表示感謝。他說：「我們的第一批幹部就是在中國培養的。在我們進行解放鬥爭的過程中，吸取了中國的經驗，使我們戰勝了敵人。在戰爭結束後，我們要依靠人民的力量恢復我國的經濟，也需要吸取中國的經驗。」

在我遞交國書後不到一個月，幾比政府遷都比紹市，即是葡萄牙殖民時期的首府。十二月十六日，我再赴比紹市，就建館及提供水稻種植技術援助等問題同幾比方進行磋商。幾比領導人佩雷拉 (Pereira, Aristides Maria) 總書記、卡布拉爾主席和門德斯 (Mendes, Francisco Joao) 總理在會見我時，都對中國在幾比設館表示了熱烈歡迎，允諾盡一切力量幫助中國在最短時間內選擇館址，完成建館工作。

比紹市是一座相當歐化的消費型小城。市內的建築都是葡萄牙風格，房子不大，給人以小巧玲瓏的感覺。城市也不大，驅車觀賞街景半小時足矣。不過，各國大商行都在此設有代理行，葡萄牙、西歐和日本的商品充斥市場。比紹市的經濟發展落後，文化設施簡陋，全市只有一家葡資啤酒飲料廠、一所中學、一家電影院、兩座醫院、幾家兼賣少量書刊的文具店。當時，葡萄牙大資本家相繼離去，資金大量外流。中小企業主勉強維持局面，但生意冷清，前景黯淡。我當時的印象是，振興經濟將是幾比政府在相當長時期內所面臨的主要挑戰。

日後，幾內亞比紹和佛得角分別成為兩個獨立國家，幾比居民主要是非洲人，而佛得角大部分是葡萄牙人的後裔或葡非混血的居民。

最後，幾比外交部為我們在比紹市的多明戈大街找到了一處二層小樓，我們就將它作為了中國大使館。多明戈．拉莫斯 (Lamos, Domingo) 是幾佛獨立黨的傑出戰士，曾任幾比東部地區加布軍區司令，在戰場上犧牲了。這條大街就是以他的名字命名的。

杜爾總統的兩次會見

那時，作為駐幾內亞大使，我的主要工作就是負責兩國間的經濟合作。自建交以來，我國一直在援助幾內亞的經濟建設，一共有幾十個援助工程項目，包括人民宮、電台、電影院、烈士陵園、茶廠、糖廠、捲煙廠、農具廠、榨油廠、水電站等，還派出了醫療隊。這些項目都是當地發展民族經濟和改善人民生活所急需的。不論是已建好交付使用或是正在建設中的項目，大使館都要跟蹤關注。

當時，中幾兩國的關係非常友好，套用杜爾總統常說的一句話，就是兩國的天空始終晴朗無雲。

當然，這也並不是說一點問題也沒有，非洲的事務自有其複雜的一面。

一九七五年十一月十六日，杜爾總統突然召見我，談了安哥拉問題。會見時，主要是杜爾總統談，談了將近一個小時。當時在座的還有貝阿沃吉 (Beavogui, Lansana) 總理及九名主要部長。從這陣勢中，可見杜爾對這次會見的重視。

大家握手落座後，杜爾開口說，今天召見大使，是因為幾內亞民主黨和幾內亞政府有重要的話，請大使轉達給中國黨和政府的領導人。中幾之間向來是相互信任和一致的。兩國有着共同的目標，兩國人民屬於同一思想範疇、同一戰略，雙方行動與立場的一致，猶如一個人的左右手那樣協調、統一。杜爾停頓了一下說，幾內亞對國際問題，尤其是亞洲問題不甚瞭解，總是等北京表明立場後再表態，但對非洲問題，幾內亞人民有着坦率、令人可信的先鋒隊的立場。說到這裡，他將話鋒轉到了安哥拉問題。他神情嚴肅地說，目前安哥拉的局勢非常嚴重，中方恐怕不瞭解內情。

那時，安哥拉人民經過長期鬥爭，剛剛結束了五百年殖民統治，取得了獨立。在長期的反殖鬥爭中，一共有三派力量，即安哥拉民族解放陣線、爭取安哥拉徹底獨立全國聯盟和安哥拉人民解放運動。中國政府一貫支持安哥拉人民的正義鬥爭，從不只支持任何一派，而是同時支持三派進行反殖鬥爭。

杜爾總統說，安哥拉民族解放陣線是由幾內亞民主黨創建起來的，其主席羅伯托（Roberto, Holden Alvaro）當年是拿着幾內亞的護照去聯合國大會發言的，並在幾內亞的倡議下，才得到了非洲統一組織的承認和財政援助。但是，羅伯托後來成了美國中央情報局的人，幾內亞對他進行了揭露，並建議把「安解陣」開除出非洲統一組織領導機構。而爭取安哥拉徹底獨立全國聯盟，其主席薩文比（Savimbi, Jonas Malheiro）公開承認得到了南非種族主義政權的支持，也完全是帝國主義支持者。現在，當非洲聽到中國站在了帝國主義支持者一邊時，對幾內亞人民來說是一種恥辱。

接着，杜爾緩和了一下口氣說，安哥拉的實際情況是，自一九六一年二月四日起，只有安哥拉人民解放運動是在國內與人民一起進行反抗葡萄牙殖民主義的鬥爭。「安解陣」一直留在扎伊爾，只是發表一些聲明，並沒有開展實際鬥爭，而扎伊爾的領導人蒙博托（Mobutu Sese Seko Kuku Ngbendu Wa Za Benga）是叛徒，盧蒙巴（Lumumba, Patrice Emergy）就是被他殺害的。幾內亞贊成中國在扎伊爾出現，並認為中國出現在一切反動的非洲國家都是好事，但是，中國不應該去幫助蒙博托的反革命力量。

杜爾最後說，幾內亞請中國黨、中國政府認真考慮非洲當前革命和反革命傾向的實際情況，不要損害非洲的反帝事業。

我立即意識到，這是中蘇對抗在非洲的反映。我對杜爾總統說，昨天，中國外交部就安哥拉問題剛剛發表了聲明。中國人民對安哥拉人民經過長期鬥爭取得獨立、結束五百年殖民統治感到高興，並表示祝賀。中國政府一貫支持安哥拉人民的正義鬥爭，曾分別給安哥拉三派組織以各方面的援助。今年一月後，為避免安哥拉出現內戰，我們不再向安哥拉三派組織提供新的軍援。目前，安哥拉出現的令人痛心的局勢，完全是由於超級大國爭奪所造成的。我說，儘管非洲局勢複雜，但我們深信，在排除一切外來干涉的情況下，安哥拉人民一定能夠解決好自己的問題。

十二月二日，我按照外交部發來的說帖，向幾方系統介紹我國在安哥拉問題上的立場。外長西索科（Sissoko, Fily）一聽就知道問題的重要，立即找來了記錄員，一字不漏地記下了談話。除了「三十分鐘後即向總統報告」這句話外，他沒有做任何表態。

之後，安哥拉問題便被擱置起來了，雙方再未討論。直到一九七六年十月二十八日我離任前向杜爾總統辭行拜會時，他才又談及此事，不過，有點像是自我辯解。

杜爾總統對我說，幾方對中國是充分信任的，即使發生一些無法解釋的事情，這一信念也是不會改變的。中國正在為本國及全世界的無產者而奮鬥，因此，在幾內亞人民的心目中，中國的地位總是崇高的。幾方決心保持、發展和加強中幾關係。杜爾說，幾內亞曾為中蘇糾紛而憂心忡忡，有人曾懷疑幾內亞純粹就是中國共產黨的激進側翼，而中國方面也可能認為幾內亞直接或間接地採取了反華立場。幾內亞一度處境困難，受到的威脅不僅來自帝國主義列強，還包括某些社會主義強國。他接着說，關於非洲問題，中幾兩國應有親密無間的合作，期望能在任何考驗中始終團結在一起。如有不同意見，那只是兩國之間的事，不能讓雙方共同的敵人知曉。

我感謝他對中國的友好態度，也理解他對中蘇分歧的擔心。我告訴他，中國同幾內亞的友好合作是不會改變的。雙方對蘇聯的看法不同是可以理解的，中方不會要求幾內亞在對蘇關係上採取與我們相同的政策。

杜爾總統是從事工會運動出身的，以雄辯而聞名，講起話來滔滔不絕，對民眾有很大的煽動性，其演講集當年就已出到六十多卷了。在幾內亞脱離法國統治爭取獨立的鬥爭中，他幾乎是一呼百應，最終取得了成功。在非洲民族解放運動風起雲湧的年代裡，杜爾始終對非洲的民族解放事業滿腔熱忱，只是他不善於管理經濟事務，在他的領導下，幾內亞始終沒有擺脫經濟困難。一九八四年三月，杜爾總統因突發急性心肌梗塞而去世，時年六十二歲。

走遍非洲

同是發展中國家，又都有遭受帝國主義和殖民主義壓迫和剝削的歷史，中國和非洲各國，彼此容易理解對方對獨立和自由的追求，相互之間有一種天然的親近感。新中國成立後，我們始終支持非洲人民不屈不撓地爭取獨立的鬥爭，並積極援助非洲各國發展民族經濟的事業。因此，非洲人民及其領導人一直視中國為最可信賴的朋友。同時，非洲國家也給了中國很多寶貴的支持和幫助。最令中國人民難忘的是，一九七一年第二十六屆聯合國大會通過恢復中華人民共和國在聯合國合法席位決議時，七十六個國家投了贊成票，其中二十六個是非洲國家，佔了三分之一。在聯合國人權會上，美國等一些西方國家利用人權問題對中國施壓。在這場曠日持久的國際人權鬥爭中，中國之所以能連續十次挫敗反華提案，應該說與絕大多數非洲國家給予我國的堅決支持分不開。在涉及台灣問題的外交鬥爭中也是如此。儘管台灣當局利用非洲國家的經濟困難，大搞「金錢外交」，但絕大多數非洲國家仍站在我們一邊，堅持一個中國的立場，反對搞台灣獨立或「兩個中國」「一中一台」，反對台灣加入聯合國和其他只有主權國家才能加入的國際組織。

一九八九年政治風波發生後，西方國家對中國採取了制裁措施，在很多問題上，不斷給我們製造了種種障礙。這時，又是非洲朋友挺身相助，在艱難的時刻伸出友誼之手。

一九八九年七月中旬，為了打破西方國家的制裁，開創外交新局面，我們召開了第七次駐外使節會議。我在會上做了「關於國際形勢和對外政策」的報告，強調不管國際形勢如何變幻，中國將一如既往地抓住經濟建設這一中心不放，並繼續奉行獨立自主的和平外交政策。

當時，一個重要任務就是要想辦法走出去，打破西方的外交封鎖，讓世界各國看到，中國的大政方針沒有變，中國的外交政策也沒有變。

那一段時候，國際上孤立中國的勢頭很猖獗，制裁中國成為一種時髦，但非洲國家對中國的態度一如既往，仍是非常友好。

於是，我決定出訪非洲。先是去南部非洲，訪問萊索托、博茨瓦納、津巴布韋、安哥拉、贊比亞和莫桑比克六國。同年九月，又訪問了北非的埃及和突尼斯。

在一路訪問中，我着重向往訪國的領導人介紹了中國國內形勢，告訴他們，中國不會屈服於任何外部壓力，別國無權干涉中國內政，更不能把自己的社會制度、意識形態和價值觀念強加於我們。非洲朋友都十分贊同我的觀點，因為許多非洲國家在建設自己國家時，也常常會受到來自西方的壓力。

津巴布韋總統穆加貝(Mugabe, Robert Gabriel)說，他當時曾為中國的局勢感到憂慮。安哥拉外長洛伊(Pedro de Castro Van-Dunem "Loy")說，如果中國黨、政府不能控制局勢，後果不堪設想，對第三世界也將產生不利影響。更多的國家領導人向我表示，在即將召開的各國議會聯盟會議上，如果討論中國問題，他們的代表團將反對通過干涉中國的議案。

一九八九年政治風波過後，到中國訪問的第一位外國元首、第一位政府首腦、第一位外長都是來自非洲。他們表示，之所以在這個時候訪問中國，就是要向全世界表明，非洲是中國的真正朋友，即便是在中國最困難的時候也是如此。過去中國幫助了他們，因此，在中國最需要支持的時候，他們會不遺餘力地表達對中國的聲援。

這一切與西方國家對中國的無理指責、取消、推遲或中止高級互訪的行為，形成了鮮明的對照。

進入二十世紀九十年代，非洲的形勢也日益嚴峻起來。在政治上，西方國家利用東歐劇變加緊向非洲國家施加壓力，並以「援助」相要挾，企圖在非洲全盤推行其政治、經濟模式和價值觀，從而激化了非洲國家的各種矛盾，使各國政局更加動盪。在經濟上，世界經濟衰退，原料和農產品價格下降，加上流向非洲的資金減少，使大部分非洲國家負債纍纍，經濟更為困難。這時，部分以前與蘇聯關係密切的國家，因蘇聯收縮對非洲戰略而產生失落感。部分親西方的國家，也因美國對其推行「美式民主」而對西方感到失望。

在這種情況下，非洲國家將目光轉向中國。他們看到了中國堅持獨立自主和改革開放政策的正確性，力圖借助中國的力量，捍衛本國主權和發展民族經濟。這使得中國發展與非洲各國的關係有了新的意義和內涵。

江澤民總書記十分重視對非洲的工作，曾多次號召領導人多到非洲去，並以身作則，以國家主席的身份，親自率團先後訪問了北非、東非、西非、南部非洲等十多個國家。

一九九〇年下半年，我再次出訪非洲，訪問了北非的摩洛哥、阿爾及利亞和埃及三國。

一九九一年元旦過後，我又出訪非洲。這一趟我訪問了埃塞俄比亞、烏干達、肯尼亞和坦桑尼亞四國。

一九九二年一月，我又做了同樣的安排，訪問了馬里、幾內亞、塞內加爾、科特迪瓦、加納、納米比亞六國，並過境南非。

從此，幾乎形成了一個慣例，每年年初的首次出訪，我都是去非洲訪問。我算了一下，從我擔任外長起，總共出訪非洲十二次，除了少數幾個非建交國，我幾乎走遍了非洲，其中有些國家不只去過一次，結識了非洲各國的領導人和外交部長。

在對非洲各國的訪問中，我明顯感到，非洲國家對西方國家提供經濟援助時附帶政治條件非常不滿。

一九九二年，科特迪瓦總統博瓦尼 (Houphouet-Boigny, Felix) 曾對我說，非洲兩年來的「民主化」浪潮是一種狂熱。貧窮和自由互不相容，飢餓的人是沒有自由的。

喀麥隆總統比亞 (Biya, Paul) 興致勃勃地回憶起他一九八七年訪華的情景，說中國的建設成就給他留下了極為深刻的印象。他還告訴我，喀麥隆近年也開始了民主進程，一個一千二百萬人口的國家出現了七十多個政黨，又加上外來干涉，影響了國內的穩定。他說，喀麥隆尊重人權和民主原則，但有人利用這類崇高理想干涉別國內政，這是十分令人擔憂的。

多哥總統埃亞德馬 (Eyadema, Gnassingbe) 在非洲領導人中也屬老資格了，執政已有三十六年。三十多年來，政敵反對他，西方國家也不喜歡他。他多次遇險，卻大難不死。二十世紀九十年代，他在非洲多黨制的風潮中亦未落馬。一九九五年，我去多哥訪問時，埃亞德馬舉行了盛大的閱兵式和兩萬多人的遊行，表示歡迎。談到人權時，他氣憤地說，西方國家在殖民化時期從不講人權，在掠奪非洲資源的時候也不講人權，現在他們大談人權，真是不知羞恥。

非洲共有五十三個國家，在國際舞台上佔有舉足輕重的份量。世界和平離不開非洲的穩定，世界經濟的繁榮也不能以犧牲非洲經濟發展為代價。

在國際舞台上，中國不斷為非洲說話。中國完全尊重非洲國家捍衛國家獨立和主權的鬥爭，支持非洲國家維護國內團結、發展經濟、提高人民生活水平所進行的努力，支持非洲國家要求減免債務，維護經濟利益以及加強南南合作和南北對話等一系列合理主張。在聯合國秘書長人選問題上，中國更是旗幟鮮明地支持非洲人連任。這一切都體現了中國對非洲的支持。

與南非接觸

南非是非洲最大也是最重要的國家之一，同時也是與中國建交最晚的非洲國家。

隨着國際形勢和南非國內情況的變化，南非種族隔離政府開始着手改善對華關係。一九八九年四月，南非政府「非正式」委託南非中華總公會主席梁兆禮先生，向中方傳遞願意發展雙邊關係、最終實現建交的口信。五月，中方通過梁先生轉達口信，對南非政府的態度表示了讚賞，並希望南非方面能順應歷史潮流，採取開明政策。至於開展雙邊交往，中方表示，願在條件成熟時予以認真考慮。

到了一九九〇年，南非政府繼續通過各種渠道，向中方傳遞希望建立關係的信息，並感謝中國在發展兩國關係和支持南非國內問題政治解決方面所做出的努力，甚至表示，可以在外交上進行默契配合。顯然，南非迫切希望同中國建立正常的直接關係。當然，我們也願意同南非建立正常關係。不過，這裡有關鍵的兩點：一是南非必須廢除種族隔離制度；二是南非必須同台灣斷絕所謂的「外交關係」。

一九九一年，南非形勢發生了重大轉折性變化，種族隔離制度的三大支柱性法律《集團居民法》、《土地法》、《人口登記法》行將廢除。這標誌着這種違反人權，不得人心的種族隔離制度將很快成為歷史。南非各主要政治力量均有尋求妥協的政治意願。政治解決南非問題，已是大勢所趨，不可逆轉。

這時，非洲國家對南非的態度出現了較大鬆動，國際社會對南非的制裁也開始大幅放鬆。

我國與南非關係正常化的兩大障礙之一即將消除，但另一障礙——台灣問題依然存在。

這一年十月，南非外長博塔 (Botha, Pik) 秘密來華，隨行的還有南非外交部副總司長伊文斯 (Evans, Leo Henry)、南非駐香港總領事布富雅 (Botha, P. J.) 等。我在首都機場的一間休息室同他會面。會面後他就當即乘飛機離開。

博塔在一九七七年四十五歲時就出任外交部長，被認為是南非國民黨內主張「改革」種族隔離制度的自由派的「精神領袖」。他曾發表言論說，如白人種族集團的權利和安全得到保障，新的憲法結構中，可以有黑人總統，因此曾受到過黨內保守人士的訓斥。

會見時，博塔首先向我解釋說，南非白人的主體是荷蘭人，他們很早就到非洲了，應該說也是非洲人。正如英國人到了北美，被稱為美國人一樣。十八世紀末，英國人進入南非，戰勝了荷蘭人的後裔布爾人，南非隨即成了英國的一個自治領地。因此，談南非白人，不能籠而統之，英國人是侵略者，荷蘭人是抵抗外來侵略的。

接着，他向我介紹了南非問題政治解決的進展情況以及南非政府的有關政策。

我表示，你介紹的南非歷史，根本沒有把黑人看成是當地居民的主體。南非白人政權奉行種族隔離制度本身是不人道的。中方希望南非政治解決進程能夠繼續下去。

談到雙邊關係時，我對他説，南非是非洲重要國家，中國是亞洲重要國家，台灣是中國的一部分，兩國關係應該向前發展。兩國外交部官員已經有所接觸，中方建議互設機構，建立直接聯絡渠道。中國新華社也準備向南非派常駐記者。總之，雙方可先進行些接觸，然後再探討兩國關係進一步發展的可能性。

博塔説，要相互交往，建立可靠的聯絡渠道十分重要。歡迎中方到南非設立常駐機構。過去受西方新聞媒體宣傳的影響，南非多年來對中國有許多誤解。現在，中國正在按自己的文化傳統方式，悄悄地發生着變化，若中國繼續進行改革開放的話，在下個世紀，必將成為最偉大的強國之一。

博塔注意到了我關於台灣是中國一部分的提醒，他接下來談了一大段話，顯然是早就準備好的。他説，南非與台灣的關係由來已久，是在當時南非十分孤立的背景下建立的，如今解決起來，不可能在一朝一夕完成，但情況正在發生變化。南非堅持一個中國、一個國家的觀點，不干涉中國的內政，希望中國能夠克服分裂，實現統一。

博塔訪問回國後，給我來了一封信，稱此次訪問頗不尋常，感謝我給了他及其國家特殊和重要的禮遇。他在信上説，會談「是我們兩國政府之間歷史性的首次接觸」，又説：「中華人民共和國有着非凡的歷史。相信中國將在非洲大陸及世界上發揮重要作用。我們可以從良好的關係中獲益甚多。我們極為重視與台灣、香港和澳門的中國人的關係，我們與中華人民共和國的關係將適時得到發展。由於我們的這一會見，在目前情況允許的範圍內，這樣做的渠道已經開通。」

南非新聞界披露了博塔此次訪問，認為這是一次激動人心的外交突破，為雙方未來的官方接觸鋪開了道路，並猜測，雙方可能會以科學、文化和其他研究機構的形式，在對方領土互設「間接代表機構」。

就在這一年，經過多次秘密磋商，我們和南非就互設非官方機構問題達成了協議。

一九九二年二月，中國國際問題研究所在比勒陀利亞設立了南非研究中心。同年三月，南非中國問題研究中心也在北京正式掛牌。

過境約翰內斯堡

一九九二年一月，我準備出訪西非五國，在外交部的出訪請示報告上，我加上了南部非洲的納米比亞。當時，納米比亞剛剛獨立一年多，是進一步加強往來的好時機。

由於歷史原因，非洲國家與前宗主國一般都有直達航線，而彼此之間的航線卻很少。我訪問西非的最後一站是加納，從加納到納米比亞沒有直飛的航線，必須經過尼日利亞首都拉各斯，從那裡到南非約翰內斯堡，再轉機去納米比亞。這樣的路線安排，就有了一個過境南非的機會，要在約翰內斯堡機場停留轉機。

中方就此同南非方面聯繫，南非方面很快同意，並表示願為我們一行提供一架專機，將我們送到南非立法首都開普敦去參觀訪問，並在那裡會見博塔外長，然後，再送我們直飛納米比亞首都溫得和克。因此次僅是過境，又是對博塔在北京機場見面的回訪，並非正式訪問，所以，我謝絕了南非方面的熱情邀請，僅同意在約堡機場與博塔外長會面。

會見中，我們就南非形勢、非洲形勢和雙邊關係交換了意見。博塔介紹了南非國內形勢的最新發展，對鄧小平同志提出的「一國兩制」的構想表示非常讚賞，相信南非與中國有許多共同利益，關係將會不斷發展。他說，他不會放棄同中國發展關係的努力，並感謝我去年對他的熱情接待，希望有更多的機會見面。

我說，自上次會晤以來，我們兩國關係有了很大發展，儘管離達到關係正常化還有一段路要走，但目標明確，雙方應保持接觸，增加信任。我再次向他表明了中方關於台灣問題的立場。

會見後，博塔外長在機場宴會廳設宴招待了我們，氣氛頗為融洽。宴會結束後，博塔提議我們去看看南非行政首都比勒陀利亞。比勒陀利亞距約翰內斯堡機場只有四十公里左右。因為還有時間，我們就接受了這一邀請，同意坐車去一覽市容。車隊行駛的途中，大家曾下車，佇立山巔，遠眺這座著名都城。少頃，驅車入城，隔車窗望出去，只見道路暢通，高樓林立，猶如身臨歐洲都市。不過，這是一座只供白人享用的美麗城市。由於南非實行種族隔離政策，黑人只能白天進城工作，晚上卻不能待在城裡，必須回到城外的黑人社區。

這次我與博塔在約翰內斯堡的會晤，是我國調整對南非政策方面邁出的較大一步。會晤雖以過境方式舉行，但也給了台灣當局重重一擊。為此，台灣駐南非「使館」異常緊張，深恐動搖其在非洲的這一重要據點，立即向南非外交部提出了「強烈抗議」。

此次，我除了會晤博塔外，還會見了南非非洲人國民大會副主席西蘇魯（Sisulu, Walter Max Ulyate）、阿扎尼亞泛非主義大會副主席姆塞尼克（Moseneke, Dikgang Ernest）等，向他們通報情況，爭取南非各解放組織對我們調整南非政策的理解和支持。在見西蘇魯時，我請他轉告曼德拉（Mandela, Nelson Rolihlahla）主席，中國政府和楊尚昆主席邀請他在方便的時候訪問中國。我也邀請西蘇魯在適當的時候訪華。西蘇魯説，曼德拉主席非常渴望去中國訪問，一旦時機成熟，即可成行。

曼德拉訪華

曼德拉是在世界享有盛譽的非洲政治領袖人物。他為廢除南非的種族隔離制度，領導南非人民進行了長期艱苦卓絕的鬥爭。一九六四年六月，他被南非白人政權投入牢獄，從此在獄中度過了近二十七年的鐵窗生活。他始終沒有屈服，一直堅持自己的政治信念。在南非成千上萬黑人群眾和國際社會的聲援下，南非政府才於一九九〇年二月十一日釋放了曼德拉。他出獄時，已經七十三歲了。

曼德拉獲釋後，中方以不同方式向他表示了祝賀。三月二十八日，我在七屆三次人大會議的記者招待會上表示，我們對南非當局釋放曼德拉感到高興。

曼德拉獲得自由後，即對非洲國家展開一系列訪問。在他訪問贊比亞和烏干達時，中國駐兩國的大使或臨時代辦都拜訪了他，代表我們黨邀請他十月訪問中國。曼德拉說，他對中國心儀已久，很想去看看那塊偉大的土地和人民。只是十月份訪問遠東，日程安排太緊，難以實現。中國是個大國，安排訪問時不能太匆忙，來年五月份比較從容，屆時，可以好好看看中國。

曼德拉本人雖多次表示願意盡早訪華，卻遲遲沒有成行，不免令人感到奇怪。後來，他身邊的人向我們透露，曼德拉希望我國以政府名義正式邀請他。這次，我特意請西蘇魯向他轉達了我國政府和楊尚昆主席對他的正式邀請。

半年之後，一九九二年十月四日至十日，曼德拉訪華之旅終於成行。楊尚昆主席舉行歡迎儀式，會見並宴請了他，江澤民總書記也會見並宴請了他，李鵬總理同他進行了會談。中國政府還向「非國大」捐款捐物一千萬美元，北京大學授予曼德拉名譽博士學位。接待規格之高，如同接待國家元首。曼德拉在北京舉行的記者招待會上說，對自己所受到的真誠歡迎和高規格的接待，深為感動。

三年來，我們通過多渠道的廣泛交流，無論是南非政府，還是「非國大」領導人，對我國政治解決南非問題的立場，以及對台灣問題的實質，都有了更為清楚的瞭解，這為兩國正式建交做了良好的鋪墊。

台灣當局對我們在南非的外交攻勢感到非常緊張，密切關注着我們的一舉一動，想方設法地加以阻撓和破壞。他們施展各種手段，加緊拉攏南非政府和行將上台執政的「非國大」。曼德拉訪問中國時，就坦言相告，他已收到台灣的邀請。他解釋說，他和「非國大」都感謝中國的長期支持，珍視同中國的友誼，只同中華人民共和國建立外交關係，設法把台灣駐南非的官方機構趕出去。他承諾，關於對訪台邀請的處理，「非國大」一定會事先同中方進行磋商，不會背着中國朋友另搞一套。

南非大選前後

一九九三年至一九九四年間，南非國內局勢正處於重大轉折時期。南非多黨談判取得了突破性進展，各派商定，在一九九四年四月舉行首次不分種族的民主選舉。

曼德拉訪華後，台灣立即允諾向「非國大」提供二千五百萬美元的援助。當時「非國大」為了贏得大選，正急需競選資金。「非國大」又是一個人員廣泛的民族運動組織，存在着不同的政治信仰和派別，其內部有一股親台勢力。在這樣的背景下，「非國大」決定曼德拉接受訪台邀請，尋求資金援助。

為了不使曼德拉的台灣之行影響到「非國大」與中國的關係，「非國大」派其國際部主任、現在的南非總統姆貝基(Mbeki, Thabo)到中國來做解釋。我會見了姆貝基。

姆貝基說，台灣已答應向「非國大」提供大額援助，邀請曼德拉赴台接受援助。「非國大」認為這筆援助很重要，決定由曼德拉於一九九三年七月赴台接受。這樣做並不意味着「非國大」改變了對中國的政策。「非國大」只承認中華人民共和國，絕不會背叛老朋友。「非國大」將努力改變中國與南非無外交關係的狀況，相信這種改變已為時不遠。

我回答他說，希望「非國大」警惕台灣的這種活動，你們接受援款可以理解，千萬不要接受台灣附加的任何政治條件。我們相信「非國大」會妥善處理同台灣的關係。

這一階段，南非政府的對華態度也有了一些新的動向。從雙方接觸的情況來看，南非政府更重視同我們發展經貿關係和人員往來，對發展兩國政治關係不太積極，因為在兩國關係正常化問題上，南非不會捨棄台灣。而「非國大」的根本思想是，不拋棄台灣，同時，又不忽視我們在國際上的地位和影響，試圖轉向「雙重承認」。

對此，我們十分警惕，也是有所準備的。

一九九三年十月，南非總統顧問維爾容(Viljoen, Gerrit)來訪，我同他見了面。維爾容說，就南非而言，兩國建交在很大程度上取決於南非民主改革成功與否，以及誰將擔任國家首腦。如果曼德拉獲勝，將有利於南非與中國建交；如果德克勒克（de Klerk Fredrick Willem）當選，則傾向於與台灣保持「大使級關係」，而不急於同中華人民共和國建交。德克勒克更願意增加向中國的出口，着眼於經貿利益，希望在經濟上獲得更多實惠。如果中國能夠比較成功地支持南非經濟的發展，則會對建交有利。但無論如何，南非與台灣的關係是要保持的，南非不願意失去在台灣的利益。

他的這一番言論，更證實了我們的一個判斷：南非白人政府是不可能放棄台灣而同我們建立外交關係的。

斗轉星移，轉眼到了一九九四年。根據南非公佈的日期，大選將於這一年四月二十七日至二十九日舉行。這次選舉，對我國和南非都是至關重要的，有可能成為中國與南非關係正常化的契機。

年初，我對外交部的同志說，對南非大選後兩國建交之事要早做準備，制定具體方案和對策，爭取順利實現建交。

為此，田曾佩副外長在南非大選前，以中國駐南非研究中心客人身份訪問了南非，與南非各方面高層人士廣泛接觸，爭取南非在大選後與我們順利建交，其中重點是做「非國大」的工作，推動其盡早與我們開始建交談判，以爭取在南非大選前就兩國建交事宜和大選後邀請我們而非台灣官方代表出席總統就職儀式達成內部諒解。

二月二十日，田曾佩副外長會見了曼德拉和姆貝基等人，並向曼德拉轉交了江澤民主席的信函。江主席在信中預祝曼德拉和「非國大」在此次大選中獲勝，並期待着一個統一的、民主的、種族平等的新南非的誕生。江主席表示，隨着新南非的誕生，中國與南非關係正常化問題提上了日程。中方非常高興地注意到閣下一再重申，「非國大」將按照聯合國的立場處理對華關係，同中華人民共和國建交。

在談話中，田曾佩副外長強調，新南非與中國建交，大選後不邀請台灣方面代表出席慶典，是合乎邏輯的歷史發展。中方希望在大選前即與「非國大」就兩國建交問題達成諒解，新政府成立後，雙方即簽署文件，宣佈建交。

曼德拉表示，多年來，中國始終給予「非國大」援助，對此非常感激。中華人民共和國同南非建交這件事是早應該做的。兩國建交，對兩國都十分有利，將認真研究中方提出的看法，也要考慮南非現政權同台灣已經建立起來的外交關係，以使這個問題得到全面解決。

田曾佩副外長還向姆貝基提交了我方準備的兩國建交聯合公報和諒解備忘錄，供「非國大」研究，以便雙方在南非大選前達成原則協議，同時再次闡明中方對台灣問題的原則立場。

姆貝基表示，「非國大」一再重申其一個中國的立場，並認為同中國發展關係十分重要，雙方建交不存在問題。但是，由於目前忙於競選，又要處理許多複雜的政治鬥爭問題，還要制定大選後的各種計劃和人事安排，恐怕無暇開展建交談判。此外，未來的南非政府，將是一個民族團結政府，南非現政府的一些人也要參加，他們的對華立場與「非國大」很不一致，「非國大」需要時間來做他們的工作。至於邀請我方代表參加新總統就職慶典問題，姆貝基未做明確承諾，僅表示，中方關於應由中國而不是台灣官方代表參加新總統就職儀式的主張，是符合邏輯的。但是，「非國大」難以勸阻現政府不邀請台灣官方代表團出席慶典。

從「非國大」領導人的表態來看，新南非政府成立後，兩國建交的進程還會有一些障礙要克服。為了體現我國在處理重大國際事務中的作用，擴大我國在南非的影響，我們決定參加聯合國南非觀察團行動，派出了四十五人前往南非，觀察全民選舉。

三月三十日，南非慶典籌備委員會發出邀請信，請江澤民主席出席五月十日舉行的新總統就職慶典，但同時也向台灣當局發出了邀請。李登輝視其為救命稻草，趕緊宣佈將親自率團出席。當然，在這種情況下，我們不會派政府代表團出席，而只派了一個民間性質的代表團出席儀式。

與恩佐外長會談

「非國大」執政後，南非新政府並未馬上做出與台灣「斷交」、與我們建交的抉擇，而仍是幻想着「雙重承認」的可能。新南非領導人甚至做出了「不會因與中國建交而與台灣斷交」的表態。

這給台灣當局造成了可乘之機。台灣當局力圖以南非作為台灣推行的「雙重承認」、「兩個中國」政策的突破口。台灣「外長」錢復在台灣立法院聲稱，台灣準備接受南非對海峽兩岸的「雙重承認」。

中國外交部發言人立即發表談話，對此進行批駁，指出錢復的講話是台灣當局不顧民族大義、製造「兩個中國」或「一中一台」，分裂祖國的又一圖謀。中國政府讚賞南非總統曼德拉和「非國大」堅持一個中國、承諾將按照聯合國慣例解決對華關係問題的立場，相信中國與新南非的關係，將在和平共處五項原則基礎上得到全面發展。這不僅有力地揭露了台灣當局的險惡用心，同時也向南非新政府及國際社會表明，我們堅持一個中國、反對搞「雙重承認」的堅定立場。

同時，我們加大了與南非新政府溝通的力度。

六月二十三日，我國常駐聯合國代表李肇星在紐約會見了南非新政府的外長恩佐(Nzo, Alfred)，祝賀南非重返國際大家庭，表示我國願與南非建立和發展正常關係。恩佐回顧了自己一九八六年的中國之行，說他十分珍視與中國人民的友誼，南非重視與中國發展關係。但又說，南非與台灣之間畢竟有一段很長時間的關係，雙方簽有許多協定，有不少合作項目，南非調整對台關係，不是一兩天就能完成的，希望中方能夠理解。

七月，我請新任駐南非研究中心主任吉佩定向恩佐外長轉交我的一封信。在信中，我對新南非的誕生表示祝賀，強調新南非的誕生為中國與南非實現關係正常化創造了良好條件，中國政府願隨時與南非政府就兩國建交問題開始接觸。我還邀請恩佐外長再次訪華。九月七日，恩佐給我覆信。他在信中說，南非同中國的關係正在跨越政治黨派的界限，得到民族團結政府的關注，希望能在雙方利益和國際慣例的基礎上很快解決這一問題。

九月二十八日，我在紐約出席聯大期間會見了恩佐外長。我對他說，中國一貫支持南非人民反對種族主義的正義鬥爭，現在新南非已經誕生，希望兩國能建立正常的國家關係。恩佐表示，新南非恢復在聯合國席位時，中國給予了支持，兩國已有了很好的關係。南非瞭解中國在國際事務中的重要地位，願意全面發展與中國的雙邊關係。過去的種族隔離政府與台灣有關係，這是現在民族團結政府所面臨的問題。相信不用很長時間，這個問題就可以得到解決，但需要有耐心。

我向他指出，中國對南非並沒有提出什麼新的要求，只是希望南非新政府像世界上絕大多數國家一樣，採取同樣的做法，與中國建立正常的外交關係。在一個中國政策的前提下，中國不反對南非保持與台灣的經濟關係。中國願意參與南非的經濟發展，也歡迎南非參與中國的國際經濟合作。南非的民族團結政府剛剛建立，新政府需要處理的問題很多，我們對此理解，也有耐心，但是，我們希望南非在對待中國的問題上，採取與絕大多數國家同樣的立場。

好事多磨

在中國與南非發展關係的過程中，曼德拉顯然是最為關鍵的人物。他在南非國內和國際上都有很高的聲望，在中南非建交問題上，他的態度至關重要，因此，他也成了我們工作的重點。

當時，曼德拉欲憑藉其個人威望，在台灣問題上創下一個美、英、日等西方大國都辦不到的「雙重承認」的先例。他曾在記者招待會上公開表示，南非儘管希望同中華人民共和國發展關係，但無意同台灣斷交。

是年七月上旬，應我國外交學會邀請，南非議會外委會代表團訪華。該團是由南非議會中各主要黨派代表組成，有着廣泛的代表性。行前，曼德拉曾專門指示，要求他們重點瞭解與中國建交的利弊。

我在北京會見了這個代表團。在會見時，我着重就中國與南非關係，以及台灣問題，向他們詳盡地闡述了中國政府的原則立場和鮮明觀點。代表團成員通過此次訪華，對中國不接受「雙重承認」的立場有了更深入的瞭解。代表團團長南非議會外委會主席沙特納 (Suttner, Raymond) 說，這次訪華對南非調整對華政策將產生影響。

同年十一月十八日，曼德拉在記者招待會上發表講話。他說：「我與江澤民主席已經有過接觸，與李鵬總理的關係也很好。現在我們正在努力解決外交問題，因為我們現在與台灣有外交關係。我不斷向國際社會解釋我的這種態度：我們一直與台灣有外交關係，除非台灣做出一些什麼事情，向我證明應該取消這種關係，否則我看不出有什麼道義上的力量，能夠取消這一外交關係，我準備保留它。儘管聯合國對此有過決議，我也對決議表示尊重，但我們現在有着很特殊的情況，我必須根據南非人民的利益行事。我準備就此進行談判。」

曼德拉公開表示奉行「兩個中國」政策的態度，構成兩國建交的障礙。這個障礙不克服，中國和南非建交的事情將會一拖再拖。

江澤民主席十一月三十日給曼德拉去信說：我對閣下所談尊重聯合國關於台灣問題的立場，願與中國建交並準備進行建交談判表示讚賞。我時常回憶起閣下一九九二年對中國的成功訪問，對閣下關於新南非將按國際慣例解決對華關係的講話記憶猶新。中國人民和包括我本人在內的中國領導人，對閣下始終懷有友好感情。中國人民曾把南非人民爭取種族平等的鬥爭視為自己的鬥爭，並同南非人民分享過新南非誕生的喜悅。江主席在信中又說，我們都認識到，要實現兩國建交，就必須妥善解決台灣問題。台灣問題事關中國的主權和領土完整，牽繫着中華民族的根本利益和十二億中國人民的感情。中國絕不會接受「雙重承認」。中國與世界上一百五十九個國家建立了外交關係，成功地解決了台灣問題。相信閣下會以政治家的遠見卓識，推動中、南非關係朝着正確的方向發展。中國政府願對南非政府為發展兩國關係採取的實質性步驟做出積極反應。

應該說，「非國大」領導層對我方立場的理解是明白無誤的。南非制憲議會主席、「非國大」總書記拉馬弗薩(Ramaphosa, Cyril)就曾說過，台灣試圖用金錢拖住南非，手法極為卑劣。在這一問題上，南非不應繼續採取騎牆態度。

十二月初，「非國大」召開執委會，討論對華關係問題，曼德拉出席了會議。「非國大」執委會建議政府派一高級代表團訪華，同中國討論兩國關係問題，啟動兩國關係正常化進程；另外也將派團赴台灣，將有關決定通知台灣。會議就一個中國的立場達成了共識。

曼德拉對「非國大」執委會的決定表示同意，但他又認為，「非國大」接受了台灣方面的財政援助，不應被人視為「忘恩負義」，不能只憑一紙聲明，就終止同台灣的關係，把台灣甩掉，而應派人赴台，將「非國大」的立場向他們說清楚。

台灣影響

台灣與南非的關係久遠。

一九四八年，南非國民黨執政後，變本加厲地推行種族歧視和種族隔離政策。南非種族隔離政權的暴政遭到了國際社會的嚴厲譴責和抵制。

一九六二年，恰恰在南非處境十分困難的時刻，台灣乘隙而入，同南非建立了「領事關係」。一九七六年，又升格為「大使級外交關係」。以後十餘年間，移居南非投資辦廠的台商高達一萬餘人，合資公司、企業、銀行等約有三百多家，台商還購買了大片的土地進行經營。這是台當局維繫與南非關係的重要經濟基礎。在國際社會制裁南非期間，台與南非經貿關係迅速發展，簽署了數十項「政府間」協定，雙邊貿易額每年約十五億至十九億美元，南非順差五億美元，得到了不少實惠。台在南非紡織及鞋業、塑料製品、箱包、金屬加工等工商和服務業投資十五億至十六億美元，僱用員工四萬餘人，其中黑人佔百分之八十五點八。

二十世紀九十年代初，隨着南非國內政治改革的發展，台灣極為擔心將來黑人一旦掌權，台灣就會失去在新南非的陣地。因此，加大了對南非黑人解放組織示好的力度，頻頻招手，或派人出席這些解放組織的全國代表大會，或邀請其領導人訪台，送上援助。

曼德拉執政後，台承諾捐贈四千萬美元給為安置前「非國大」武裝人員而建立的職業培訓中心，全力支持南非新政府的「重建和發展計劃」，先後向其電力、電信、交通部門及小農計劃提供了四筆優惠貸款。

台灣當局對南非欲與我們建交感到極為緊張，加緊在南非活動。一九九六年，李登輝向南非做出了每年援助五億美元的姿態。這年的八月下旬至九月初，台灣當局還派「行政院副院長」徐立德率團，考察南非的經濟、貿易情況，與南非簽署了多項合作協定和備忘錄。徐立德還隨口允諾，台灣將提供五十億美元資金，幫助南非建一座石化工業園區。

具有諷刺意味的是，徐立德隨口的允諾，反倒引起南非企業界和政界人士的懷疑，五十億美元畢竟不是一個微不足道的小數目啊。

正面突破

從二十世紀五十年代起，南非的黑人、有色人和亞洲人掀起了大規模反對種族隔離的群眾運動。我國一貫堅定支持南非人民反對種族主義的正義鬥爭，把南非人民反對種族隔離的鬥爭視為非洲大陸爭取民族獨立和政治解放事業的組成部分，同「非洲人國民大會」、「阿扎尼亞泛非主義者大會」等南非民族解放組織，建立和保持了友好關係。在那種情況下，中國自然不可能和南非建立外交關係。

南非新政府成立後，曼德拉執政，中國和南非的關係理應有一個突破。

一九九六年三月下旬，恩佐外長應邀正式訪華，這是曼德拉執政以來首次派內閣部長來華與我們討論雙邊關係問題。

恩佐向江澤民主席轉交了曼德拉的信。曼德拉在信中說：「民主南非從前政權繼承了一種狀況，即與台灣有外交關係，與中華人民共和國僅有非官方關係。我們希望與中華人民共和國建立外交關係。我們同意您的觀點，兩國建交需要妥善解決台灣問題。我們認為台灣的地位本質上屬於中國的內部事務，如果你們要求的話，我們願意以任何方式，幫助解決中華人民共和國與台灣之間的問題。」

江主席語重心長地對恩佐説，曼德拉總統閣下知道，從毛澤東主席開始，中國就支持南非人民反對種族主義的鬥爭。反對種族歧視、反對殖民主義，是我們的一貫主張。曼德拉坐過近二十七年牢，我欽佩他不屈不撓的鬥爭精神，中國人民對他也很尊敬。我們理解曼德拉執政後，繼承了前政權與台灣的「外交關係」，也理解他對中國人民懷有友好情誼。在此，我不想使用外交辭令，只想直接、坦誠地告訴曼德拉總統：與中國建立外交關係，必須承認只有一個中國，我們不可能接受「雙重承認」，也不希望在受人尊敬的曼德拉手中開創一個先例。

我同恩佐也舉行了長時間的會談。也坦誠相告，南非新政府繼承了前政權遺留下來的困難局面。為了實施經濟重建與發展計劃，增加就業機會，解決失業難題，需要投入大量資金，而台灣承諾為其「重建與發展計劃」搞一些項目，如建立職業培訓中心，更新武器裝備，等等。台灣的援助估計達三億美元。這是南非現在所急需的。接着，他話鋒一轉，又說，南非同中國沒有建交是極不正常的，希望中方提出明智的建議，使南非能夠走出在解決兩國關係中進退維谷的困境，並說，代表團訪華最重要的任務，就是聽取中國方面幫助我們擺脫困境的建議。

我回顧了中國和南非兩國人民之間的友誼及兩國近年來關係發展情況。我說，兩國互設研究中心，是我與南非前政權的博塔外長所確定的。那時的南非在發展兩國關係方面還做了點事，以「非國大」為主體的南非民族團結政府應比前政權做得更多一些。中方深信，中國和南非作為在各自地區有影響的大國，在政治、經濟和國際事務中合作的前景十分廣闊。早日實現建交，不僅符合兩國人民的根本利益，而且有助於世界的和平與穩定。

針對南非擔心與中國建交後經濟受損的心理，我明確告訴他，中方不反對南非與中國建交後同台灣保持經貿關係，相反，我們願意看到台灣與南非經貿關係繼續發展，但是，這種關係必須是民間性質的。我知道，南非與香港的經貿關係非常密切，香港是南非第二大亞洲投資者，南非至香港的航線是南非至遠東最重要的航線之一，對南非有着重大意義。於是，我又向他指出，香港將於一九九七年七月回歸中國，而香港和南非之間有着廣泛的經濟交往。我們希望兩國關係取得實質性進展，以有助於維護南非同香港相互間的經濟利益。

這次談話，對恩佐有所觸動。他表示，對一些問題有了更清楚的瞭解，將立即向曼德拉總統報告有關情況，以便早日做出決斷。

曼德拉痛下決心

一九九六年四月底至五月初，聯合國第九屆貿易和發展大會在南非舉行，這為我們提供了一個與南非領導人再次接觸的機會。中央決定由吳儀部長任中國政府經貿代表團團長，讓她再次與曼德拉總統、恩佐外長商談。

在與曼德拉會見時，吳儀部長轉交了江澤民主席給曼德拉的覆信。在信中，江主席重申了中國政府解決台灣問題的基本方針和關於兩國建交問題的原則立場，表示中國人民有能力自主實現祖國的統一。

吳儀部長還從經貿角度說明了建交有益於兩國的經濟發展。吳部長說，近年來，雙邊經貿關係是在兩國沒有外交關係和政府經貿協定的情況下發展起來的，若兩國實現建交，則會為兩國全面發展友好合作關係提供堅實的基礎和巨大的保證。因此，希望能站在二十一世紀的高度，以政治家的遠見卓識，盡快做出同我國建交的決策。

曼德拉總統表示，「非國大」絕大多數執委都支持現在就與中國建交。他們都清楚，如果南非不同台灣斷絕「外交關係」，中國是不會同南非建交的。但他又說，對這個問題應該慎重，希望能謹慎處理。南非將派代表團到北京和台北討論此事。南非熱切希望盡早同中國建交，但也要向台灣說明。

那年十一月二十六日，曼德拉主動邀請我國駐南非研究中心主任顧欣爾共進午餐。落座後，曼德拉就說，他已做出了南非不晚於一九九七年底同台灣「斷交」而與中華人民共和國建交的決定，並說，當天上午已將這個決定通知了台灣駐南非「大使」陸以正。

第二天下午，曼德拉總統、恩佐外長和帕哈德 (**Pahad, Aziz**) 副外長召開記者招待會，正式宣佈了這一決定，並希望於一九九七年一月開始與中方進行建交談判。

十一月二十八日，我國外交部發言人發表談話，歡迎南非總統曼德拉有關中國與南非關係正常化的積極表示，指出中國與南非分別是亞洲和非洲的重要國家，兩國根據國際慣例早日實現國家關係正常化，符合兩國人民的根本利益，將為兩國在多個領域的友好合作開闢廣闊前景，也有利於在國際事務中的磋商與合作。

台灣當局對南非新政府的決定雖早有心理準備，但還是感到極大震驚。台灣「外長」章孝嚴急忙趕赴約翰內斯堡，試圖挽回局面，要求南非方面重新考慮其決定，或將斷交時間推遲三年，還表示，不然，台灣方面將做出強烈反應。

十二月五日，曼德拉給江主席寫信。他在信中明確提出，南非將於一九九七年十二月三十一日結束對台灣的「外交承認」，現在正是南非遵循國際慣例，實現與中華人民共和國關係正常化平穩過渡的合適時機。他也談到，斷絕與台灣的「外交關係」，無疑將使南非付出重大代價，然而，南非相信，與中華人民共和國關係的迅速擴大，將會使可能出現的損失得到彌補。

從上述信中可以看出，南非做出與中國實現關係正常化的決定，並不是一件容易的事情。因此，我們抓住時機，積極響應。

江主席給曼德拉總統覆了一封長信，對他的決定表示讚賞，希望即將開始的建交談判能取得積極成果。他在信中說，值此世紀之交，世界各國的政治家都在籌劃各自國家的未來發展戰略。他願與曼德拉總統共同探討如何將一個長期穩定、全面合作的中南非關係帶入二十一世紀。最後，他邀請曼德拉總統在方便的時候，再次訪華。

一九九七年一月下旬，外交部部長助理吉佩定赴南非進行「工作訪問」，與帕哈德副外長就兩國建交問題舉行了首輪談判，遞交了中方準備的建交公報和備忘錄。吉佩定分別會見了曼德拉總統和恩佐外長，向他們轉交了江澤民主席和我的信。他還會見了南非議長、各黨派的領導人，介紹中方的立場和原則。南非方面再次確認不晚於一九九八年一月一日與中國建交，基本上接受了中方在文件中所提出的立場。

這第一次的正式外交談判，取得了很大的進展。

我在致恩佐的信中，積極評價了新南非誕生以來，在非洲和國際事務中發揮着日益重要的作用。我說，中國與南非在國際事務中有着廣泛的共同利益。中國願在多變的國際形勢下，加強與南非的磋商和合作。我告訴他，一九九七年將是中國、南非關係發展十分重要的關鍵一年。為了順利完成實現兩國關係正常化的歷史使命，我歡迎他在一九九七年適當的時候訪華。

與南非舉行的第二輪建交談判，比預定時間稍晚了一些。六月八日，帕哈德副外長抵京，進行工作訪問。這次工作訪問一共進行了四天。最後，雙方就建交公報和內部諒解備忘錄達成了一致，並草簽了文件。

南非在文件中確認，不晚於一九九七年十二月三十一日與中國建交，同時，明確承諾與台灣「斷交」、「廢約」、「撤館」，今後不再與台灣保持「任何形式的官方關係」。我方對南非在香港的利益也做了臨時性的安排，即一九九七年七月一日至十二月三十一日，南非駐香港總領館暫時保留；南非至香港間現有民航安排及互免簽證待遇暫時不變。中方還同意南非航空公司至日本航線班機飛越我國領空。南非方面對中方的有關安排感到非常滿意。

同年九月，我赴紐約出席聯合國大會，在聯合國總部會見了同時出席聯大的恩佐外長。那時，兩國建交的根本問題已經解決，會晤的氣氛因此是輕鬆和愉快的。我們就兩國關係正常化進程的具體安排、雙邊關係中的交流合作，甚至未來南非駐華使館館舍等具體問題交換了意見。

恩佐說，南非與中國建交的決定不可逆轉，現在需要採取具體步驟確保在年底前實現兩國建交。雙方已確定由外長正式簽署文件。目前的問題，就是找到一個對雙方合適的時間。如果我屆時能前往南非，將會受到熱烈歡迎。

實現建交

一九九七年十二月二十八日，我應恩佐的邀請，正式開始訪問南非。三十日，我與恩佐簽署了兩國建交的聯合公報和諒解備忘錄。據此，從一九九八年一月一日起，中國和南非正式建立了外交關係。

當我抵達開普敦時，曼德拉總統特意中斷在外地的休假，趕回開普敦的官邸，會見並宴請我。曼德拉說，我首次對南非的訪問極為重要，南非希望與中國建立「戰略夥伴關係」。他回憶起二十世紀五十至六十年代兩國領導人之間的交往，對毛澤東、周恩來和劉少奇等中國老一輩領導人表示緬懷和敬仰。

在談到建交一事時，他自我解嘲說，「非國大」在討論同中國建交時，各位領導人都同意盡早實現，只是他本人，由於年長而比他們更加耐心一些。現在中國和南非已經實現建交，以前的事情也都過去了。

一九九八年元旦，是中國、南非建交之日，中國駐南非共和國大使館在那天舉行了開館儀式。大使館是一座二層辦公樓，坐落在比勒陀利亞市東區東西走向的瑞而斯大街九百七十二號院內。出席開館儀式的，有恩佐外長、南非各界知名人士、當地華人和華僑代表，以及中國使館全體館員等，一共三百多人。許多人放棄了新年的第一個節日，來此參加這一具有歷史意義的活動。

上午九時，我宣佈大使館正式開館，隨後致賀詞，並揭開了嶄新的館牌。鮮艷的五星紅旗冉冉升起，雄壯的《義勇軍進行曲》響徹使館大院。人們相互祝賀，全場一片歡騰。

為建交傾注心血的恩佐也顯得格外高興，代表南非政府向我表示熱烈祝賀。

中國、南非建交，在南非各界引起了強烈反響。「非國大」率先發表聲明，高度評價了曼德拉宣佈同中華人民共和國建交、同台灣「斷交」的決定；南非白人政黨民主黨也認為，從國際政治現實和南非長遠經濟利益出發，南非與中華人民共和國建交是不可避免的；南非著名大報《星報》發表了題為「終於有了一個中國政策」的評論，指出中國市場的巨大發展潛力和中國作為聯合國安理會常任理事國的政治影響，早已讓世界承認了中國，南非除了跟隨世界潮流之外，別無選擇。

國際社會也廣泛給予了好評，許多非洲國家讚揚，這是中國外交的一大勝利。此事不僅是中國、南非關係史上的大事，也是中國與非洲關係史上的一件大事。南非與中國建交，在政治上獲得一個全新的強大盟友，同時也獲得了不可忽視的經濟夥伴。一些媒體指出，中國、南非建交使台灣當局失去了最大的一個「建交國」和在非洲的重要外交支柱，台「務實外交」因此受到了又一次的沉重打擊。

從曼德拉總統一九九六年十一月二十七日宣佈同中國建交，到台灣駐南非「大使館」降旗摘牌的一年裡，台灣的「外交機構」及其人員就一直籠罩在一片悲涼的氣氛中。七十三歲的陸以正，曾先後受到蔣介石、蔣經國、嚴家淦和李登輝的重用，是台灣「外交界」的四朝元老。他曾竭力阻止南非同中國建交，但仍以失敗而告終。

這就是當今世界的大勢，任誰也阻擋不了的。

◎外交十記之九

涉台外交的兩次鬥爭

世界上的所有大國都承諾奉行一個中國的政策，但台灣問題一直是中國外交鬥爭的一個焦點。在各種反華勢力的挑動下，少數國家往往會做出一些違背承諾的行動。一九九一至一九九二年法國向台灣出售武器和一九九五年美國允許李登輝訪美所引起的外交鬥爭，就是兩個突出的例子。

法國向台灣出售武器

酒會起風波

法國是和我國最早建立大使級外交關係的西方大國。在近四十年的交往中，中法關係一向發展比較順利。但是，在二十世紀九十年代初，法國突然兩次向台灣出售武器，一度使兩國關係極度緊張，給中法之間長期的友好關係造成了嚴重損害。

一九九一年四月，法國外長迪馬訪問中國。作為一九八九年政治風波之後訪華的法政府最高級官員，我們給了他很高的接待規格。江澤民總書記和李鵬總理分別會見了他，我與他進行了長時間的會談，中法關係正在恢復。

想不到，在法國駐華大使馬騰(Martin, Claude)為迪馬訪華舉行的酒會上，迪馬外長把我單獨請到一邊，像是不經意似地提出了法國擬向台灣出售護衛艦的問題。

迪馬的這一舉動讓我頗感意外。法國試圖向台灣出售武器的問題，在一九八九年時就曾出現過，後來經過中方的工作，法國正式決定不向台灣出售此類軍事裝備，並由迪馬外長本人於一九九〇年一月六日向我國駐法大使周覺做出當面承諾：「法國國家最高領導決定，法將不再繼續與台做軍艦生意。」時間僅過去一年，中法關係正在恢復和改善之中，迪馬外長為何要舊事重提呢？

作為外長，迪馬顯然清楚這一問題的敏感性和嚴重性，也非常瞭解中國政府在這一問題上的堅定立場。此次訪華前，法方沒有透露任何有關此事的信息，同我的正式會談中也沒有提及這件事。這當然是為了避免雙方正面交鋒。酒會上的氛圍自然要輕鬆、隨便一點，迪馬是想先進行一些試探。

迪馬說，隨着國際形勢的變化，各國在台灣問題上的政策也在進行調整。法國認為與台灣做生意的時機已經成熟。法國準備在環保、污水處理、高速火車、護衛艦等項目上與台灣合作。不過，法國不會向台出售對中國不利的進攻性軍事裝備，如戰鬥機等——這顯然是一種託詞。

迪馬接着解釋說，法國打算向台出售護衛艦，有兩個考慮：一是護衛艦是防禦性的，而非進攻性的。這筆生意對法國船廠來説，是一宗大買賣。二是美國已賣給台灣四艘護衛艦，法國作為主權國家，在這類問題上不應受到歧視。不能讓美國獨佔便宜，單個發財。

為了售台武器，法國外長竟然擺出了反美姿態，卻又把當年美國人「利益均沾」的説辭當做理由。

儘管酒會不是辯論的場所，我感到仍有必要表明中方在此事上的嚴正立場。我說，中國在台灣問題上的原則立場是非常清楚的，我們對法國與台灣做生意賺錢不持異議，但向台灣賣武器涉及中國的主權和安全，這是一個原則問題。至於美國售台武器問題，是歷史遺留下來的問題。美國過去在台灣駐有軍隊，與台灣簽有軍事條約，中美建交時，雙方達成了美國與台灣斷交、廢約、撤軍的協議，而美售台武器是一個遺留問題。從一九七九年至一九八二年，經過三年的談判，中美雙方已達成協議，對美售台武器做出了種種限定，其中一條就是逐年減少，最後終止。

迪馬顯然並不想接受我的解釋，他帶着怨氣，強詞奪理，說美國在同中國建交後，可以通過簽訂協議向台灣出售武器，而法國遠遠早於美國同中國建交，難道因為當時未簽署售台武器協議，現在就不能向台灣出售武器了。

迪馬的這番話使我感到，他在酒會上談到向台出售護衛艦之事，不是隨便一說，也不是一般性的試探，而是刻意安排的。酒會上的輕鬆氣氛，並不能掩飾這一問題的嚴重性。從事後瞭解的情況得知，迪馬外長訪華前，曾為此事與密特朗總統進行過充分的討論，法國政府的意圖很明顯。

於是，我指示駐法使館和外交部，盡快向法國有關方面進行嚴正交涉。一九九一年五月七日，中國駐法大使蔡方柏緊急約見法國總統府秘書長比昂科 (Bianco, Jean-Louis)、總理外事顧問里佩爾 (Ripert, Edouard)、外交部秘書長謝爾 (Scheer, François)，就法國重新考慮向台灣出售軍艦一事提出嚴正交涉。

五月九日，外交部西歐司司長楊桂榮緊急約見法國駐華使館公使銜參贊史鼐 (Chesnel, Gérard)，十七日，外交部部長助理姜恩柱緊急召見法國駐華大使馬騰，分別就法擬售台軍艦事提出強硬交涉，要求法方信守迪馬外長一九九〇年初對中方的承諾，不要做出售台軍艦的錯誤決定。

面對中方的交涉，法方幾位官員的反應大同小異。先是說，是從經濟利益考慮，售台軍艦對法國是多麼的重要。然後說，從軍事的角度講，護衛艦只是防禦性的，對中國大陸不構成威脅。再就是拿美國當做擋箭牌。說什麼美國能向台灣出售武器，為什麼法國不能呢？最後辯解說，售台軍艦還只是意向，不是最後的決定。

一九九一年六月一日，李鵬總理會見並宴請了法國通用電氣阿爾斯通公司董事長德喬治（Degeorges, Jean-Pierre）及其一行。李總理着重談了法售台武器問題，讓德喬治董事長回國後向法國領導人傳遞信息：中國領導人重視中法關係，但堅決反對法國向台售武。

李鵬總理說，中國對西歐國家，包括法國，與台發展經貿關係不持異議，但要注意兩點：一是這種經貿往來只能是非官方性質的，民間的；二是這種往來不能包括軍火貿易，因為賣武器涉及防務問題。

據德喬治事後回憶說，在與李鵬總理的晚宴之後，他就立即打電話，向法國有關高級人士通報了信息。六月六日，在返回巴黎後，他又於當晚向法國政府做了詳細報告。

然而，事態急轉直下，迅速向着中方所不願看到的方向發展。

一九九一年六月六日，迪馬寫信給我，就法準備向台出售軍艦問題做了如下通報：法政府決定不反對法商和台商就法向台灣島出售護衛艦事進行談判，談判範圍限於艦體和不包括武器在內的艦上設備。法方做出這一決定是經過慎重考慮的，並注意到了中方對其安全的合理的擔憂。這是一次純粹的商業行為，不牽涉與台灣當局的任何官方關係。法國政府強調，這一決定的執行，無論如何不會損害法國承認北京政府為中國唯一合法政府的一貫立場。

「『拉斐特』艦醜聞」

同一個總統，同一個外長，同樣是在社會黨政府執政的情況下，法國為什麼會改變一年前剛剛做出的「不再繼續與台灣做軍艦生意」的承諾呢？

從迪馬四月三十日第一次向我提及此事，到六月六日向我通報法方的正式決定，這中間僅僅隔了三十六天，真是顯得迫不及待了。

一個如此重大的決定，一個明知必然會引起中方強烈不滿的決定，一個可能會導致兩國關係嚴重倒退的決定，法國政府為什麼會如此匆忙地做出呢？

坦率地說，我們當時並不清楚，只是感到中間蹊蹺，事後發現，在法國售台武器背後，有着一個大醜聞，被稱為「『拉斐特』艦醜聞」。籠罩在這一醜聞頭上的疑雲，至今沒有完全消散。

一九九三年底，台灣蘇澳外海的海面上漂着一具屍體。經查，死者是台「海軍總部」失蹤的上校尹清楓。尹清楓的死，使法國對台軍售的重大舞弊案浮出了水面。

據報道，尹清楓曾於一九九三年九月赴法，檢驗「拉斐特」護衛艦，發現有三十四處缺陷，因而反對購買計劃。不想，他於當年十二月九日失蹤。

尹清楓命案曝光後，台灣和法國方面都成立了專門機構進行調查。迄今尚未徹底揭開這宗舞弊案錯綜複雜的內幕。但從已有的線索看，此案不僅涉及金額巨大，而且牽扯到法、台的高層「政治人物」。

據台灣媒體透露，一九九一年法國售台六艘護衛艦，原先議定的總價為一百一十億法郎，最終的成交價卻高達一百六十億法郎（約合二十七億美元）。這個價格是新加坡購買同樣數量的「拉斐特」護衛艦的三倍多。

當年這起軍售案的主要當事人、法國前外長迪馬，在二〇〇一年接受法國《費加羅報》採訪時表示，「拉斐特」艦軍售案的秘密佣金高達五億美元，不少法國政界人士受惠。

迪馬本人也因涉嫌這起賄案，於二〇〇一年一月被法國司法機關判刑兩年半，緩期兩年執行。

這一醜聞，扯出了一個自稱為「共和國娼婦」的女人。她就是鍾古夫人（**Deviers-Joncourt, Christine**），據說是迪馬當外長時的情婦。這個不尋常的女人，一九九一年時曾任法國埃爾夫石油公司的特別公關顧問。根據法國媒體的報道，為了打通向台出售軍艦的通道，知道迪馬與鍾古夫人之間「特殊關係」的「拉斐特」軍艦製造商湯姆遜公司，以六百萬美元的酬金與埃爾夫公司簽約，請鍾古夫人游說法國政府的關鍵人物。

不知是美色還是金錢最終起了作用，外人不得而知。如今人們知道的是，當年道貌岸然的迪馬外長，後來因「『拉斐特』醜聞」案而官司纏身，直到二〇〇三年一月，法國巴黎上訴法院才改判迪馬無罪，但維持了對鍾古夫人兩年半刑期的判決。

在台灣方面，媒體透露出來的案情更是撲朔迷離，一團迷霧，而且還瀰漫着血腥味。除了尹清楓外，至少還有七位知情人為此命喪黃泉，其中有情報官員、「政府官員」、銀行業務主管等。此案已成為島內各黨派相互攻訐的政治素材。台灣當年的「總參謀長」郝柏村在其《參謀長日記》中透露，台灣的一些高層人物都是當年的知情人。

一直脫不了干係的李登輝則竭力想把事情搞得更加聳人聽聞。二〇〇一年十一月，他在接受調查組詢問時聲稱，採購「拉斐特」軍艦，是由前「總參謀長」郝柏村、前「海軍司令」葉昌桐等人欺騙「統帥」擅自做出的決定。當年，他如不同意此宗買賣，台灣「絕對會發生兵變」。

李登輝本人在此宗舞弊案中扮演了何種角色，相信時間終會撥開歷史的迷霧。

中法磋商

考慮到法國外長迪馬在六月六日就售台軍艦一事給我信中的幾點承諾，我們向法方提出，願就此事進行磋商。

當然，我們很清楚，磋商已不可能改變法國政府的決定了。但是，我們可以通過磋商，進一步闡明立場，向法方曉以利害，防止其今後在這一條危險的路上愈走愈遠。同時，還可以商談出一些技術性措施，盡可能地減少法方這一錯誤決定對兩國關係所造成的損害。

六月七日，外交部部長助理姜恩柱緊急召見法國駐華大使馬騰，表示對法方的決定感到震驚，要求法方立即改變售台軍艦的決定，同時建議中法兩國盡快就這一問題舉行磋商。為保證磋商不受干擾地進行，中方要求法方在磋商期間不向外界透露售台軍艦之事。

同日，蔡方柏大使亦向法外交部部長辦公室主任凱賽吉揚（Kessedjian, Bernard）提出了同樣的建議。法方先是以「決定已經做出，不必再談」為由，拒絕就售台軍艦事同中方磋商。法國擔心，在雙邊磋商中面臨中方的巨大壓力，弄不好會把售台武器合同額高達二十多億美元的買賣給攪黃了，讓「煮熟的鴨子」飛掉。後來，又怕真跟中國硬碰，會導致兩國關係嚴重倒退，而這並不符合法國的利益。權衡得失利害後，決定採取敷衍應付的策略來對付中方。

六月十一日，法國正式答覆，同意與中方磋商。

一九九一年六月二十五日，中國外交部副部長田曾佩率中方代表團赴巴黎，與法方就法售台軍艦問題進行磋商。

磋商中，我方還是極力説服法國，從中法兩國關係的大局出發，改變售台軍艦的決定。法方的態度頑固僵硬。

在此情況下，這次磋商的主要着眼點就放在了如何控制和減少法方的錯誤決定可能造成的消極影響上。中方要求法國政府在公佈批准法國企業向台灣出售護衛艦的消息時，發表一份公報，重申法國的對華政策，特別是在台灣問題上的立場。

經過反覆交鋒，法方同意發表這份公報，並在其中聲明：「法國政府決定批准法國工業家就出售不裝備武器的護衛艦船體同台灣進行談判。這是一項純商業交易，不意味着與台灣當局發生任何官方關係。法國政府在做出這一決定時，考慮到了中國對其安全和領土完整的關切。法國重申一九六四年一月法中聯合聲明的表述，即中華人民共和國政府是中國的唯一合法政府。法國將繼續致力於發展同中華人民共和國政府在各個領域的友好關係。」

除了發表上述公報外，迪馬外長在七月四日會見田副外長時，再一次口頭確認了處理法台關係的幾項原則：「台灣是中國領土的一部分；法國不改變它的立場，即不同台灣發生任何官方關係和進行任何官方接觸；法國在同該島發展貿易時，無意影響台灣海峽的安全態勢。」

通過艱苦磋商，我們與法國方面達成了「最低限度的諒解」，對法在售台武器問題上有了某種程度的約束。這樣做的目的是，一方面，避免中法關係的全面倒退，而穩住中法關係，對推動我國與西方大國關係的改善有着重大意義，也是遏制台「務實外交」的有效途徑；另一方面，通過磋商，中方表明了堅持反對售台武器的立場，並為必要時做出適度的反應留出了餘地。

再售「幻影」

當時的法國政府，對中方的原則立場和忍耐限度顯然有了錯誤的估計，不思罷手，反而得寸進尺。一九九二年一月三十一日，法國外長迪馬在聯合國安理會與我會晤時，又提出了法國正在考慮向台灣出售性能先進的「幻影二〇〇〇」戰鬥機。這距法國外長迪馬一九九一年七月四日會見田曾佩副外長時所做的相關承諾以及法外交部一九九一年八月二十七日發表公報的時間，還不到半年。言猶在耳，墨迹未乾，法國政府又背信棄義，想故伎重演。

「幻影二〇〇〇」戰鬥機不是一般性的武器，而是一種進攻性的武器，其作戰效能較高。法國在售台軍艦時曾辯解說，護衛艦是防禦性武器，法國不會出售進攻性的戰鬥機給台灣。現在，又想售台「幻影」戰鬥機，連先前的託詞也不要了。

為了阻止法國向台灣出售「幻影」戰鬥機，中方立即採取了一系列措施。先是向法方提出嚴正交涉，指出這一問題的嚴重性質，表示中方絕不會容忍。同時，還積極採取措施，回應法方提出的所謂「法對華貿易嚴重不平衡」的問題。中方派出經貿代表團訪問法國，明確表示，如法方放棄售台「幻影」戰鬥機，中方將派採購團訪法，簽訂一批合作項目，並可現匯購買二十億美元的法國產品。代表團還向法方提供了一個可能同法方合作的項目單子，共八大類，五十個項目，總金額達一百五十四億美元。

面對中方的交涉，法國政府無動於衷，無視中方為穩定和發展中法關係所做的各種努力，堅持向台出售戰鬥機的立場。

一九九二年十一月十八日，法新社援引台灣方面的消息稱，法台已於當日簽訂了法國向台灣出售六十架「幻影二〇〇〇」戰鬥機的合同，但出於外交上的考慮，雙方都沒有正式公佈此事。

到了十二月二十二日，法方才向我國駐法大使做出正式答覆：法國政府已決定批准法企業向台灣出售六十架「幻影二〇〇〇—五」防禦型飛機，同時表示，法方對飛機做了必要的技術限制，飛機是防禦型的，不帶空中加油裝置，不配備空地導彈，不會對中國的領土完整和安全構成威脅。

法方還辯稱，此項合同屬一般性商業行為。法國反對在任何市場上的任何歧視。如果美國能向台灣賣武器，法國為何不能？法國對華貿易存在巨額逆差。法國航空工業處境困難，需要尋找出路。

當時的法國社會黨政府正面臨國內大選，乏善可陳，於是言而無信，孤注一擲，想撈取眼前實惠，以售台六十架「幻影二〇〇〇—五」戰鬥機的近四十億美元的合同，作為執政「業績」。而當時法國決策層內還有不少人，甚至將中方在法售台軍艦一事上顧全中法關係大局的做法視為軟弱可欺，以為中國會嚥下法國售台戰鬥機這杯苦酒。

法國的如意算盤打錯了。中方開始做出反應，其猛烈程度完全超出法方預料。中國政府宣佈：撤銷部分擬議中與法方的大型合作項目，如廣州地鐵、大亞灣核電站二期工程、購買法國小麥等；不再與法國商談新的重大經貿合作項目；嚴格控制兩國副部長級以上人員的往來；立即關閉法國駐廣州總領事館。

這些外交行動，使法國社會黨政府受到痛擊，開始感到疼了。

改弦更張

一九九三年三月，法國社會黨政府在大選中失敗，法國傳統右翼力量保衛共和聯盟取而代之，成了新政府。

新政府上台伊始，便謀求改善對華關係。

五月五日，法國新外長朱佩（Juppe, Alain）給我寫了一封信。信中說，「法新一屆政府首腦認為有必要立即開始對中法關係的狀況進行思考，這樣的思考是出於對一個理所當然地期望團結建國的中國的友好考慮，是基於我們充分認識到貴國在世界上正在發揮並應繼續發揮的重要作用，是本着恢復建立在相互尊重和信任基礎上的兩國關係的意願」。

巴拉迪爾 (Balladur, Edouard) 總理六月一日致信李鵬總理，希望派特使來商談恢復兩國關係之事。當然，中法關係要恢復正常，需要法方拿出足夠的政治誠意，解決中方關切的問題，其中最重要的就是如何對待前政府售台武器的交易，以及法國新政府今後如何處理售台武器之事。解決好了這兩個問題，中法關係的發展是具有廣闊前景的。

圍繞改善中法關係問題，法國總理巴拉迪爾於一九九三年七月和十二月兩次派特使弗里德曼 (Friedman, Jacques) 來華磋商。

弗里德曼時任法國聯合保險公司董事，不屬政府官員。他是現任法國總統希拉克 (Chirac, Jacques) 的同學和密友，又與當時新上任的總理巴拉迪爾私交甚篤。巴拉迪爾一九八六年任財經和私有化部長時，弗里德曼就擔任巴拉迪爾的特派員。他為人低調，處事謹慎。

中法磋商是秘密進行的，經過長達半年的多輪磋商，兩國終於就恢復兩國關係達成協議。十二月二十八日，外交部副部長姜恩柱與弗里德曼草簽了《中華人民共和國政府和法蘭西共和國政府聯合公報》。

聯合公報中最核心的內容只有一句，即「法國政府承諾今後不批准法國企業參與武裝台灣」。

至於如何處理法國前政府售台武器問題，公報裡沒有提及。在這一點上，雙方進行了艱苦的談判。法方說，法新政府不贊成前政府售台武器，但已簽署的合同法國必須履行，法方承諾今後絕不會再向台灣出售戰爭武器。同時，在落實前政府的承諾過程中，將採取最為限制性的措施，諸如不向台灣出售十五架用於訓練「幻影二〇〇〇」飛行員的飛機等等。對中方來講，力爭使法新政府廢除前法國政府簽署的售台武器合同，符合我方的一貫要求，但更重要的是着眼未來，堵住法國售台武器的門路，打消其他歐洲國家企圖效仿法國向台售武的念頭。

外長換文

一九九四年一月三日，法國外長朱佩致信給我，進一步明確表示：「法國政府承諾今後不再批准向台灣出售戰爭武器。」隨函還附上了法國政府將嚴格禁止法國企業向台灣出售的武器裝備的清單。清單內容規定不向台出售的武器，包括裝甲車、火炮、潛艇、艦隻、戰鬥機、軍用直升機、地空、空地導彈等，並做了詳細的說明。

一月五日，我回信朱佩外長，對雙方已經達成一致的《聯合公報》的內容予以確認。

一月十二日，中法雙方發表兩國政府聯合公報。中法關係從此恢復正常：副部長級以上的人員開始重新往來；法國企業可與其他外國企業一樣，在中國市場上參與競爭；一些因法售台戰鬥機而受到影響的大型合作項目也得以繼續進行。對直接參與售台武器的四家法國公司，中方實行嚴格的制裁措施。

一九九四年一月二十二日至二十四日，我對法國進行了正式訪問。起初，我並無訪問法國的計劃，只是準備在訪問非洲回國的途中經停巴黎，在那裡會見美國國務卿克里斯托弗(Christopher, Warren)。法方得到消息後迅速反應，提出將視我在巴黎與法國領導人的會晤為對法的正式訪問。

在巴黎期間，法國總統、總理、外長分別與我會見、會談。

密特朗總統一向以人權衛士自居，相當傲慢，每次會見必談人權問題，這次卻表現得謙恭有禮，站在門口迎接客人。會見中，又避而不談他最喜好的話題，而是大談他如何欽佩中國經濟的驚人發展速度和我國領導人治理十二億人口大國的能力。

在離開愛麗舍宮的時候，有記者高聲提問，和密特朗總統就人權問題談得如何？我回答說，我們這次沒有談這個問題。眾記者都面露驚訝之色。

美國允許李登輝訪美

美國出爾反爾

一九九五年五月二十二日，美國突然宣佈，克林頓總統決定允許李登輝於那年六月的第一周到美進行所謂「非官方的、私人的訪問」，參加康奈爾大學的畢業典禮。

儘管此前兩天，美國總統國家安全事務助理萊克(Lake, Anthony)和副國務卿塔諾夫(Tarnoff, Peter)

已正式約告中國駐美大使李道豫，這一宣佈仍令人震驚。僅一個月之前，美國國務卿親口對我做出過承諾，說美國不會允許李登輝訪美。

那是這一年的四月中旬，我去紐約出席《不擴散核武器條約》審議和延期大會。期間，應美方的要求，十七日與美國國務卿克里斯托弗在華爾道夫飯店進行了會談。

談到李登輝圖謀訪美時，克里斯托弗曾明確承諾，美不會允許李訪美，並說李訪美不符合美台間的非官方關係的性質，美最多是考慮給李延長過境簽證。

李登輝第一次過境美國是在夏威夷。當時，美方規定他只能在機場停留。李登輝對此很生氣，穿着睡衣，不下飛機。

如今，一個超級大國的外長對外做了承諾，竟然出爾反爾，這不能不令人感到震驚和氣憤。

六月七日，克里斯托弗致信給我，在信中稱，美國國會參眾兩院以絕對多數通過了要求允許李登輝訪美的議案，在此情形下，「總統的考慮是採取先發制人的行動，以防止通過可能會使美台關係看起來具有官方性質的有約束力的立法」。

這當然只是強辯之辭。美國國會通過的所謂「決議」只是意向性的，而給不給入境簽證是行政當局的權力。克里斯托弗在不到一個月的時間裡有了兩種說法，只能解釋為美方言而無信。

當年，李登輝正在為競選台灣第一屆所謂「直選總統」而造勢，不惜重金聘請美國卡西迪公關公司為其游說美國國會議員，以期博得美國對其政治上的支持。

支持台灣當局，推行「以台制華」，本來就是美國歷屆政府的既定政策，只不過會在不同歷史背景下表現出形式和力度上的不同。

從國際大背景來看，冷戰結束後，西方學術界就有人認為，中美間的戰略紐帶因蘇聯東歐集團的瓦解而不復存在。甚至有觀點認為，中國將取代蘇聯，成為美國的對手，因此主張盡早對中國進行戰略遏制。著名的英國倫敦國際戰略研究所有一位叫西格爾(Segal, Gerald)的研究員，即以炮製「中國威脅論」而聞名。他在一九九五年初發表文章，明確提出了「以台灣牽制中國」的主張，說什麼人權問題、最惠國待遇問題都不能有效地牽制中國，惟獨台灣問題「最能刺痛中國的神經」。

在國際上反華勢力的推動下，美政府此時也想測試一下中方在台灣問題上的底線。

當然，台灣的金錢攻勢也發揮了不可低估的作用。據美國報刊透露，台每年都要在美國公關公司身上花費數以百萬計的美元。一九九四年，台灣就曾與美國卡西迪公關公司簽訂了為期三年、費用高達四百五十萬美元的合同，專門為促成李登輝訪美進行公關游說。同時，台灣不惜巨資，經常邀請美各級政府官員、國會議員和議員助手赴台訪問，又不斷向美有影響的智囊機構、大學和研究機構提供巨額資助，以影響美國的輿論和上層決策。一九九四年，台灣方面又以李登輝的名義，分兩次向康奈爾大學捐款四百五十萬美元。

台灣大把花的，實際上都是「買路錢」，目的就是讓李登輝訪美能夠成行。李登輝也以為錢既能通神，也能通鬼，從美國回來時，公然叫囂着要花十億美元進入聯合國。

中國的反擊

美國允許李登輝訪美，打破了將近十七年不准台灣最高層領導訪美的「禁令」，嚴重損害了中美關係的政治基礎；又為台灣當局推行「兩個中國」、「一中一台」政策打氣撐腰，助長了台灣當局和國際反華勢力的囂張氣焰。

面對美國方面的外交挑釁，中國政府不得不採取了一系列強有力的反擊措施，以打消克林頓政府以為中方在美稍做姿態後就會吞下李登輝訪美苦果的幻想，使美國真正意識到問題的嚴重性。

五月二十三日，我以國務院副總理兼外長的身份，召見美國駐華大使芮效儉(Roy, Stapleton)，就美政府宣佈允許李登輝訪美一事，向美方提出了強烈抗議。

同日，外交部、全國人大外事委員會、全國政協外事委員會分別發表聲明，譴責和抗議美國的這一錯誤行徑。

五月二十六日，外交部宣佈，中國政府決定推遲國務委員兼國防部長遲浩田原定六月對美國的訪問；李貴鮮國務委員及空軍司令員于振武也分別中止了對美國的訪問。

五月二十八日，中國政府決定暫停中美關於《導彈及其技術控制制度》和核能合作的專家磋商。美國軍控與裁軍署署長和負責政治、軍事事務的助理國務卿幫辦原分別定於當年六月和七月來華的訪問，也被要求推遲。一時間，兩國間副部長級以上的高層訪問和一些重要的雙邊磋商戛然停止。

六月十六日，我國駐美大使李道豫奉命正式通知美國政府，由於美國允許李登輝訪美，造成了惡劣後果，他奉召回國述職。對此，美國務院發言人伯恩斯 (Burns, Nicholas) 表示了遺憾，稱美並未對中方的決定採取對等行動，美非常希望中方能盡快派回大使。

一九九五年七月和一九九六年三月，中國進行了兩次大規模導彈實彈發射演習，並推遲第二輪「汪辜會談」。

中方上述措施大大地震動了美國，促使美國國內關於對華政策的大辯論進入高潮。辯論的結果是，美兩黨主流派形成一個基本共識：中國的崛起和強大難以阻擋。「孤立」和「遏制」中國不是上策，而與中國保持「接觸」才符合美國的長遠利益。

緊急修補

一九九五年六月七日，就在李登輝開始訪美的當天，美國務卿克里斯托弗給我寫了一封信。他在信中表示，李登輝訪美將是一次「純粹的私人訪問」，行政部門的任何官員都不會與李登輝會見。李登輝不得從事任何有官方性質的活動。

我沒有理會他這番表白。

六月七日至十一日，李登輝赴美，往返途中經停洛杉磯、錫拉丘茲（位於紐約州西北部，距康奈爾大學一小時汽車路程）、安克雷奇三個城市。六月九日，李在康奈爾大學發表了名為「民之所欲，長在我心」的政治性演說，宣揚所謂「台灣經驗」，叫嚷要「突破外交孤立」，強化台美關係，政治色彩濃厚。

從李登輝在美國活動的實際情況來看，美國政府的確也採取了一些相應的限制措施，將李的訪問維持在「非官方」的基調上，縮小其影響。李登輝經停之處，除了當地官員和個別幾名議員出面歡迎外，美聯邦政府官員都未與他接觸，州長也沒有會見。此外，沒有允許李經停紐約；在機場和康奈爾大學不許掛偽「國旗」、不放偽「國歌」；取消了李原定在康大舉行的記者招待會；沒有同意李的夫人訪問白宮，等等。

美方在華盛頓也做了點姿態。就在李登輝到康奈爾大學的當天，六月八日下午，美國總統克林頓在白宮緊急約見我國駐美大使李道豫，除對允許李登輝訪美進行辯解外，也重申美執行一個中國政策，而不是「兩個中國」或「一中一台」政策。他還說，不管台灣方面如何宣傳，李登輝的訪問完全是非官方和私人的，其來訪不代表美國政府承認台灣；美國將繼續謀求同中國建立建設性的關係，維護現行的對華政策。

此次克林頓總統會見李大使，一反慣例，特意安排了記者到現場照相，以烘托氣氛。但是，美方的這些表態不足以消除李登輝訪美所造成的惡劣影響，更沒有就美國政府今後將如何處理此類事件給中方一個明確的答覆。

李道豫大使當場向克林頓總統表示，不能接受美方的解釋。

斯里巴加灣的誘餌

一九九五年八月初，第二十八屆東盟外長會和隨後的東盟地區論壇在文萊的斯里巴加灣市舉行。作為東盟的對話國，中、美兩國都將先後與會。

赴會之前，美國務卿克里斯托弗積極表示，希望能與我在那裡會見，舉行雙邊會晤，並說克林頓總統有一封重要的信，要轉交給江澤民主席。

七月二十八日，在赴文萊之前，克里斯托弗在美國新聞俱樂部做了一個演講，談亞洲形勢，其中講到中國的篇幅最長，說中國如何重要，美國將繼續執行一個中國的政策，中華人民共和國政府是中國惟一合法政府，美國不支持搞「兩個中國」，不支持台灣加入聯合國，等等。

當時，中美間的高層往來尚未恢復，但是，為了體現對美鬥爭「有理、有利、有節」的外交策略，我同意在國際會議的場合與克里斯托弗會面。

八月一日下午，在斯里巴加灣市的國際會議中心，我與克里斯托弗進行了大約一個小時的會晤。

克里斯托弗首先轉交了克林頓總統致江澤民主席的一封信。信中提到，美國繼續奉行一個中國政策，遵守三個聯合公報，反對「兩個中國」和「一中一台」的主張，反對台灣獨立，反對台灣加入聯合國，但是沒有提及今後將如何處理台灣當局領導人訪美的問題。

克里斯托弗在與我會談中，除了重複辯解和做出一些原則表態外，提出了兩點新的內容：一是美國非常希望與中國建立平等的夥伴關係；二是克林頓總統授權他告訴中方，願意邀請江主席「在不久的將來訪問華盛頓」，但未說明訪問的具體時間和訪問方式。

當時，美國一九八九年後對我國進行的所謂制裁仍在繼續，國家元首的正式互訪一直處於停頓狀態。克里斯托弗顯然是想以這兩點為「誘餌」，使我同意他提出的恢復中美間的一系列對話、磋商和高層往來的建議。

中方最為關注的，是美方今後將如何處理台灣當局領導人訪美這一重大問題，對此，克里斯托弗沒有做出明確的表態。因此，我對美方的建議沒有給予積極回應，只是同意美方派塔諾夫副國務卿來北京與李肇星副外長進一步磋商。

根據兩國外長文萊會晤達成的一致，美國負責政治事務的副國務卿塔諾夫於八月二十四日至二十七日來華，與李肇星副外長就改善中美關係進行了磋商。

根據克林頓總統的授權，塔諾夫向中方通報了關於美方今後對台灣當局領導人訪問將採取的若干限制措施，其內容為：首先這類訪問必須是私人的、非官方的，只能是為個人目的，不能具有任何政治目的；其次，這類訪問不僅要避免實質性的官方性質，也要避免可能被人認為具有政治象徵意義的禮節性和標誌性；第三，這類訪問將是很少的，只有在特定的情況下才能被允許，並且是「個案處理」。

塔諾夫的通報基本上回應和解決了中方的嚴重關切。於是，中央決定逐步恢復中美間的高層往來。是年十月，江澤民主席出席聯合國成立五十周年大會之後，在紐約與美國總統克林頓進行了正式會晤。

當時，美國本有意邀請江主席到華盛頓進行訪問，但又表示難以按「正式國事訪問」來安排，提出要以「正式工作訪問」來進行。

所謂工作訪問和國事訪問的區別，主要是前者沒有白宮南草坪的歡迎儀式，沒有二十一響禮炮。通常情況下，安排工作訪問可以有兩種解釋，一是雙方要討論某個重要而緊急的議題，時間上來不及安排正式的國事訪問，或訪問的內容較為單一，時間較短，禮儀也就從簡；一是雙方的關係似乎還沒有發展到鳴禮炮的熱烈程度，所需維繫的僅是兩國間的工作關係。工作訪問的形式，可以向外界顯示兩國關係的局限性。

從當時的情況看，江澤民國家主席如實現訪美，將是一九八五年之後中國國家元首對美國的第一次訪問，對恢復和改善中美關係具有重大意義。無論從內容和形式上都應該是正式國事訪問。但是，美國堅持不安排正式國事訪問，這不僅僅是一個禮遇問題，而是反映出美國政府在改善和發展對華關係問題上還沒有足夠的政治意願。

為了走出這一僵局，我方提議，中美兩國元首在紐約會晤。

紐約會晤

一九九五年十月二十四日，中美兩國元首在紐約林肯中心舉行會晤，就加強和發展中美關係達成戰略共識。這次會晤取得了積極的成果，為日後中美關係的恢復和發展鋪平了道路。

會談時，克林頓總統明確表示，贊成江澤民主席關於應從戰略全局和新世紀的高度處理兩國關係的觀點；在中美兩個大國間，孤立不是選擇，遏制不是選擇，對抗不是選擇，惟一正確的選擇，是保持建設性接觸。

關於台灣問題，克林頓說，美恪守中美三個聯合公報，承認只有一個中國，台灣是中國的一部分，中華人民共和國政府是中國惟一合法政府，美方不希望台灣問題成為兩國分歧的來源。

克里斯托弗國務卿對處理台灣當局領導人訪美問題做了特別闡述，再次承諾，對此類訪問採取嚴格限制措施，「這種訪問將是私人的、非官方的，而且是很少的，並將個案處理」。當然，他也留了一個小尾巴，說美方不能完全排除今後會有這種訪問的可能性。

針對美方提出希望恢復中美有關導彈不擴散、和平利用核能合作、軍控和出口管制等問題的磋商，我也做了補充性發言，提出中美就不擴散問題的磋商，應當包括美售台武器問題，因為這是一種武器擴散，也是中方最關切的問題。

作為江主席的陪同人員，駐美大使李道豫前往紐約，參加了中美首腦會晤後留在美國，也就算是返任了。

此後，中美間的高層互訪和政治磋商逐步恢復。我國國防部長、司法部長於一九九六年訪美。至此，圍繞李登輝訪美問題與美國進行的鬥爭基本上告一段落。

克林頓的「三不」承諾

經過這場鬥爭，克林頓政府比較清楚地認識到台灣問題的敏感性以及中美關係的重要性。中美關係因此得以在克林頓總統的第二任期內比較平穩地發展，並得到進一步提升。

一九九七年，江澤民主席對美國進行了國事訪問。

一九九八年，克林頓總統正式訪華，並在上海公開闡述了美國對台政策的「三不」主張。

那是六月三十日上午，克林頓總統夫婦在上海圖書館與上海市民代表舉行圓桌會議時，闡述了對台「三不」政策的內容，即美國不支持台灣獨立；不支持「兩個中國」、「一中一台」；不支持台灣加入任何必須由主權國家參加的國際組織。

美國總統公開做出上述承諾，這是第一次。

◎外交十記之十

港澳回歸

香港、澳門回歸，是祖國統一大業的重要組成部分，幾代中國人曾為之英勇奮鬥。回歸歷程漫長，作為這一代人，我能夠親眼見證回歸，已深感幸運，又有機會親身參與回歸歷程，更是感到無比榮幸。在我的外長任期內，正值兩地回歸過渡時期的後期，我參與了外交談判，主持了兩地成立特別行政區的籌備工作。這在我的外交生涯中，是一段十分難得而又頗為獨特的經歷。

香港回歸中的中英較量

過渡時期

香港的回歸問題，首先是一個外交問題。從外國佔領者手中以和平手段收回祖國固有的領土，必須通過外交談判。

自回歸的原則達成協議到政權交接，有一個相當長的過渡時期。在此期間，英方要保證做好香港的日常行政管理工作，保持當地的穩定和繁榮；中方則要承諾根據雙方達成的協議，為收回後的特別行政區制定出一系列符合實際的具體政策，以落實「一國兩制」，保持長期的穩定和繁榮。

在這漫長的過渡期內，雙方為落實協議、履行彼此的承諾，要在眾多領域進行外交談判。當時，中方根據協議確定了總體談判方針：對於對方在過渡期間的日常行政管理，中方給予合作但不干預；對跨越回歸、涉及未來特別行政區權益的事務，中方有發言權甚至參與權。

鄧小平在思考按「一國兩制」構想解決香港問題時，曾敏銳地洞察到，這種解決辦法的關鍵，在於過渡時期是否能保持穩定。

當時，我們對香港的前景——領土的最終回歸，是充滿信心的，但對這麼一個漫長的過渡時期能否保持平穩，還是有所擔心的。我們希望不要出現大的波動和曲折，以致危害香港的長期穩定和繁榮。

中英合作生變

在有關香港回歸問題的外交磋商中，中英之間曾有過一個「蜜月期」，雙方合作順利。我於一九八八年直接參與香港問題的磋商時，「蜜月期」尚未結束。

當時，兩國簽署了關於香港問題的聯合聲明，香港進入過渡期的頭幾年。雙方就一些具體事務的磋商和談判比較順利，取得一些進展。會談的氣氛不錯，遇到意見不同，雙方還是可以考慮對方的立場，交換看法，達成一些共識。

我的第一位英方談判對手，是英國外相傑弗里·豪（Howe, Richard Edward Geoffrey）。當時，他任外相多年，參與了中英關於香港問題談判的全過程。他對中國和香港問題都十分熟悉，一直與中方有着很好的合作。

一九八八至一九八九年間，我同傑弗里．豪會晤過三次。前兩次分別是在一九八八年六月紐約的裁軍特別聯大和九月的聯大會議期間，第三次是在東京參加日本天皇裕仁的葬禮之時。記得當時主要的議題，就是中方正在起草的香港特別行政區基本法和港人的信心問題，雙方交換意見比較充分，談得不錯。

一九八九年春夏之交，北京發生了政治風波後，中英關係風雲突變，出現逆轉。隨着英國同其他西方國家一起對中國實行制裁，雙方關係嚴重受挫。英國似乎對一九八四年十二月正式簽署的關於香港問題的聯合聲明有些後悔了。

六月十九日，傑弗里．豪給我來信，單方面提出推遲原定於七月舉行的中英聯合聯絡小組第十三次會議。這是一個不尋常的舉動，因為自聯絡小組在一九八五年成立以來，從未發生過單方面推遲會議的事情。

不久，傑弗里．豪又致信吳學謙副總理，在對中國國內形勢做出評論的同時扯到香港問題，說香港的信心嚴重受挫。他公然提出中國軍隊在香港回歸後究竟還要不要在香港存在的問題，並表示英方準備重新考慮一九九一年香港直接選舉的安排，同時要求中方推遲基本法頒佈的時間。

中國將在香港特別行政區駐軍一事，早已寫入中英聯合聲明；而對香港一九九一年選舉的安排，雙方磋商中也已有共識。此時英方突然這樣提出問題，顯然是想「翻案」。

兩星期後，由我給傑弗里·豪回覆一信，着重批駁了英方關於香港信心的說法，指出恰恰是英方的一系列不友好舉措，打擊了港人的信心。關於香港政制問題，中方不能同意英方單方面的改變。

不久，英國外相換人。我的第二位英方談判對手是梅傑。梅傑平民出身，憑着自己奮鬥，成為保守黨裡的後起之秀，這在十分重視傳統的英國官場並不多見。梅傑任外相的時間很短，後來他接替了撒切爾夫人（Thatcher, Margaret），出任英國首相。

我同梅傑只有過兩次交往。一次是在一九八九年七月底，我們在巴黎召開的柬埔寨問題國際會議上相遇。梅傑舉止比較謙和。我說他是一顆「上升的星」，前途無量；他趕緊說自己還是一名「新兵」。會晤中，他試圖影響我們的基本法起草工作，如要求修改草案中有關駐軍的條款。我說，基本法是中國自己的事，如英方有好的建議，中方可以考慮，但對中方施壓以改變雙方商定的條款，那是徒勞的。我強調說，駐軍問題已寫入聯合聲明，是已經解決的問題，不應該重新提出來。在這次會晤中，梅傑同意雙方恢復聯絡小組的工作。

第二次見梅傑，是在那年秋天的紐約聯合國大會上。他再次提出，英方打算加快香港政制改革的步伐，增加香港立法局議員直接選舉的名額。我表示，政制改革必須與以後頒佈的基本法相銜接。中方主張在香港推行民主，但必須循序漸進。

此時，中英雙方圍繞着香港政制改革問題，悄然擺開了對立的陣勢。一場曠日持久的外交紛爭就要展開。

英國密使訪華

中英在香港政制改革問題上的分歧，很快變成了外交談判桌上的爭端。

一九八九年底，隨着我國局勢穩定下來，經濟持續發展，西方國家開始鬆動制裁中國的立場。美國先派了特使秘密訪華，尋求與中國改善關係。英國不甘落於人後，也採取了主動。撒切爾首相決定派其外交顧問柯利達(Cradock Percy)作為首相特使，於當年十二月四日秘密訪華，轉交她給江澤民總書記的正式信函，並與中方探討改善雙邊關係的可能。

這是中英雙方一次重要的接觸，為今後幾年雙方在香港政制問題上的交鋒拉開了序幕。

柯利達曾任駐華大使，是 位「中國通」，還直接參與了中英關於香港問題的談判。他對中國事務很熟悉，同時也深知如何捍衛英國的根本利益。在香港問題上，他與保守黨主流人士持有不同看法，卸去公職後，一直對英國政府的香港政策持批評態度，堅持主張維護與中國的合作，不與中方對抗。

但是，此次他作為密使來訪，是為了忠實地履行撒切爾首相的方針。

撒切爾首相致江總書記的信相當長。她在信中表示，希望雙方扭轉兩國關係惡化的趨勢，恢復過去的良好溝通，並重申了英方的立場：信守聯合聲明，特別保證「無意讓香港被用做進行顛覆的基地」，也不試圖使香港問題「國際化」。

然後，撒切爾夫人筆鋒一轉，提出英方面臨着「大大增加」香港一九九一年立法局直選議員名額的巨大壓力，對此不能視而不見。她要求中方起草基本法時，能與英方的安排保持協調。

柯利達抵京後，與周南副外長會談了一整天，全面討論了中英雙邊關係和香港問題。柯利達提出了增加兩國貿易、恢復官方高層接觸等改善雙邊關係的具體設想，也提出了英方準備大量增加一九九一年香港立法局直選議席數目的要求，由十席增至二十席。

第二天，江總書記會見柯利達，會談進行了近兩個小時。此時，柯利達亮出了英方的真意，說了這樣一段話：中英關係應作為一個整體看待，如在某一方面發生了困難，從整體上就很難取得進展。雙方如能就基本法和香港直選問題達成諒解，恢復兩國良好關係的大門就是敞開的。

這顯然是把香港選舉問題當做恢復雙邊關係的先決條件。

江總書記當即頂回了英方這種施壓的手段。事後，英國駐華大使還特意向我方人員解釋說，柯利達這番話，是根據倫敦上級指示而談的。

大約半個月後，江總書記正式覆信撒切爾首相，充分肯定來信對中方示好的積極方面，並就香港立法局直選比例問題表示，估計基本法最後方案與目前草案「不會相距過遠」。如果英方在一九九一年選舉中直選議席數目超出過多，將來恐難同基本法相銜接。

這個意思就是說，中方不會接受英方方案，但草案也還有修改的可能，雙方可以進一步商量，大門並未完全關死。

柯利達來訪的最後一天，我同他進行了會談。這是他此行中的最後一次正式會晤。他對前兩天會晤中沒有取得任何進展深感失望，急於抓住最後機會取得一點兒成果。

柯利達對我表示，雙方立場有很大距離，擔心這可能影響兩國關係。他問我，江總書記覆信給撒切爾首相之前，我能否讓他先給她捎個口信。我原則地表示，請他向首相轉達：中英兩國政府應當嚴格按聯合聲明的原則辦事，已商定的事情，不要輕易改變，這樣才有利於香港的穩定繁榮。

會晤開始時，柯利達向我轉交了剛剛上任的英國外交大臣赫德給我的一封信。赫德此信正式、全面地提出了英方對香港基本法草案的具體意見，是一份詳細的清單。我同第三位英方談判對手的交往，就這樣通過信件交換而開始了。

在我的外長任期內，一共與五位英國外相打過交道。除了這裡提到的三位，還有里夫金德（Rifkind, Malcolm）和庫克（Cook, Robin）。前四位都屬保守黨政府，只有最後一位羅賓．庫克外相屬於工黨政府，與他首次見面時已是在香港回歸的交接儀式上了。在五位外相中，打交道時間最長的，就要算是這位赫德外相了。從一九八九年底開始到一九九五年中，我們交往了近六年，而這一段時間，正是雙方圍繞香港政制問題爭執最為激烈的時期。我們通過交換信件、正式互訪以及在國際會議場合會晤，頻繁接觸，反覆磋商，就是因為香港問題不僅複雜繁多，而且雙方就一些問題爭持不下，再加上有一個緊迫的時間表。這種情況，在我與其他國家的外長交往中是很少有過的。

赫德的第一封信也反映出，在一九八九年風波後的新形勢下，英方在香港問題上改變了主意。基本法草案形成之前，中英雙方曾通過多種渠道進行過詳盡溝通，最後，英方對公佈的草案稿已無意見。但在赫德的這封信裡，重新對草案，特別是在香港政制發展方面提出了許多不同意見，大大提高了要價，其中就包括要求大幅增加立法局直選比例。

對於這封信，我沒有直接回覆，只表示中方同意由雙方法律專家進一步交換意見。

七份外交文件

一九九〇初，形勢更為緊迫。香港基本法即將於二月定稿，英方對香港一九九一年選舉的方案也到了最後拍板定案之時。但是，柯利達訪華，以及雙方其他渠道的磋商，都未能就直選比例問題達成一致，雙方處於僵局。

英方有些着急了，希望能在基本法定案之前與中方就此事達成妥協。當時，赫德來不及等到與我會晤面談此事，便開始連續通過信件與我交換意見。那一段時間，英國駐華大使與中方人員多次接觸，轉交各自外長的「信息」。這雖非親筆簽名的函件，卻是書面文件，不是「口信」，我們便稱之為「書面信息」。這種方式十分便捷，在中英多年磋商、談判過程中經常採用。

從一九九〇年一月十八日，赫德給我來信起，至二月十二日，赫德來信確認達成共識止，在不到一個月的時間裡，雙方交換了七份書面信息。當時，這屬於內部磋商，對外嚴格保密。後來，隨着政制問題爭執的加劇，雙方分別公佈了這七份文件。

這一輪交涉的焦點，就是香港立法局的選舉安排。

現在，當人們讀到這批外交文件時，可能會覺得奇怪，為什麼中英雙方會為了多幾個還是少幾個直選議席如此興師動眾呢？

其實，中英雙方所爭的，不僅僅是幾個直選議席的多少，而是香港回歸後的主導政治體制。

要理解這一點，需要瞭解香港政制發展的背景和英國在香港過渡時期制定「政改」政策時的基本考慮。

在香港一百多年的殖民統治時期，英國一直採用由倫敦委派總督獨攬大權的政治體制。總督下設行政和立法兩個局，作為諮詢機構。議員都是由港督委任。這是一種行政主導的體制。

上世紀八十年代，中英就香港問題簽署聯合聲明後，中方就開始着手制定未來香港特別行政區的基本法，設計一套能體現「一國兩制」的全新政治體制。

這時，英方企圖利用香港過渡期，加緊推行所謂的「代議政制改革」，想在基本法頒佈之前造成既成事實，以影響基本法對未來政制的安排。

「代議政制改革」的目標，説穿了就是要把行政主導改為立法主導，通過提高立法機構的權力和地位來制約行政機構，並最終把回歸中國後的香港演變成一個「獨立實體」，與祖國隔離開來，以利長期維護英國在香港的政治和經濟利益。

在聯合聲明簽署以前，英方已開始了這方面的籌劃。聯合聲明簽署後，英方馬上啟動了政改部署。一九八五年，先是在香港立法機構通過功能組別(代表不同的行業或專業)間接選舉的方式產生部分議員；然後又在一九九一年決定選舉時再引入分地區直接選舉部分議員的新制度；並計劃於一九九五年完全取消委任制，使全部立法局議員都由功能組別、選舉委員會的間接選舉和地區直接選舉三種方式產生。

在中方就基本法起草工作聽取英方意見過程中，英方曾向中方極力推薦過香港的行政主導體制。中方也認為，這種體制適合香港的實際情況，有利於實行高效率的行政管理，保持穩定繁定。同時，中方也贊同在香港逐步推行民主制，立法機構議員最終全部經普選產生。但中方認為，根據香港的實際，民主制的發展應該循序漸進。當時，英方對這一點也是同意的。

基本法的有關內容，就是按行政主導和循序漸進這兩條原則擬定的。

一九八九年以後，英方改變了主意，要大大加快政制改革步伐。其中最主要的，也是爭議最大的，就是要急速增加立法局直選議員的比例。

直選議席數額的增長速度和比例，便成為當時中英磋商中的焦點問題。

在赫德於一月十八日給我來信之前，英方已向中方提出要把一九九一年直選名額由十席增至二十席，一九九五年再增至二十四席。這與中方基本法草案設計中的一九九七年十八席的主張差距甚大。如果接受英方的安排，一九九七年香港回歸前後的政制銜接將會出現問題。

為了香港的平穩過渡，中方做出了重大讓步。一月十五日，提出了一九九一年十五席、一九九七年二十席的建議。

英方對中方的「積極精神」表示讚賞，並表示將研究「一九九一年少於二十席的可能」。

隨後，出現了赫德和我之間的緊急書面談判。概括起來，大致的情況是這樣的：英方對中方十五日的方案做出回應，提出一九九一年十八席、一九九七年二十四席的方案。中方又提出一九九一年十八席、一九九七年二十席的方案。英方拒不接受，威脅說，如中方不修改基本法草案的名額，香港行政、立法兩局議員將辭職，還建議派高級官員來北京面談。中方回應說，中方的重大讓步未獲英方積極響應，因此英方沒有必要再派人來京磋商，如英方不接受中方建議，基本法起草委員會只能按原定方案做出決定。英方又提出幾個關於選舉委員會的安排以及選舉方法等問題，要求中方澄清。中方澄清時，採納了英方的一些意見。最後，英方應中方要求，正式書面確認接受一九九一年十八席、一九九七年二十席的方案，並保證保持「九七」前後的「連續性」。

這期間還有一個小插曲：在英方最後確認前幾天，赫德還曾來過一信，說時間緊迫，可能趕不及在基本法草委大會之前做出最後答覆，要求草委會在確定一九九七年直選席位時，先不要寫入文本，只留一個空白，待以後填寫。我們判斷，雙方有可能在會前達成協議。最後果然達成了協議。由於此信不涉及實質內容，故後來未隨七份文件一同發表。

七份外交文件表明，在基本法定案時，雙方就香港政制發展的進度正式達成了協議和諒解。此時，英方還不得不遵守同中方磋商一致和與基本法相銜接的原則。

我同赫德外相尚未謀面，便通過交換信件達成了一項重要協議。這也是我任外長期間與英方達成的唯一的書面協議。沒有想到的是，它後來竟被英方所毀棄。中英雙方以及大眾傳媒還就這七份外交文件的內容和形式到底算不算是雙方的協議和諒解、有沒有約束力，開展了一場辯論。其實，任何具有外交常識的人，更不用說熟悉中英談判歷史的人，對此不難得出正確的結論。

中英外長互訪

一九九〇年四月，在中英就香港選舉問題達成協議和諒解之後，香港特區基本法正式頒佈。

至此，中英之間有關香港政制發展問題的爭議，似乎應該告一段落了，但事實並非如此。

香港立法局一九九一年選舉前後，英方加緊了所謂「代議政制改革」的步伐，只是這個問題暫時不像前一階段那樣緊迫了。

這時，中英兩國外長實現了自一九八九年以後首次互訪，雙邊關係有所改善。

赫德外相於一九九一年春訪華，我與他正式會晤。中方領導人會見了他，給予他相當高的禮遇。

赫德外相早年曾在英國駐華使館工作過，十分熟悉中國事務。一九七四年，又曾隨前首相希思(Heath, Edward) 訪華，會見過毛澤東主席。

赫德這次來訪中，雙方商定今後要加強聯繫，兩國外長每年要會晤兩次，以及時磋商香港過渡期中陸續提上日程的議題。

一九九〇至一九九一年，中英之間有關建設香港新機場的磋商正在緊張進行，其他問題一時顯得不那麼突出了。赫德來京，主要談的也是新機場問題。香港新機場問題與香港政制發展問題本是兩件不同的事，但同樣具有跨越「九七」、影響特區政府權益的性質，需要雙方磋商，取得一致意見。新機場問題的磋商前後延續了數年，是另外一個頗為複雜的故事，這裡就不做專門記述了。

約一年以後的一九九二年春天，我首次正式回訪英國。那時，正值中英外交關係升格二十周年前夕，兩國領導人又剛剛簽署了關於新機場問題的諒解備忘錄，所以，訪問的氣氛較好。

不過就在那個時候，英方又醞釀在香港立法機構中推行一種所謂「常設委員會」的新制度，意在提高立法機構的權力，以制約行政機構。

針對這一動向，我在會談中特意向赫德提出，基本法已為未來特別行政區設計了行政主導體制，這種體制也是多年來在香港行之有效的。如果現在改為立法主導，勢必與基本法抵觸。中方不希望發生這種事。當時，赫德還是表示，英方無意改行政主導為立法主導。

關於一九九五年下一屆立法局的選舉，我提醒英方，這最後一屆立法局選舉的辦法應該與基本法相銜接，否則不能直接過渡。赫德說，英方將於一九九三年就此做出決定，此前將與中方磋商。

然而，我訪英後不久，英國政府於四月任命曾任保守黨主席的「強勢人物」彭定康（Patten, Christopher），取代了被視為對華「軟弱」的衛奕信（Wilson, David Clive），出任最後一任香港總督。

彭定康一上任，就進一步大幅度地改變英國對香港的政策。兩國圍繞香港政制發展方向的分歧，很快就演變成新一輪公開而嚴重的較量。

英方「三違反」的政改方案

按理，最後一任港督的使命應該是在香港過渡期的最後階段，與中方很好合作，保證平穩過渡和政權順利交接。能夠做到這一點，就是功德圓滿，可以名留青史。

不想，最後一任港督彭定康卻反其道而行之，就怕向中方交接政權時太順利。

他於一九九二年七月上任後不久，便推出了一個與中方對抗的香港政制改革方案，對香港面臨的一九九四年區域組織選舉和一九九五年立法局選舉完全搞了另一套設計。表面上，這個方案仍然說要維持行政主導制；實際上，卻要急劇改變政制，迅速提高立法機構的地位和權力。其主要措施有：把立法局的功能團體和選舉委員會的間接選舉改為變相的直接選舉；馬上取消在香港行之有效的區域組織委任制，改變區域組織的非政權性質和職能。

彭定康於十月七日做了上任後的第一次施政報告，公佈了他的政改方案。此前，九月二十五日，在我出席紐約聯合國大會期間會晤赫德外相時，他向我通報了政改方案的內容；同時，英方在北京通過外交渠道，也提交了文本。我當場做了原則表態，強調對一九九五年選舉的安排，必須先經雙方磋商一致，並應與基本法的規定相銜接。幾天後，中方經研究，決定由國務院港澳辦公室主任魯平會見英國駐華大使麥若彬（Mclaren, Robin），對彭定康方案做初步評論，具體說明了方案與基本法相違背之處，並指出按方案產生的立法機構無法過渡「九七」的前景，還特別提醒英方，不要進行公開論戰。

英方顯然已決定挑起事端，完全無視中方的反對和提醒，未經磋商達成一致，便單方面公開發表了這份政改方案。這種做法違反了聯合聲明的規定，是蓄意挑起公開爭論，企圖藉輿論向中方施加壓力。方案一出台，英國首相和外相就馬上公開表示支持。

中方也立即公開表明立場，對英方舉措深表憂慮，並指出將來香港回歸前後的政制不能銜接，其責任不在中方。特區的有關機構將按基本法和全國人大的決定來設立。

彭定康先發表方案，然後才於十月二十二日到北京訪問。他想以既成事實來要挾中方，要中方以他的方案為基礎，提出反建議。

我們堅持按照聯合聲明所規定的原則辦事，認為一九九四至一九九五年度選舉安排直接關係到平穩過渡，須由雙方討論，達成一致，英方不應不經磋商，便單方面採取行動。所以，中方要求彭定康應首先改變態度，公開收回其政改方案。

在會晤中，中方反覆、詳細地分析了政改方案如何違反了聯合聲明，如何違反與基本法相銜接的原則，以及如何違反雙方過去已達成的有關協議和諒解。這就是我們所說的「三違反」。

當時，我們得出的印象是，彭定康本人似乎還不大瞭解上述中英兩國外長一九九〇年已達成的有關協議和諒解。在我同彭定康的會見中，我嚴肅地指出，他的方案是「對中英合作提出了挑戰」，今後的問題在於雙方是繼續合作，還是「分道揚鑣，另起爐灶」。這些話說得很重，在過渡期以往的交涉和談判中，我們還從未使用過這種語言。可惜的是，彭定康置若罔聞，完全聽不進中方的忠告，也不理會中方的警告。

彭定康的北京之行沒有任何成果，雙方的立場形成了公開的對立。

這時，我們對形勢做了冷靜的分析，判定英方「三違反」政改方案的出籠絕非偶然，而是有着深刻的背景。方案嚴重威脅着香港的平穩過渡，是完全無法接受的。

為了應付可能到來的危機，我們做好了兩種準備：一方面採取堅定的立場，進行必要的鬥爭，爭取維護雙方合作的基礎；另一方面也要為最終可能出現的政制不銜接的情況，做好「另起爐灶」的準備。

一九九三年三月，就在彭定康將他的政改方案刊登於憲報之後，中方即採取了第一項反措施，在第八屆全國人大全體會議上通過了設立香港特別行政區籌委會預備工作機構的決定。

十七輪外交談判

英方見中方對彭定康的政改方案採取了堅決拒絕的態度，而其政改方案又遭到各方面輿論的強烈批評，於是，建議通過外交渠道正式談判，來解決分歧。

一九九三年二月六日，赫德外相給我來了一封信，建議雙方「不附加先決條件地」進行談判。我們當時還是希望英方能夠回心轉意，重回「三符合」之路，同中方繼續合作下去，就從大局出發，同意了英方的談判建議。

我於二月十一日回信答覆赫德，提出談判應在「三符合」的基礎上進行，作為對英方「不附加先決條件」的回應。我還指出，如英方此時將政改方案提交立法局討論，將無益於談判，希望英方慎重考慮。

此後兩個多月裡，雙方就談判的新聞發佈和雙方代表團的組成等問題，進行了反覆的內部磋商。最後商定，於一九九三年四月二十二日在北京開始兩國政府代表間的談判。中方代表為姜恩柱副外長，英方代表為英國駐華大使麥若彬。

中英之間的這一次交鋒，長達半年之久，一共進行了十七輪談判，過程相當曲折、複雜。中方抱着誠意，為維護雙方的合作，做出了許多努力，提出了不少合理建議，也做了必要的讓步和妥協。遺憾的是，英方一直不肯放棄其「三違反」的立場，更在最後階段，在雙方就大部分問題幾達成協議的情況下，突然節外生枝，單方面中斷了談判。隨後，英方即把其政改方案交立法局通過，從此與中方「分道揚鑣」，最終走上對抗的不歸路。

後來，中英雙方分別發表了有關談判的詳細經過，因立場不同，雙方是各說各的。

原來，中英已就香港「九七」前後政制的銜接達成了諒解和共識。七份外交文件，正是就香港最後一屆立法局的議員過渡到香港回歸後的安排問題所達成的協議。隨後，一九九〇年四月通過的全國人大決定，更是明確規定了這一屆立法局議員如何直接過渡成為特別行政區第一屆立法會的成員。這就是所謂的「直通車」安排。

一九九三年的十七輪北京談判，主要議題就是詳細討論了香港一九九四至一九九五年度選舉的安排，其總目標就是在英方「三違反」政改方案的威脅之下，爭取挽救「直通車」的安排，以確保「九七」前後政制的銜接。

在談判期間，我同赫德外相有過兩次長時間的會晤，詳細討論了談判中遇到的各個難題，謀求解決辦法。「直通車」問題就是雙方討論最多的難題之一。

一九九三年七月，赫德外相再次訪華。當時，北京談判還處於初期階段，重點還在討論較為原則性的問題，進展不大，前景也不明朗。我建議雙方就前一段談判中涉及的原則性問題搞個文字紀要。赫德則表示，還是先討論細節問題，雙方距離拉近了，再搞文本。在這個問題上，雙方沒有談攏。

根據當時的談判進展情況，我又着重談了「直通車」的重大意義，希望英方珍惜這個經雙方多年磋商來之不易的成果。「直通車」安排是在兩個不同性質政權之間進行交接時，一方同意讓另一方管治下的原立法機構議員經過一定手續，直接過渡成為新機構的議員。我對赫德說，一個國家內兩黨，比如英國的保守黨和工黨，競選後換班交接時，各方面都會有變化，不可能由兩個政黨來討論執政班子的「直通車」安排，而中英關於香港的政權交接，卻與兩黨競選不同，可以搞「直通車」，這是一件完全創新的工作，史無前例。

這時，赫德重申了英方在談判中的要求，即中方的特區籌委會在確認「直通車」時，應有明確、客觀的標準。

此次會晤後，外界已看出中英談判的癥結所在。有香港報紙稱，中英談判能否達成協議，取決於雙方在「直通車」問題上所能做出的讓步。

一九九三年十月初我同赫德在紐約再次會晤時，北京談判仍處於僵持狀態。雙方都表示對談判的進展感到失望，對前景不太樂觀。英方已開始在會外散佈不怕會談破裂的論調。

當時，兩國雙邊關係也處於日漸緊張的氣氛裡。

赫德本人不久前公開講話，反對中國申辦二〇〇〇年奧林匹克運動會，很傷了中國人的感情。

中方在九月下旬公開發表了鄧小平同志一九八二至一九八四年間關於香港問題的三篇重要談話（一九八二年九月二十四日同英國首相撒切爾夫人的談話、一九八四年七月三十一日同英國外交大臣傑弗里·豪的談話和一九八四年十月二十二日在中央顧問委員會第三次全體會議上的講話）。

小平同志的這些談話，雖然是在二十世紀八十年代中英談判解決香港問題時說的，但在一九九三年發表，卻有重要的現實意義。三篇談話引起了輿論界的強烈反響，人們普遍認為，這是對英方搞對抗的警告，具有很大的震撼力。

小平同志說，如果在過渡時期內香港發生嚴重的波動，中國政府將被迫不得不對收回的時間和方式另做考慮。我們非常關注香港的過渡時期，希望過渡時期不出現問題，但必須準備可能會出現一些不以我們意志為轉移的問題。

實際上，我在籌委會預備工作機構於一九九三年七月舉行的第一次全體大會上，就曾宣讀過小平同志與撒切爾夫人的談話。小平同志的談話已在港人中傳開，只是當時還沒有正式發表罷了。這篇講話實際上成為中方針對英方政改方案的反措施的主旨聲明。

我與赫德的紐約會晤，就是在這種形勢與氣氛中進行的。這次會晤，是一場尖銳的交鋒，時間也最長，整整進行了兩個半小時。

分道揚鑣

在對北京談判做了一番總的回顧與展望後，我和赫德都認為，中英談判面臨兩種可能：達成或達不成協議。

我強調說，達成協議當然對各方面都有好處，但即使達不成，中方也有信心和能力實現平穩過渡，並保持香港的穩定和繁榮。

赫德擺出了達不成協議也不在乎的姿態，他用了second best（次好）一詞，說如果沒有協議，只能是一個次好的選擇，而這將對香港的信心和繁榮造成相當大的損害。

聽他這麼說，我便點明了中方「另起爐灶」的前景。我告訴他，如達不成協議，一九九五年產生的立法局議員的任期只能到一九九七年六月三十日為止。特區籌委會將在一九九六年制定出特區第一屆立法會的產生辦法。

雙方都明白，大家都在為談判破裂做準備了。

關於選舉方式的具體安排問題，雙方都重申了各自的立場，無法取得任何進展。

在北京談判的這個階段，雙方對於幾類選舉的具體安排方案和所持的立場，差不多都已表明。

英方更是明確地提出，要求把「直通車」的確認標準問題與選舉安排問題「平行地」進行討論。在這次紐約會晤的前十天，赫德曾先給我轉來一個信息，強調「直通車」的確認標準，對英方來說是個「根本性」問題，而在下一輪(九月二十六日的第十二輪)談判中開始討論這個問題是「至關重要」的。這將使英方能夠在紐約會晤時全盤考慮談判的前景。如果把討論排後，就無法就各項選舉事宜取得進展。

我回覆時沒有同意他的意見，只重申了中方的立場。

所謂「直通車」的確認標準問題，是英方在北京談判初期提出的一個想法。英方的想法是，議員只要根據基本法第一百零四條履行一個宣誓手續，即可過渡成為特區第一屆立法會的議員。

中方認為，中方只能按全國人大的決定和基本法的有關規定行事，不能侵犯全國人大授予特區籌委會對議員進行確認的權力。中方還認為，這次談判應該先解決一九九四至一九九五年度選舉安排的問題，這個問題解決好了，香港最後一屆立法局的組成，如果符合全國人大決定和基本法的有關規定，才能談得上對議員的確認。也就是說，要先有「直通車」，才能談得上議員過渡的確認標準。

在紐約會晤中，赫德仍是重點促中方馬上具體討論確認標準問題，把這個問題稱為談判能否取得進展的關鍵。我們清楚，英方最擔心的，是全國人大決定中關於議員必須「擁護」基本法、「願意效忠」特區的規定。我當時表示，選舉安排圓滿解決了，如能與基本法相銜接，過渡便不會成為什麼問題。關於確認標準，我們不能替特區籌委會來定標準，只能談點個人的解釋性看法。如果有個別議員不願效忠特區、不擁護基本法，甚至反對基本法、反對「一國兩制」，不僅有言論，而且有行動，那他們就不符合標準，就不能過渡。

鑒於時間緊迫，為了推動北京談判早日取得一些進展，我便向赫德再次建議，雙方按「先易後難」的原則，先解決比較簡單的香港一九九四年區域組織的選舉安排問題，而一九九五年立法局選舉安排問題比較複雜，雙方也還有時間，可以延後討論。

赫德沒有同意中方的建議，仍堅持主要問題應一起解決，要有總體一攬子解決辦法。

後來，在北京談判中，英方還是同意了先討論區域組織選舉安排問題，但又提出一些先決條件。中方也做了不少讓步，雙方在區域組織選舉安排方面基本取得一致。可惜的是，英方在最後關頭又提出要把一九九五年立法局的選舉方法也扯到一起解決。十七輪談判因十一月二十七日英方單方面宣佈而被迫中斷。

北京談判由此走向破裂。

十一月三十日，赫德外相給我來信，一方面就英方堅持一起解決一九九五年立法局選舉方法進行辯解；一方面提出，英方決定在十二月中旬即把政改方案提交立法局討論。

實際上，這是英方在向中方攤牌。

針對英方的無理態度，我馬上於次日回覆赫德：中方絕不接受英方向香港立法局提交立法草案，而且不能把立法局的意見置於兩國政府的會談之上。對中方來說，這是原則問題。

我重申了中方在四月談判之始所做的聲明，即如英方將政改方案提交立法局，就意味着雙方談判的中斷。

英方不聽中方的警告，一意孤行，堅持把政改方案付諸實施，於一九九四年二月和六月，陸續交由香港立法局通過。

中方立即採取了針鋒相對的措施，正式發表聲明：根據中英聯合聲明的規定，英國對香港的行政管理到一九九七年六月三十日為止，中國政府於一九九七年七月一日對香港恢復行使主權。作為英國管治香港的政制架構的組成部分，即港英最後一屆區議會、兩個市政局和立法局，必將隨英國管治期的結束而終結。從一九九七年七月一日起，香港特別行政區政制架構將依據中國全國人大的決定和基本法的有關規定予以組建。

這表明，「直通車」因英方的破壞而「不通」了，中方不得不「另起爐灶」。中英雙方圍繞香港政制發展的這場交鋒，至此告一段落，雙方「分道揚鑣」，漸行漸遠。

餘波不斷

一九九六年三月，香港特區籌委會正式決定成立特區臨時立法會。

由於沒有了「直通車」，在特區一九九七年七月一日成立之時有許多預備工作，特別是立法工作，必須提前做好，而特區第一屆立法會又不可能在此之前成立，所以有必要成立一個特區的臨時立法機構，來完成必需的立法工作。這個臨時立法會於回歸之日起，才正式開始執行特區立法機構的職能，為期一年，即到特區第一屆立法會成立時為止。

按理說，這種安排完全是中方自己的事了，英方無權干預。當然，我們還是希望英方能對各項特區籌備工作給予合作，提供一些方便。可是，在兩年前成立籌委會預備工作機構的問題上，我們早已體會到了英方的不合作態度，在設立特區臨時立法會的問題上，更是對英方不抱什麼希望。

正如我們所預料的，英方對臨時立法會就像對預備工作委員會一樣，也進行了抵制。例如，臨時立法會議員選出後，英方無論如何不同意臨時立法會在香港當地開會，臨時立法會只好在深圳開始工作，直到香港回歸之後，才遷回香港。在這段時間裡，在外交層面上，英方也不時把臨時立法會問題提上兩國外長討論的議程，反覆糾纏。

此時，我的英方談判對手已換成了里夫金德外相。我在一九九五年十月再次訪英時同他會晤過。後來，他回訪了中國，還同我有過一些信件往來。一次，他來信對中方預備工作委員會法律小組建議廢止香港人權法案條例某些條款一事提出異議，說此舉將嚴重損害香港的信心，希望中方三思而行。我回信指出，香港其他法律應服從基本法這項根本大法，而不應與之抵觸。到了一九九六年四月初，即中方決定成立臨時立法會後不久，他便來信提出了臨時立法會問題，說有的中方官員要求凡想要參加特區候任班子的香港公務員，必須聲明支持臨時立法會，此舉對香港公務員造成相互衝突的效忠問題，會動搖人心，等等。對此信，我未予回覆。

那年四月二十日，我與里夫金德外相有機會在海牙中國駐荷蘭大使官邸又一次會晤。會晤中，他仍就臨時立法會問題糾纏，說什麼在香港交接前成立臨時立法會，不符合聯合聲明所規定的英方負責香港的行政管理，對香港信心造成了極大破壞；又說，兩個立法機構並存，會引起香港社會很大混亂。這顯然是顛倒了「直通車」爭議中的是非和因果。

當時，我仍然耐心地說明，正是因為沒有了「直通車」，而特區第一屆立法會選舉無法在一九九七年七月一日之前進行，所以，才有必要在一段時期內，成立一個臨時的立法會。臨時立法會所做的準備工作要到七月一日起才生效，因此，不存在兩個並行的立法機構的問題。我希望，英方能夠面對這個現實。

我還強調，在香港回歸前餘下的四百多天裡，雙方應多做實事，不要吵架；多搞合作，少找麻煩。里夫金德在後來的往來信件中，還不時製造出一些麻煩，我也沒有一一回覆。當然，雙方之間的合作也有比較令人高興的進展，那就是在一九九六年秋我們在紐約會晤時，共同確認了中英聯絡小組所達成的關於香港政權交接儀式的紀要，了結了香港回歸前的一樁大事。

錯估形勢

回顧香港回歸歷程，中英雙方由政制問題上的分歧而導致「直通車」安排的取消，最終走向完全的不合作，無疑是整個回歸過程中最大的一場風波。

為了避免這種結果，中方曾經盡了最大的努力，但終未能如願。原因何在呢？

對此，輿論界有過種種說法。較為普遍的一種觀點，是強調彭定康的個人因素。雖然當時我們也有倫敦政府聽命於港督的印象，但我想恐怕還是應從更廣闊的背景來看待這段歷史。

一九八九年後，英方提出要大大加快香港「民主化」進程，那時還不得不同中方事先磋商，以與基本法銜接。到了一九九二年，英方卻置雙方的協議和諒解於不顧，不同中方磋商，單方面提出「三違反」的政改方案，挑起公開爭論，並在立法局通過，從而最終破壞了回歸前後政制銜接的可能性。

英方如此大幅度改變在香港問題上與中方合作的政策，大概很難說全是個人因素所致，自有其深刻

在印度尼西亞會見蘇哈托總統前。

與沙特阿拉伯建交。

一九九〇年八月，隨李鵬總理訪問印度尼西亞時在兩國協議簽字儀式上。

一九九二年五月四日，作者與夫人周寒瓊（左二）陪同來訪的柬埔寨國家元首西哈努克親王（右一）和夫人（左三）遊覽頤和園。

二〇〇二年十月在得克薩斯布什圖書館與布什（右）、斯考克羅夫特在一起。

二〇〇三年二月二十五日，在漢城青瓦台總統府與韓國新任總統盧武鉉（右）會見。當日出席了盧武鉉的總統就職典禮。

在北京大學國際關係學院演講。

一九九六年七月出席在印尼召開的首次中國—東盟對話會。圖為在大會發言。

與科威特外交大臣薩巴赫（右二）在一起。

一九九〇年十一月六日前往埃及、沙特阿拉伯、約旦、伊拉克訪問，在首都機場接受中外記者的採訪。

一九九〇年十一月訪問中東地區，就解決海灣危機問題與有關國家進行磋商。圖為在埃及接受記者採訪。

在沙特阿拉伯與沙外交大臣費薩爾（左二）舉行會談。

在伊拉克出席阿齊茲外長（中）舉行的宴會。

一九九〇年十一月十二日與阿拉法特會見。

一九九〇年十一月二十八日前往美國參加十一月二十九日在紐約舉行的聯合國安理會部長級會議。會後還將應美國國務卿貝克的邀請，對美國進行訪問。圖為在機場回答記者的問題。

一九九〇年十一月二十九日，聯合國安理會通過決議，授權會員國使用一切必要手段維護、執行聯合國決議，恢復海灣地區的和平與安全。這是中國代表團團長、外交部長錢其琛舉手表示棄權。

一九九一年十一月十二日，出席在漢城舉行的第三屆亞太經合組織部長級會議。這是中國第一次參加亞太經合組織部長級會議。

一九九一年四月六日，在北京釣魚台國賓館同日本外務大臣中山太郎舉行會談。

會見非洲國家領導人。

與朝鮮領導人金正日會見。

一九九一年十月出席關於柬埔寨問題的會議期間，會見柬埔寨問題巴黎會議兩主席之一、法國外交部長迪馬。

一九九一年十月出席關於柬埔寨問題的會議期間，在中國駐法大使官邸與印度尼西亞外交部長阿拉塔斯，就柬埔寨問題巴黎會議和其他共同關心的問題進行交談。

一九九一年八月三十一日上午，應邀訪美時與美國國務卿貝克會見。

一九九一年九月二十七日，聯合國秘書長及五位常任理事國的外長。從左至右：英國外相赫德、蘇聯外長潘金、法國外長迪馬、聯合國秘書長德奎利亞爾、作者、美國國務卿貝克。

一九九一年十月，柬埔寨問題巴黎會議舉行。會議期間，中國等十八個國家與柬埔寨四方簽署的《柬埔寨衝突全面政治解決協定》，標誌着延續十三年之久的柬埔寨問題獲得全面政治解決。圖為中國代表團團長錢其琛（左六）與柬埔寨全國最高委員會主席西哈努克親王（右六）、聯合國秘書長德奎利亞爾（右八）及與會各國代表團團長在一起。

一九九一年十月一日晚，中國外長錢其琛在中國駐聯合國代表團駐地舉行國慶四十二周年招待會。圖為美國前國務卿基辛格博士和錢其琛在招待會上親切交談。

一九九一年十一月十四日上午，在漢城新羅飯店會見第三屆亞太經合組織部長級會議主席、韓國外交部長李相玉。

一九九二年三月九日，在倫敦唐寧街十號首相府向英國首相梅傑遞交中國參加《不擴散核武器條約》的加入書。英國外交大臣赫德參加了遞交儀式。

回答記者的提問。

一九九五年八月一日在文萊斯里巴加灣，左二為美國國務卿克里斯托弗。

一九九五年十月二日在倫敦海德公園旅館先後會見英國前首相卡拉漢（左）、希斯。大家在電梯前相遇，共同拍照留念，實在難得。

一九九七年四月二十九日與美國國防部長科恩會見。

一九九七年四月二十九日，在白宮與克林頓會見。

在白宮與克林頓會見時情形。

一九九七年三月二十五日，在莫斯科與葉利欽總統會見。

與奧爾布賴特會見。

一九九七年，在香港選舉會議上講話。

一九九七年十二月三十日，與南非外長恩佐在中、南非兩國建交公報上簽字。

一九九七年十二月，在開普敦總統官邸與南非總統納爾遜·曼德拉會見。

一九九八年一月一日，在我國駐南非使館開館儀式上致辭。

一九九九年，在澳門特區選舉會議上。

一九九九年，與董建華在香港會見。

與何厚鏵先生見面。

在澳門會見葡萄牙總統桑帕約。

與以色列外長佩雷斯會見。

的國際背景。

上世紀九十年代初，東歐劇變和蘇聯解體後，英國的當權人士根據這種變化，錯誤地估計了中國的形勢和發展前景。他們認為，過去與中國簽署的香港問題協議，英方讓步過多，吃了虧，想趁機「翻案」。我想，這才是英方在香港政制問題上引發一場大風波的根本原因。

一九九七年七月一日，我作為中國政府代表團成員，出席了香港回歸的政權交接盛典。目睹着祖國的五星紅旗冉冉升起，想到祖國領土被外國佔領統治的歷史從此結束，不禁心潮起伏，感慨萬千，漫長過渡期中的日日夜夜、風風雨雨，都濃縮在了這個歷史性時刻。令人難忘的是，交接儀式的那天，終日大雨滂沱。我想，不同心境的會由此產生不同的感受。全世界的炎黃子孫，都會覺得這場大雨暢快淋漓，將中國的百年恥辱洗滌乾淨，使香港迎來一個全新的未來。

平靜中的澳門回歸

風平浪靜

如果說香港回歸祖國的歷程，是「風高浪急，波濤暗湧」，那麼，澳門的回歸，就可以用「風平浪靜，波瀾不興」來形容了。

中國和葡萄牙兩國就解決澳門回歸問題的談判過程相當順利，合作良好。究其原因，這要追溯到葡萄牙在上世紀七十年代發生的一場革命。

一九七四年四月二十五日，統治了葡萄牙近半個世紀的獨裁政權被年輕軍官組成的「共和國救國委員會」推翻。這場政變被人們稱為「四．二五」革命。革命後，新政府放棄了殖民主義政策，對葡屬殖民地實行「非殖民化」。先是讓在非洲的殖民地走向了獨立。然後，於一九七五年底開始從澳門撤出軍隊，並在後來頒佈的《澳門組織章程》中，承認澳門是中國領土，由葡萄牙管理。

一九七九年中葡兩國建立外交關係時，葡方又正式向中方承認，澳門是中國領土。

二十世紀八十年代，當中葡開始談判解決澳門問題時，領土主權的歸屬問題已經解決。這不像香港問題那樣，領土主權歸屬是首先面臨的大難題。因此，雙方談判有了良好的基礎；在起草聯合聲明時，很快就領土主權的表述達成一致意見。在協議文本中，由雙方共同聲明，澳門地區是中國領土，中方將對澳門恢復行使主權。相比之下，中英關於香港問題的聯合聲明中，因英方不願說香港是中國領土，雙方無法達成共同的表述方式，只能由兩國政府各自做出聲明：收回香港是全中國人民的共同願望，中方決定對香港恢復行使主權；英方將交還香港。

主權歸屬這個原則問題解決了，中葡談判要解決的主要問題就是中方收回澳門的具體時間了。當時，葡方希望盡量晚一點兒，最好推遲到二十一世紀。中方從統一大業的全局考慮，認為必須在二十世紀結束之前收回，但可以和香港回歸的時間錯開一點兒。中葡雙方在這個問題上花了較多時間和精力，最後商定，在二十世紀結束前十天，即一九九九年十二月二十日，完成澳門回歸的政權交接。

由於兩國關係一直友好，又充分考慮到澳門的一些特點和實際情況，中方根據「一國兩制」方針，在制定對澳門的具體政策時，對葡方提出的合理意見和要求都盡量予以照顧。澳門有一批葡裔居民世世代代生活在那裡，即所謂「土生葡人」，他們有較特殊的社會地位，也有一些自己的特殊利益。中方在聯合聲明中承諾，要依法保護這批居民的利益，並尊重其習慣和文化傳統。又如，葡方十分看重葡萄牙在澳門的文化遺產和影響的延續，中方覺得有些要求是合理的，便同意在協議中特別寫入「依法保護在澳門的文物」，並同意葡萄牙語除作為正式語文外，仍可作為教學語言的內容，將文化、教育、語文方面的條文放在更突出的位置。

在有關澳門回歸時政權交接的安排上，中方考慮到葡萄牙早已從澳門撤軍，我解放軍進駐澳門時，便沒有像香港那樣的軍事交接問題。因此，解放軍沒有在政權交接的午夜零時開進，而是在回歸日的白天，在燦爛的陽光下，威武進駐。

平穩過渡

澳門的過渡期幾乎與香港的過渡期同樣長，但面臨的問題頗不相同。

為了實現平穩過渡，澳門在過渡期要解決「三大問題」：即語文、人才和法律。這三大問題成為中葡外交磋商中自始至終的重要議題。中方在各個層面都積極地推動並協助葡方解決這些難題。這中間，當然也會出現一些意見分歧，但雙方基本沒有公開爭論過，而是協商解決，最終完成了工作。

在此期間，兩國領導人曾多次互訪，澳門問題自然也是雙方磋商的重點。在澳門問題上的良好合作，可以說促進了兩國雙邊友好關係的不斷發展。

一九九一年二月，我首次訪問葡萄牙，受到了友好的接待，並與葡方就中、葡語文在澳門的官方地位正式達成協議，為推動上述「三大問題」的解決邁出了重要一步。

說起來，葡萄牙成為一九八九年之後第一個接待中國外長正式訪問的西方國家，並不是偶然的。由於在澳門問題上合作得很好，雙方在過渡期中可以展望到澳門交接之後中葡友好合作的廣闊前景。因此，在兩國高層交往中，逐漸形成了一個共識，即澳門問題的順利解決，可以有力地推動中葡關係以及中國與歐盟之間關係的發展。

在過渡期內，我同葡萄牙外長多次會晤，討論澳門過渡的有關問題，也以外長身份或陪同我國領導人幾次訪問過葡萄牙。其間，還第一次訪問了澳門，留下了很深的印象。

一九九九年三月，我以中國副總理的身份，應澳門總督之邀，去澳門出席澳門文化中心揭幕典禮，並在那裡與葡萄牙總統桑帕約(Sampaio, Jorge)會晤。

這是我第一次踏上澳門的土地。而在香港回歸前，我並未能以官方身份正式訪港。

澳門是一個很有特色的地方，既有中國的傳統文化，也有葡萄牙的傳統文化，更有澳門本身的文化。澳門同胞有着悠久的愛國主義傳統。孫中山先生早年就在澳門生活、行醫。著名作曲家，《黃河大合唱》的作者冼星海也是澳門人。

在與桑帕約總統會晤中，他表示很關心澳門回歸中國後，能否繼續保持自身的特色，並希望澳門過渡期的結束，將給中葡兩國關係帶來新的積極因素。他還特別告訴我，他將親自出席澳門的政權交接儀式。在這次會晤中，我們就澳門過渡期最後的二百七十多天裡的雙方合作和所有有待解決的問題交換了意見，取得了進展，雙方談得十分融洽愉快。

一九九九年十二月二十日，中葡之間終於順利完成了澳門回歸的政權交接。

我作為中國政府代表團成員，出席了那天的交接盛典，見證了那一激動人心的歷史時刻。

至此，港澳兩地回歸的任務都已完成，中國人民更有理由期盼，台灣能夠早日回到祖國的懷抱，從而最終完成祖國的統一大業。

「何日兩岸同，天意遂人願。」這也是我晚年的心願之一。

◎附錄一

在北京大學國際關係學院的五篇演講

經濟全球化和其他

（二〇〇〇年一月五日）

今天到北京大學來選了一個好日子，正好是京城下大雪，瑞雪兆豐年。我這次來，一是在新年伊始，也是新世紀、新千年的開始，給北大國際關係學院的師生員工拜個年，祝你們新年好。第二是表示歉意，北大讓我擔任國際關係學院的院長實在是受之有愧，不能做什麼貢獻，只掛一個名。所以向大家表示歉意。今天來了以後，看了看你們國際關係學院辦公的地方，看到我們教師、學生都很有朝氣，也做了很多的事情。的確，高等院校的工作條件是比較艱苦。一九九七年香港回歸以後，外交部建了個大樓，很氣派。在那以前，建國後四十多年來，辦公條件也一直是很差的。大體上就是一間房子裡有七八個辦公桌，像小學生上課一樣。儘管如此，我們外交工作還是很有成效的。當然現在條件好了，應該做得更好，這是我們所希望的。但不管什麼樣的條件，要做好一件事還是要靠革命的精神，上進的精神，堅持不懈的努力。這一點我相信北大的師生是一樣的，國際關係學院的師生也是一樣的，都有這樣一股精神，這是辦好一切事情的根本。當然各種條件也要改善，這才能振興我們的科教事業。科教興國，這是毫無疑義的。但是如果沒有一種精神，沒有一種辦事認真的精神也是不行的。今天到北大來我受到了很深的教育。

下面也不是做什麼報告，就是談談我對形勢的感受。

因為是新年，過去的這一年應該説是難忘的一九九九，過去有一部蘇聯電影叫《難忘的一九一九》，講十月革命的，現在我們也有一部電影叫《難忘一九一九》，講顧維鈞在巴黎和會的故事。確實一九九九年對我們來説是難忘的，因為經歷了幾場大的鬥爭，這個大家都知道。所有這些鬥爭由於我們團結在以江主席為核心的黨中央周圍，還是取得了很大的勝利。這一年我們確實做了不少事，比如慶祝建國五十周年大慶、「神舟」號上天、澳門回歸。大家知道，澳門並不大，但是它的意義重大。葡萄牙佔領澳門四百四十二年，四百四十二年也不短了，將近半個千年了。這次澳門回歸是歐洲國家佔領中國領土的終結、佔領亞洲領土的最終結束，這是一件重大的事情。

在經濟建設方面，過去我們的經濟比較困難，短缺經濟時間比較長。現在不是短缺了，而是東西賣不出去了，需求不足了。過去我們講農業以糧為綱，現在糧食確實生產得不少了，目前儲存的糧食相當於一年的總產量，這是很大一個數。過去講工業以鋼為綱，現在中國是世界上產鋼量最多的國家，超過了美國和日本。所以今年我們要降低鋼產量，調整工業結構。像這樣的問題都解決了，短缺經濟也解決了，那麼是不是我們的經濟就沒有問題了呢？那也不是。從認識論的角度看，人們總是到一定的階段才能認識一定的問題。發展到新的階段後又會出現新的問題。現在我們經濟中新的問題，就是如何調整產業結構，提高高新技術的含量，能趕上世界經濟發展的新潮流。不單單是糧食問題、鋼鐵問題、一般的需求問題，而是高科技的問題，是信息產業的問題，知識經濟的問題。但不管怎麼樣，在過去的一年，我們還是經歷了很多的困難，也取得了很大的成果，所以展望新的一年，我們充滿了希望。

下面我想講一講國際關係方面的問題。

大家都是學國際關係的，知道國際關係主要就是政治關係、經濟關係。大家都是專家、學者，我看過一些你們寫的著作，都有很高的水平。所以我今天就是提幾個問題與大家一起探討。

首先是經濟全球化的問題。經濟全球化現在很時髦，也應該說是世界經濟發展的一個大趨勢，這是客觀存在。今後這種趨勢還發展得更快。這是什麼原因呢？是由於冷戰結束以後，兩個集團的對抗消除了，貿易自由化、投資自由化的趨勢加強了，政治的壁壘消除了，經濟的壁壘也在逐步消除。再加上科學技術的高速發展，特別是信息技術前所未有的發展。再有一個就是跨國公司的經營成了一種普遍的形式，也就是說不是一個一個國家，而是一個一個跨國集團自己在那裡經營。因為整個市場是全球化的，所以經營者也變成了許多大大小小的跨國公司。這些跨國公司在一定條件下很快就變成了一個超越國界經營的實體。大家都知道芬蘭是個很小的國家，幾百萬人口。諾基亞本是芬蘭的一個小公司，原來是做森林工業和木漿生意的。後來它進入了信息產業，發明了許多新的東西。所以冷戰以後各種壁壘的消除、高科技的發展，使整個經濟市場擴大了。再加上有跨國公司作為載體，經濟全球化是避免不了的。

但經濟全球化並不是説世界就從此走向大同了。儘管有經濟的全球化，但是鬥爭可以説是更加尖銳。比如説最近西雅圖的WTO會議。這次會議的主旨是進一步推動經濟全球化。結果這次會議沒有開幕式，因為開幕式搞不成了，代表團受到交通阻塞，到不了會場。另一方面由於種種分歧，沒有達成協議，沒有形成最後的文件。所以它是一個無頭無尾的、既無開幕式也無最後文件的會議。而且會內的矛盾非常之多，難以達成協議，會外遊行示威熱火朝天，內外都很混亂。西雅圖當局要動用催淚彈、辣椒水來維持公共秩序。所以世界經濟的全球化並不那麼簡單，這裡面有許多的利害衝突。以會內來講，美國希望在農業政策上討論的問題和歐洲就是矛盾的，和日本也是矛盾的，和發展中國家的要求也是矛盾的。發展中國家認為烏拉圭回合搞了那麼久，達成的東西對我一點兒沒有好處，你現在為什麼又要提出新的問題？這種種矛盾使任何問題的討論都達不成協議。那麼會外呢？會外有貿易保護主義者，有環境保護主義者，有工會利益集團。他們要求提高環保標準，要求提高工人的工資，要求防止美國的農業受到損失。他們構成了一種壓力集團，要求政府解決這個問題。美國政府也未嘗不想利用他們的支持使美國的主張得以貫徹。但是他們的想法沒有實現，反而點了一場大火，把秩序搞得很亂，會都開不成了，沖掉了。

再看看前兩年東亞金融危機。一九九七年七月一日香港回歸，七月二日這個風暴就從泰國起來了，泰幣貶值了。風暴一下子傳播到很多國家，像東盟一些國家、韓國、日本，特別是馬來西亞、印度尼西亞。這場風暴來得很快，沒什麼預兆，突然興起，就像自然界的一場風暴，把樹木都掃光了，大樓都損壞了。當然現在風暴慢慢過去了，東亞各國的經濟也逐漸得到了恢復。這裡姑且不論受到風暴影響的這些國家的經濟政策、財政政策有什麼失誤，但一旦這樣的風暴在世界範圍內興起，它就像一隻無形的手一樣，興風作浪，這也是全球化的一個表現。

當然經濟全球化不是經濟整個世界化，更不是美國化。因為在全世界範圍內，民族國家的職能還是存在的，而且必然還會繼續存在，它不可能消亡。國家依然是經濟發展的一個主要因素，國家對市場的調節作用依然是不可替代的。跨國公司的活動雖然很多，但在具體的國家中，它必然要受所在國法律政策的規範。再加上國家與國家之間的利益經常是矛盾的，比如英國和法國為牛肉問題就鬧得很兇，要打官司。打了官司不服然後就要處罰，處罰也不行還要告到什麼更高的地方去判。經濟全球化了，你牛肉還鬧什麼事？它還是要鬧。農業還是要鬧，紡織品也還是要鬧。總而言之，每個國家的具體利益還是有的，因此矛盾也是必然有的。絕不能認為經濟全球化之後整個世界就大同了，甚至認為世界融為一體了，沒有這樣的事。有這樣看法的人是書生論政。從理論到理論，很多問題可以解決。但碰到實際問題是不行的。所以經濟全球化還只是一個趨勢，還不能說各種矛盾都消除了，世界變成了地球村。以為所有國家都是利益共享，都可以沾到便宜了，沒有這樣的事。相反我們看到經濟全球化並不能使各國在政治上融為一體。

在十八世紀、十九世紀的時候，當時發達的大國比如英國，竭盡全力要打開世界市場。那時候打開市場比現在難得多，至少要有海軍，還要有大炮。你不能通商？我就強迫你接受，你不接受就可以發動戰爭，這就叫炮艦政策。現在全球化要打開市場不用那麼複雜了。不用炮艦，不用軍隊，也不用戰爭。用金融、貿易的方法，同樣可以建立某種意義上的殖民主義。這種殖民主義不一定要靠軍事力量，它可以靠無形的手。也就是說從軍事的擴張到商品的輸出，從商品的輸出到資本的輸出，到現在變成靠金融市場，靠無形的手就可以制服一個國家。例如一九九七年亞洲金融危機時，對沖基金、老虎基金就起了很大的破壞作用。

實際上關於經濟全球化的很多問題是值得研究的，比如說市場經濟和行政干預的問題。現在國際上的市場經濟也有不同模式，美國是自由市場經濟；而德國是社會市場經濟，這種模式更多的是福利社會的方式；日本則更多的是政府主導式的市場經濟。因此市場經濟也不完全是一樣的。實際上，目前世界上純粹自由的市場經濟是不存在的，也是不可能的，總有不同程度的政府干預存在，市場經濟總是與一定範圍的政府干預、宏觀調控相聯繫。問題是政府干預的程度有多大，金融危機後對市場的干預應該是加強還是進一步削弱。

現在資本主義的經濟規律有所發展。過去說自由經濟發展過程中過一個時期要出現經濟危機，叫做繁榮、蕭條，然後再繁榮。這個規律現在有變化。市場經濟到後期出現了凱恩斯學說，主張必要的政府干預是需要的。現在世界範圍內游資多得不得了，大概同時都有幾萬億美元的游資在流動，到哪裡去誰也不知道。但是自然而然的它總會到一些地方，弄不好就會造成風波。大家的共同願望還是希望風波不要太大，能有所控制，而如何控制就成了尚待解決的問題，即正確處理市場經濟與政府干預的問題。

再有個問題就是美歐模式和東亞模式的問題。大家都知道東亞模式曾經創造了奇跡，叫「四小龍」、「四小虎」。它發展得很快。然後金融危機似乎證明東亞模式是不行的，因為這種模式中政府干預和血緣經濟太多。它在一個時期發展很快，但在發展了以後有問題了。這就提出了疑問：東亞模式是不是還有用？實際上所謂東亞模式是外向型的發展戰略與政府的推動作用結合的一種形式，它在一定時期起了很大的作用。實踐證明一些經濟落後的國家要實現經濟的現代化，可行的選擇還是要借助國家的力量，國家參與並且組織經濟活動，創造發展經濟的條件。這些國家比較落後，又要趕上去，再加上要參與世界市場的競爭，那麼一定的政府干預就是必要的。所以東亞模式在相當長的時間內還是成功的。現在看來回到完全的自由經濟，政府不加干預也做不到。發展中國家如果不借助政府的保護，是難以承受外來打擊的。

第三是貿易自由化和貿易保護主義問題。貿易自由化要求降低關稅，各國為了參與世界經濟，都要提供各種優惠的條件來吸引外資。與關貿總協定時相比現在的平均關稅只有當時的十分之一左右。但這是不是說貿易保護主義就沒有了？實際上還是有的，也就是說一方面開放，一方面還要貿易保護，只不過是手段不同。現在最常見的保護辦法是反傾銷法，比如說發展中國家產品成本低，價格低，理論上在貿易自由化的制度下，便宜的就應進口。其實不然，許多國家還是要保護自己生產者的利益，所以就提出反傾銷法。因此表面上關稅低了，加上反傾銷稅又上去了。日本生產的大米很貴，美國生產的大米很便宜，大概價格相差六倍，如果日本不把它的農民保護起來，很快日本的農業就沒有了，至少大米生產就沒有了，因此必須要有一定的保護。保護的藉口很多，有環保的藉口，有基因工程的藉口，說人吃了轉基因作物有害。這說明世界上實際仍是貿易保護主義盛行。我們中國的產品本來比較便宜，到了國外也遇到反傾銷這個問題。其實我們確實沒有什麼傾銷，只是人工便宜。西雅圖會議上就想規定世界上的人工價格都應一致，不然你總是佔便宜。這個很難。世界本來就是不平衡的，不可能完全一樣。所以理論上講不要有壁壘，但實際上可以有壁壘。WTO討論中可以有一系列自由化措施，也可以有一系列阻礙措施，這兩個傾向同時存在。一方面要搞全球化，反對補貼，要實施知識產權保護；一方面搞保護主義，強烈反對把勞工和環保條款列入貿易協議，這種鬥爭還會持續下去。

第四是金融自由化和資本的管制問題。現在世界上形成了一個規模空前的、全球性的資本市場。各類資本市場的總規模高達三十五萬億美元，超過了全世界的生產總值。現在外匯市場上每天的交易量是一點五萬億美元，相當於四個月的世界貿易總量。這麼大的數字，計算下來大約只有百分之五是與商品交易和服務有關的。也就是說每天一點五萬億中只有百分之五是實質的，其他都是虛擬的，股票、貨幣的交易佔百分之九十五。這就形成了一個很大的危險。這些資金是利用利率的差別來牟利的。因此國際上普遍要求要管制這些並不投入生產領域、只是從事炒作的游資。但這十分困難。在經濟危機時，馬來西亞採取措施，不讓外匯流動了。短時期作為一個國家當然可以這樣做，但在全世界無法效仿。其實這個問題比貿易自由化更嚴重：貿易自由化還是有東西的，有服務的。資金流動則純屬金融本身。對此各國目前還沒有找到有效的管理辦法。

下面講一講國際關係的政治方面。政治問題大概不能不提到科索沃事件。科索沃事件是在歐洲發生的、把北約十多個國家全部捲入的一場戰爭。這場戰爭反映了國際關係的劇烈變化，但是並沒有改變國際形勢的總趨勢。這次戰爭中提出了一些值得思考的問題，其中一個就是「人道主義干預」問題。近年來這方面的著作很多，有四十多部著作，一百多篇文章。主要論點一是認為人權的重要性應該超過主權，傳統的主權觀念已經過時；應當削弱主權突出人權。二是認為在任何地方出現壞政府或是暴政，國際社會就有責任去干涉，應當採取行動。三是認為戰爭不僅僅是為了領土而戰，為了主權而戰，而更應該是為了價值觀而戰，為維護光明正義的價值觀而戰。世界上這種戰爭也有過，比如說十字軍東征恐怕就屬於這一類。穆斯林國家也有，有的提出為真主而戰，叫做「聖戰」。這些觀點在這個時期出現應該說不是偶然的，關鍵就在於冷戰的結束。冷戰時問題非常清楚，兩個超級大國對峙，互為敵人。其他國家有的跟着走，有的不結盟、不參與，這是比較明確的。那麼現在敵人是誰？比如說北約，它的敵人原來是華約，而華沙條約組織現在都瓦解了，很多成員國家變成了北約和平夥伴國。所以現在找不到敵人，只好想出為道義而戰，為價值觀而戰。

另外一種觀點認為世界上某些國家搞恐怖主義，所以對恐怖主義應提高警惕。現在西方一些學者弄不清誰是敵人，於是就要尋找一個目標，比如為人權而戰。這就需要一種理論，認為人權重要，主權不重要。認為國家的觀念是陳舊概念，可以不要了。實際上這個原則實踐起來也很難，比如說科索沃在歐洲，面積一萬多平方公里，十幾個國家打一打還可以。如果是一個很大的國家，別的國家聯合起來為原則而戰就很難。為原則而戰還得看大小，專撿小的打，大的不敢動。那麼你的原則就是專打小的？不就是弱肉強食的帝國主義、殖民主義的理論嗎？還有一個一極和多極的問題，大家都知道世界過去是兩極對抗的世界，兩極對抗現在結束了，那麼隨之而來的應該是單極的還是多極的世界呢？這也成了問題了。北約東擴，第一步是北約東擴，第二步是北約新戰略，第三步就是採取行動。這個三部曲實際上是單極化三部曲，認為世界有一個中心，可以進行干預。正因為如此，科索沃事件沒有提到安理會表決，為什麼沒有提到安理會呢？就是覺得到了安理會不好辦，安理會是由十五個國家組成的，十個非常任理事國，五個常任理事國，專門負責世界的安全和平。維和部隊要由它派，是不是動武應由它決定。五個常任理事國都有否決權。於是北約想繞過聯合國安理會，所以就想用七國集團，八國集團去代替，結果也不行。最後只好回到了聯合國。因此有人要推行單極化並不那麼容易，但要實現多極化也將是一個長期的過程。總的來講，目前世界完全靠單極化行不通。

所謂單極化就是一個國家特別強大，特別強大就可以決定全世界的事務，別人不同意就可以動武，這就是單極化發展的結果。而從多極化的角度看，無論如何安理會還是要有的，不能由一個國家決定。在多極化情況下，許多問題就會複雜一些，不能由一個國家獨斷專行。北約的確以美國為首，美國做的決定北約基本都同意。但聯合國不能以某個國家為首，它是集體的。

現在在新的條件下裁軍也成了問題了，大家都知道這個問題多少年來已經有了點進展，裁軍當時主要涉及美國和蘇聯兩個超級大國，所以是他們雙邊談，國際上也談，但是以美蘇雙方談為主。既然裁軍，主要是裁導彈和核武器，當然主要是美國和蘇聯的問題。蘇聯瓦解以來，裁軍到底裁誰，裁軍的目的就成了問題了。所以最近就出現了反彈道導彈條約是不是要修改的爭議，爭論的結果是法、中、俄都不贊成，而且最後在大會上討論的時候主張要修改的就剩了幾票。

現在美國要搞國家導彈防禦系統。這個問題好多國家不贊成，說這樣一搞又成了新的軍備競賽了。於是大家就問美國你為什麼搞這個，威脅從哪裡來。如果說蘇聯，蘇聯現在解體了，對你不構成威脅了。美國的回答是一些不負責任的國家和恐怖主義分子，大家當然感到奇怪，一個小國怎麼能威脅到美國這樣一個強大的國家？這些小國沒有核武器，即便有了洲際導彈，放過去後也不過是一個普通的炸彈。要起什麼作用呢？如果說要反恐怖主義，也沒有必要用這種應付洲際導彈的方法來反。事實上恐怖主義的手段很多，成本比洲際導彈低得多。所以這個國家防禦系統從邏輯上說不通，在聯合國的討論中多數國家認為沒有必要搞這種東西。

再一個問題就是，美國戰略的重點是在歐洲還是在亞洲。美國戰略的重點一直是在歐洲。現在通過日美安全條約新方針的加強，也有了對亞洲的一面。但是總的看來，美國的戰略還是在歐洲。在科索沃戰爭以後，許多國家都在思考，都在進行反思，和開始時候那種勁頭不一樣了。反思後的結果認為還是需要謹慎。所以把科索沃稱為是一個特例而不是先例。歐洲和亞洲情況有很大不同。兩次世界大戰從歐洲爆發，而歐洲這個地方非常小，各國的相互距離非常近，歷史上出現過幾個要稱霸歐洲的大國。但是歐洲終究地方小。亞洲可不得了，整個亞洲有好幾個歐洲大。亞洲過去基本上是歐洲的殖民地，但是現在你要重新在亞洲建立像過去那種霸權就沒那麼容易了，時代完全變了。所以應該說從經濟、政治、歷史等各方面來講，美國的戰略重點還是在歐洲。

再有就是大國之間的關係。我想一九九九年中美關係應該說是下降到了最低點，俄美關係也降到了最低點，然後從去年下半年開始，中美關係開始恢復，俄美關係也有所恢復。美歐共同打擊科索沃這個事件以後，歐盟內部也出現了矛盾。歐洲決心建立自己的武裝力量，因為從科索沃事件中可以看到，戰爭任務的百分之八十以上是靠美國，就是說歐洲沒有美國就不能打仗了。所以在這之後，英國、德國、法國都想建立一個幾萬人的歐洲兵團，能夠在一定的範圍內加以運用。應該說從一九九九年下半年以後的情況可以看出，各個大國還是希望能夠維持一個緩和的局面。而現在看來，這種大國之間暫時緩和局面還是可以保持的。

講講這方面的情況是要說國際形勢確實是多變的。但是從世界範圍裡面比，我們對自己應該有一個認識，就是說我們的主要任務還是要把自己的工作做好。雖然中國的經濟建設有了發展，各方面的工作做得也不錯，但是我們一定要對自己有比較清醒的認識。

中國現在在世界上來講，按國民生產總值排序佔第七位，但是如果按人均來講，我們佔的位置就靠後很多。我們一九九九年的國民生產總值是一萬多億美元，達到了人均八百美元的標準。但是比起整個世界，應該說還是微不足道的。中國大體上只佔世界生產總值的百分之三左右，很小。我們的貿易現在佔世界的第十一位，但是在總量上也只是百分之三左右。因此我們需要做的事情還很多，決不能夠驕傲自滿。中國是最愛好和平的，我們要建設自己的國家，不會搞對外擴張。和平統一，一國兩制，我們是有耐心的。最終問題的解決主要還是靠我們自己，把自己的事情做好。所以我們要把中國在世界上的位置看清楚。

談到國際問題研究，我認為各個方面都應該配合。比如說從外交工作來講，第一線是外交；研究機構是第二線；學術機構、大學是第三線。但這三方面都很重要，三者各有專長，各司其職，而且應該相互配合。比如說，外交部得整天應付眼前的事，對今天發生的事要信息靈通，正確判斷，做出應對。當然對發展趨勢等也需要研究，但是研究機構就有可能進行一定的中長期戰略研究。而作為大學來講，就要從歷史、全局的角度研究更多的問題，更長遠的問題，更學術性的問題。美國的亨廷頓教授寫了一本書叫做《文明的衝突》，他研究的並不是當前的問題，他是提出一個觀點，這個觀點是不是能夠得到證實，以及將來如何發展，這是另外一回事。又如哈佛大學的傅高義，他寫了本書叫《日本將成為第一》，其中收集了許多論據。這種研究也還是需要的，它不是為了應付當前事務，也不是為一個短期政策服務，而是探討比較長期的戰略。這種著作在世界上很多，而我們這方面的著作還比較少。像布熱津斯基的《大棋局》，我們就沒有這樣的成果。我想我們的外交工作、研究工作、學校的學術工作，三者應該是互相配合的，同時，也應該互相參與。我希望北大的國際關係研究工作也能夠不斷地發展，培養出優秀的人才，寫出比較好的著作，這對國家將是一個很重要的貢獻。

談談國際關係研究

（二〇〇〇年五月二十六日）

我今天很高興能夠再來北京大學，專門參加北大國際關係學院建院五周年及她的前身國際政治系建立四十周年的紀念活動。「三十而立，四十而不惑」，在研究工作，特別是國際關係方面的研究上，做到「不惑」是非常重要的，也是很不容易的。

我今天不想對國際關係做詳細介紹，因為大家對此都很熟悉。我只想提出一些問題，談一些自己的看法，供大家思考。當前我們所處的世界日新月異，變化非常快。要跟上這個形勢的發展，有自己深刻的理解、認識，做出正確的判斷，確實是不容易的。搞外交也好，搞國際問題研究也好，都要考慮到這種不斷變化的形勢。

我認為以下幾個方面是我們做研究工作的同志需要特別注意的。

第一個方面，現在是信息社會。由於信息技術的發展，信息的傳播速度、數量和覆蓋面比過去是大得多了。古人說，「秀才不出門，能知天下事」。那時候說這話有些不切實際，有些吹牛。但現在，如果我們多加注意，完全可以同步跟蹤天下大事，及時地掌握形勢，這一點並不誇大。甚至可以說，現在人們遇到的問題經常不是信息太少，而是信息太多。真實的信息、被歪曲的信息，以及各種誤傳、誤導都會有。從某種意義上講，這對國際關係問題的研究反而增加了困難：不是材料少了，而是材料太多。

新的形勢對我們的國際問題研究提出了新的要求，要求我們能夠做出快速反應。要很快地瞭解情況、很快進行研究並得出應有的結論，及時做出反應。由於在信息社會，任何事件發生以後的第一時間內，公眾都能夠得到大量的有關信息。所以做研究工作、外交工作的同志，如果反應遲鈍，就很可能會陷入被動。另外，現在的整個信息是開放的，所以對外事務的社會性也增強了、擴大了。也就是説在信息時代客觀上人人都可參與，外交的事情和內政交叉在一起。所以我們做出各種判斷、反應時，不僅要考慮到國外的反應，也要考慮到國內的反應。換句話講，我們的外交行動也要能夠得到國內廣大公眾的支持。不僅僅要考慮能否在國際上得分，而且也要考慮是否能在國內得分。當然外交是國家的行為，有許多暫時不能公開的內部活動需要保密。但是能公開的就必須讓人瞭解。現在有人提問時，我們經常回答説無可奉告。這也是個辦法，但從根本上來講，現在只講「無可奉告」不能解決問題了。

在國際關係的研究上，現在標準要大大提高。研究要有材料，但正如我剛才談到的那樣，如果説過去信息匱乏，沒有辦法進行研究；現在則是信息爆炸，材料非常多。這就要去粗取精，去偽存真，由表及裡，抓住要害。就要求我們研究工作人員具有真正的高水平、高素質。特別是要看到信息中也有各種假新聞、假材料，對人會起到一種誤導、誘導作用。説得通俗一點兒就是製造謠言。現在就有專門製造謠言的報刊和信息來源。過去説「謠言可以殺人」，它雖沒有直接殺人，但是如果謠言多了，就可以起到這個作用。德國法西斯的宣傳部長戈培爾（Goebbels, Paul Joseph）説，「謊言重複一千次就可以成為真理」。你不相信嗎？但為什麼人人都在説。説到最後曾參的母親也會相信她兒子殺了人。所以我們要借助信息來瞭解情況，但對信息又需要分析。

實際上現在信息也還是有壟斷的：雖然表面上是自由地發佈、自由地接受，但終究是誰的錢多，誰就有更大的能力來發佈自己的信息，誰的聲音就大，能讓更多的人聽到。它掌握了發佈的網絡，當然它的發言權就大，聲音就高，聽到的人多，它的影響就大，所以信息也有霸權。美國現在對比爾・蓋茨起訴，説他壟斷，這是從技術上來講。但人們為什麼不注意到信息的內容也可以壟斷這一事實呢？只要能快，能先入為主，能做到鋪天蓋地，就會形成一種巨大可怕的力量。大家開始會有些懷疑，慢慢地也就人云亦云了。這就是潛移默化，就是主導媒體、塑造輿論，就是滲透、影響，就是搶佔先機。所以談到國際問題的研究和當前的外交，我覺得信息社會這一點是當前的一個十分重要的因素。

第二個方面是經濟的全球化。目前經濟全球化對世界經濟發生了重大衝擊，對世界政治格局也發生了重大衝擊。對此我們可以從這幾方面來考察：首先，跨國公司、跨國企業的運行超越了國界，跨國公司的總產值現在已經大體上佔到了世界總產值的百分之四十，境外投資的百分之九十、內外貿易的百分之六十也是由跨國公司來進行的。這個新情況說明跨國公司的運作、經營超越了國界。其次，世界市場的容量和範圍比以前有空前的擴大。如果二十年前每天的世界外匯交易量大概是一百億美元的話，那麼現在每天是一萬五千億美元。一九七〇年時，全球的出口量大約佔全世界國民生產總值的百分之十四，現在則達到了百分之二十四。所以可以看到在世界範圍內，不管是進出口貿易市場，還是外匯交易市場、投資市場都大大地擴大了。而信息技術的發展，特別是互聯網對經濟信息資源的推動更為資本和貨物在全球的流動創造了條件。另外，經濟運作的規則，如我們現在經常說的世界貿易組織制定的許多規範，都趨向於統一。

這種經濟全球化的態勢，也使得整個世界形勢出現了新的變化。應該說美國率先進入了新經濟，它現在在世界經濟中明顯地處於一種主導的、領先的地位。美國的經濟有一百零九個月或者說一百一十個月一直維持着景氣的狀態，這大體上就是十年。與此同時，歐洲、日本也在加速內部調整，大力開拓海外市場，來爭奪新興市場；一些對外開放的發展中國家也在抓住機遇加快發展。但在這個進程中，不少發展中國家落在了後面，他們認為經濟全球化使他們的國家面臨邊緣化的危險。經濟全球化一方面促進了經濟的發展，另一方面又使經濟發展更加不平衡。而這種國際經濟的不平衡發展也會導致政治的不平衡發展，使整個世界的政治格局受到衝擊。

第三個方面是宗教問題對國際關係的影響。冷戰後，宗教、民族問題突出起來。許多熱點問題差不多都與宗教、民族問題分不開。我認為，宗教、民族問題並不是新問題，是古已有之的，只是在當前又熱起來了。

有人這樣分析：歷史上宗教對國際關係的影響有過兩次高潮。第一次高潮在中世紀，伊斯蘭教興起的時候大力向外傳播，經常發動聖戰；基督教就組織十字軍東征，從歐洲一直打到西亞。這次高潮持續了很長時間，造成了國家間關係的動盪與戰亂。第二次高潮是近代亞非國家反殖民主義的鬥爭，借助本土國教反抗傳教的殖民主義者。而現在是第三次。波黑衝突，在某種意義上是東正教和伊斯蘭教的鬥爭；科索沃危機的起源是東正教的塞族和穆斯林阿族的鬥爭。其他如車臣問題、東帝汶問題、斯里蘭卡僧伽羅人和泰米爾人的內戰、中東問題、北愛爾蘭問題等衝突都和宗教背景有關。所以美國學者亨廷頓提出了「文明衝突論」，認為將來世界上注定會發生基督教、伊斯蘭教、儒教三大宗教、三大文明的衝突。當然，我們難以同意他的觀點。事實上，宗教問題也好，文明不同也好，如果處理得法是可以妥善解決的。但是無論如何現在這個問題值得我們注意。因為它有以下幾個特點：一是宗教經常與民族問題聯繫在一起；二是宗教自由經常與人權聯繫在一起；三是宗教經常與原教旨主義、恐怖主義聯繫在一起；四是宗教經常與國家的政局、民族的分裂或統一聯繫在一起；五是宗教的認同往往跨越了國界和民族的界限。這種跨越國界、民族的感情有時起的作用會相當大。宗教影響是各方面的，我們看到印度教徒會反對美國在印度搞麥當勞快餐店。

從歷史角度看，在國際關係中，當世界局勢發生重大變化時，宗教矛盾、民族矛盾往往使原來得到控制、得到處理、得到解決的問題重新爆發，宗教、民族問題會突然變得重要、敏感起來。但宗教問題就像潘多拉盒子，打開容易，關上很難，沒有一段很長的時間辦不到。再加上有的國家以宗教自由、人權等為口號干涉別國內政，也使矛盾更加激化。經濟的貧困、政局的不穩也可以成為宗教矛盾的溫床。

應該説宗教是人類社會的一個必然現象，現在經常講二〇〇〇年到來了，世界新的第三個千年開始了，這就是從宗教概念上説的。因為人類社會的歷史當然不止兩千年，要長得多。人類的一切事物都會變化，都要經歷生長、發生、擴展一直到滅亡這個過程。但是相對於國家來講，宗教的歷史應該説是更長的。所以宗教問題是我們必須注意研究的一個問題。

最近教皇對羅馬教會兩千年間所犯的錯誤進行了懺悔，請上帝寬恕。他説羅馬教會犯了七大罪狀：第一是強迫教徒懺悔；第二是十字軍東征並設立宗教裁判所；第三是導致基督教的分裂；第四是敵視猶太教；第五是強行傳教；第六是歧視婦女；第七是對社會問題漠不關心。教皇承認這七大錯誤，這是史無前例的。但是他並沒有提到帝國主義侵略中國時宗教所起的幫兇作用。他也沒有提到新中國成立以後，我們自主辦教會，選出來的神父、主教請梵蒂岡認可，梵蒂岡採取的態度是罰絕，絕對不承認而且還要處罰，處罰到斷絕關係。這是梵蒂岡的一個錯誤，但他們沒有提到這一點。當然羅馬教會可能不止犯了這些錯誤，還有其他錯誤。

第四個方面是國際關係中的主權問題以及主權與人權的關係問題。主權是與國家的出現同時產生的，互相尊重主權和主權平等是國際關係的基本準則。在當代世界史中，主權原則是在第二次世界大戰後建立聯合國時制定的一項基本的國際關係原則。不能認為因為重視人權，這個原則就過時了，就不需要繼續堅持了。這是一個很危險的傾向。這次聯合國召開千年首腦會議，肯定在這個問題上會有不同的意見。一種意見認為，人權是主要的，國家主權是次要的。應該首先尊重人權，可以不顧國家主權。但如果整個世界都這樣做，聯合國也這樣做的話，那就會天下大亂。聯合國的基礎就是一百八十多個主權國家都是平等的成員。她有憲章，她不能不制定國家之間關係的確定準則，這是天經地義的。當然你可以談人權問題，可以談安全問題及其他問題。但是聯合國成立的初衷，她的宗旨、章程，她所制定的一些準則，都是對第二次世界大戰教訓的總結。應該說沒有這些，就沒有二戰後半個世紀的和平。

談到人權高於其他原則的問題，我們可以舉些例子。

首先是科索沃問題，這是以人道主義為名使用武力的戰爭，結果造成了「人道主義的災難」，至今沒有解決問題。現在一些國家對此進行了反思。

其次是國際貿易問題。國與國之間進行貿易是正常的，世界貿易組織通過一些規定，大家按照這些規定來進行貿易，這應該是沒有問題的。中國作為關貿總協定的創始國，也在積極要求參加世界貿易組織。美國眾議院剛剛通過的並不是中國參加世界貿易組織的法案，因為這件事不需要得到美國國會的首肯。剛剛通過的是取消在正常貿易關係這個問題上對中國的限制。這個問題是怎麼來的呢？正常貿易關係一開始叫做最惠國待遇。但實際上這個最惠國待遇並不是一種恩惠。在國際貿易中，一個國家為進口商品制定的稅率應適用於所有國家，不能為不同的國家制定出不同的章程，對不同的國家採取不同的稅率。那麼怎麼會出來一個給不給最惠國待遇的問題呢？這個問題的起源是美國國會在二十世紀七十年代通過的一項法律，傑克遜—瓦尼克(Jackson-Vanik)法。這個法律最初的目標是蘇聯，他們要求蘇聯允許猶太居民自由移民離開蘇聯，否則美國就不給蘇聯最惠國待遇，即可以在貿易中採取歧視措施。那麼這個問題怎麼會用到中國來了呢？中國沒有猶太居民，當然也沒有猶太人移民的問題。這就是這項法律的引伸：凡是美國不願意給予正常待遇的國家，他就說你適用於這條法律，就每年審議。中美是一九七九年建交的，當時這個問題並不存在。因為中美貿易很少，中美關係較好。後來貿易量越來越大，中美關係方面出現了些摩擦，就把這個問題提出來了。美國政府每年總需要向國會提出，準備給中國的最惠國待遇以一年為限，要求國會審議。通過了就給一年，不通過就不給。實際上每年都能通過，但每年都要有一番爭鬥。有人主張給，有人主張不給，多年來是每年吵架一次，每年都能通過。克林頓總統執政以後繼續這個方針，每年搞一次，每年吵一次，每年都能通過。要建立一個永久性的正常貿易關係，有兩點是中美之間有分歧的。第一是最惠國待遇的名稱，我們說這不是最惠國待遇，中國也不要求什麼「最惠」，我們只是要求正常的待遇。既然中美間有貿易協定，那麼貿易就應該正常。最後，用了七八年時間終於把這個最惠國待遇改名了，原來叫MFN（最惠國），現在叫NTR（正常貿易關係）。第二我們主張每年審議是不對的，是不符合正常貿易關係的。所以這次做出了決定要給中國PNTR，就是永久正常貿易關係。在我們看來這本是情理之中的事，但這樣合情合理的事情卻經過多年的努力才解決。應該承認克林頓總統做了努力，把它作為卸任之前要達到的最大的外交目標。從另一方面看，美國也是自找麻煩。搞了這麼個東西是完全不在理的，要取消它還挺困難，還要做各種各樣的動員。我舉這個例子，就是說把什麼問題都和人權聯繫起來有很大的危險性。要做貿易還要看你人權怎麼樣，你這裡有猶太人，要看你是不是放他們出國。你這裡沒有猶太人，就要看看別的方面做得怎麼樣。沒有這個問題，還有別的問題，總之可以找出問題來，說我不能和你做貿易。但不做貿易又賺不了錢，所以還要做。然後一年審議一次，每年我給你找點兒麻煩，實際上是他們自找麻煩。早知今日，又何必當初？現在費了很大的勁，通過了PNTR，但又要成立一個委員會，審議中國的人權狀況，但又不作為條件，審議歸審議，貿易還是照做。這又是新的自找麻煩，類似的問題還少不了。但是越來越不得人心。

下面談談台灣問題。從三月十八日民進黨候選人陳水扁在大選中當選到五月二十日他發表施政演說整整是兩個月。現在台灣的局勢究竟如何？應該說民進黨人上台使台灣政局發生了急劇變化，也使兩岸關係出現了新的不確定因素。從投票的結果來看，百分之三十九的人選了民進黨的陳水扁，百分之六十的人沒有投他的票。這後一部分人又分為兩派，就是國民黨候選人的支持者和從國民黨分離出來的候選人的支持者，這兩部分人加起來投票率是百分之六十。最後的結果是一個沒有達到半數票的候選人當選為「總統」。對前一部分選票還應做進一步的分析：民進黨在綱領中是明確地提出要搞台獨的，但在百分之三十九支持陳水扁的選民中，支持這個綱領的大概不過半數。還有半數陳水扁的選民投的票是要反對國民黨的「黑金政治」，即腐敗。在三月十八日到五月二十日這兩個月之間，國際上絕大多數國家重申堅持一個中國的政策。從台灣島內來講，社會各界也都期待打破僵局，改善兩岸關係。工商界更希望進一步發展兩岸的經貿關係。從我們國內來講，大家的觀點是完全一致的、是一貫的。在這種情況下，台灣的當選「總統」實際上準備不足，基礎脆弱。所以為緩解內外壓力，他由「明獨」轉為「暗獨」。出於穩定內部、鞏固政權的需要，在兩岸關係上採取緩兵之計，以爭取喘息的機會。他在講話中擺出一副和解、善意、務實的姿態，比較明確地提出「四不」的承諾，不宣佈台灣獨立，不推動「兩國論」入憲，不進行統獨公投，不改國號，再加上宣佈沒有廢除國統會和國統綱領的問題。但卻拒不接受一個中國的原則。他對一個中國的原則問題，台灣是中國的一部分這一關鍵問題採取不承認和回避的態度。在台灣擺出緩和兩岸關係的姿態，又拒不接受一個中國的原則時，我們要毫不動搖地堅持一個中國的原則。我們在原則立場上不會做任何退讓，同時我們也要把原則的堅定性和策略的靈活性結合起來。陳水扁不承認一個中國原則，我們要對他保持壓力；同時我們要採取行動以更加積極的姿態爭取國際輿論，爭取台灣民心。這就是我們對待台灣問題的基本立場。對陳水扁回避一個中國原則的真實意圖和改善兩岸關係的空洞承諾要揭露，對他做出的「四不」承諾要迫使他落實。同時我們對兩岸對話、兩岸「三通」等重大問題要提出我們的主張，保持主動。應該説台灣問題並不是一個很簡單的問題，我們需要做各方面的工作。鄧小平同志過去説過，解決台灣問題要用「兩隻手」，兩種方式都不能排除：力爭用右手爭取和平解決，因為右手力量大一點兒；但實在不行只好用左手即軍事力量。我們在這方面不可能有什麼靈活性。如果説有什麼靈活性，那就是我們可以等待。我們尊重台灣的現實，台灣的社會制度可以不變，可以有自己一定規模的軍隊，現行的政策可以不變，可以繼續同外國進行貿易、商業與民間交流，台灣人民的生活方式可以不變，台灣人民的收入不會減少，只會增加。但是這一切必須是在一個中國的條件下。我們總的要求只有一條：是一個中國而不是「兩個中國」。鄧小平同志還說過，兩岸實現「三通」沒有先決條件，「三通」就是說先來往，增加彼此之間的瞭解，增加人民間的瞭解，這是促進談判的一種方式。所有國際朋友如果真是要促進中國統一的我們歡迎，但中國統一這件事要由海峽兩岸的領導人和人民決定。希望兩岸領導人為中華民族的歷史做這件事，這在歷史上是要大書特書的。我們希望台灣的領導人把眼界放寬一點，放遠一點。鄧小平同志還講到，這樣的事情不是一個月就能解決的，需要時間。我們並不想屈人之兵，我們絕不是要使台灣處於投降屈服的地位。鄧小平同志的這些話，現在仍然代表了我們的立場。

在我們看來，台灣問題也是中美關係中最重要、最敏感的核心問題。中美三個聯合公報的內容主要都是談台灣問題。我們認為台灣問題屬於中國內政，美國賣武器給台灣實際上就是干涉了中國內政，給用和平方式解決台灣問題造成了障礙。如果美國國會堅持干涉中國內政，將會使中美關係發生波動。總而言之，我們對台灣問題的立場是一貫的，「和平統一，一國兩制」這個基本的方針並沒有改變。

當前國際形勢的若干問題

（二〇〇一年九月十日）

我非常高興有機會再次來到北京大學。首先我要向大家祝賀新學年的開始，並對北大國際關係學院的新同學表示歡迎。今天又恰逢教師節，藉此機會向北大的各位老師致以節日的祝賀！今天，我準備歸納回答大家給我提出的幾個問題。

第一個問題，經濟全球化對我們的國家到底是有利還是有弊？從某種意義上講，殖民地半殖民地國家的獨立並不完全意味着西方大國放棄了對弱小國家的控制和掠奪，只是方式有所變化。它們更多的是通過輿論、文化、意識形態、價值觀念，通過經濟的、文化的影響來達到這個目的。所以就經濟全球化來講，對我國應該說是利弊兼有，挑戰和機遇並存。經濟全球化是一把雙刃劍，關鍵在於我們如何掌握，有沒有本事來掌握。如果掌握得好，它對我國可以是一個有利的因素。如果掌握得不好，也可能出現一些問題。總之，經濟全球化並不會自動地產生公正、合理的國際經濟新秩序。相反，它很有可能拉大發達國家和發展中國家的差距。此外，還有一個現象值得注意：近年來，西方多次舉行的政治、經濟國際會議，如一九九九年西雅圖的世界貿易組織部長級會議，又如二〇〇一年七月份在熱那亞舉行的七國首腦會及年初在達沃斯舉行的世界經濟論壇，都遇到了大規模的街頭抗議活動，甚至引起衝突，造成人員傷亡。參加抗議的群眾主要來自發達國家，其中有環保組織、產業工會、農業工會、綠黨的成員，有左派的共產黨，也有極右勢力的參與。他們提出的抗議口號五花八門，並不一致。但有一點是共同的：都對經濟全球化不滿。目前，西方跨國公司為增強在經濟上的競爭，出現了合併企業的高潮。這種合併也伴隨着新技術的廣泛採用及相應的大量裁員。用這種方法，它們的競爭力固然加強了，但也給勞資關係造成了新的緊張，產生了新的社會矛盾。所以，應該説經濟全球化加深了各國之間的相互依賴，同時也擴大了各國之間的貧富差距。對此，西方發達國家並非沒有認識。這次熱那亞首腦會議發表的公告中，有一半以上的內容談的是如何幫助發展中國家，這是非常少見的。而且會議還制定了一個熱那亞非洲計劃，即西方集團決定同非洲建立新的密切的夥伴關係。這些話説得很好，但能否得到落實，會不會口惠而實不至，還要看行動。

經濟全球化應該是各國的平等參與。我們堅持符合自身國情的社會制度、發展模式和傳統文化，這與經濟全球化的潮流不矛盾，還可以成為對經濟全球化進程的一種貢獻。可以肯定地講，如果你沒有對全球化進程有所貢獻，也便談不到從中受益。所以在新的世紀裡，中國的安全不完全依靠軍事力量，更重要的是依靠綜合國力的水平。鄧小平同志説過，發展是硬道理。我國在國際事務中所起作用的大小，取決於我們自己經濟建設成就的大小。我們的核心任務仍然是經濟建設，這是解決我們面臨國際、國內問題的物質基礎。

在全球化的條件下，商品、資本、技術、勞務跨國界流動，國家間的依存度增強了，我國和其他國家的利益交叉日趨增加，既有共同的利益，又有差距和分歧。但只要加強合作，便能達到雙贏。比如亞洲國家發生金融危機時，我國領導人一再宣佈人民幣不會貶值。我們為此承受了巨大的壓力。但這既是對各國戰勝金融危機的有力支持，也符合我們的自身利益。事實上，如果亞洲亂了，中國也難以獨善其身。而當我們起了穩定作用，對各國克服困難提供了幫助時，就是既利人，也利己。又如保護環境、打擊販毒活動、打擊恐怖主義及跨國犯罪，也不只是哪一個國家自己的事，而是各國共同安全利益的所在，所以也需要進行國際上的合作。我國目前的改革開放、加入世貿組織的努力，也都是主動參與全球化進程的一種戰略舉措，是要通過擴大和國際社會的交往和合作來加快自身的發展。當然，我們在加入現有的國際秩序的過程中，要付出一定的代價。但這種代價是值得的，無損於我們的根本利益。我國改革開放二十多年的成就，證明中國積極參與全球化進程的政策是成功的。中國是世界上最大的發展中國家，是聯合國安理會五個常任理事國之一。隨着中國全面深入地加入到全球化的進程之中，我們對現行的秩序和遊戲規則也就能獲得一定的發言權，能夠做到參與其中，趨利避害，適時有為，徐圖改造。我們並不認為現存的秩序和遊戲規則是完善無缺的。但如果不能夠參與其中，我們也就很難做到趨利避害，也就很難改造其中不合理的部分。實際上，當今世界任何國家都不可能脫離國際大環境，都不可能孤立於國際社會之外。不管你喜歡還是不喜歡，都必須面對這一挑戰。

最近世界的經濟情況應該說是比較令人失望的。美國經濟經歷了將近十年的高速發展，現在這個發展期已經結束了，從去年開始連續下降。聯邦儲備銀行已經宣佈了七次降息，現在利息降到了百分之三點五左右，但仍然難以啟動經濟。歐洲的經濟發展速度也下降了。日本經濟也已經停滯和下降了大約十年。也就是說，西方經濟的三個火車頭：美、歐、日同時速度下降。預計在二〇〇一年，美國國民生產總值的增長速度大概是百分之三點一五（美國今年第一季度增長率達到百分之一點二，到了第二季度只有百分之零點二），日本可能是百分之零點二，德國大概是百分之零點九。相比之下，亞洲的情況好一點。而今年中國經濟的增長率估計仍可達到百分之七點五。在這種情況下，對於已具備相當國力基礎的中國來說，只要政策對頭，措施得力，就能夠利用經濟全球化的機遇更好、更快地實現自己的發展。我們的一個明顯優勢是擁有龐大的國內市場。這樣我們才能在亞洲處於金融危機的時候繼續維持高速增長，並對亞洲經濟起到穩定作用。

第二，中國經濟快速增長是否會導致對外擴張？歷史上確實有過在經濟快速增長時期對外擴張的國家，如西班牙、葡萄牙、荷蘭、英國、法國、日本以至於後來的德國和美國。美國一七七六年建國時只有十三個州，之後隨着經濟的高速發展，通過戰爭、購買、兼併等手段，把其他三十二個州和五個獨立州兼併到美國，達到現在五十個州的規模。但是能不能就此得出結論說，所有大國在經濟高速增長期間都會成為對外擴張的國家呢？我認為還不能這樣說。

經濟高速增長不會自動帶來擴張。首先，對外擴張並不都是經濟快速增長引起的。拿破崙戰爭構成法國近代稱霸歐洲的擴張高潮。但無論是戰爭之前的法國大革命時期，還是歐洲反法聯盟聯合圍剿新生法蘭西的多國干涉時期，法國的經濟增長和工業化進程都稱不上是快速的。在近代史上歐洲的大國中，沙皇俄國的生產力是比較落後的，一直到十九世紀還保留着農奴制，可是它不惜訴諸戰爭的擴張野心卻並沒有因此而減弱。它的經濟發展是緩慢的，但是它的帝國擴張野心是很大的。所以經濟的增長和對外擴張並不一定有必然關係。

其次，經濟快速增長也並不必然導致對外擴張。二戰後的德國和日本大概用了三十年的時間，就從戰爭的廢墟上重新站起來，躋身於世界最發達國家的行列。兩國經濟在這個階段都處於快速增長之中，但並沒有使它們走上對外擴張之路。列寧說過，處於經濟危機中的國家倒更有可能走上帝國主義擴張之路。三十年代的納粹德國和日本軍國主義，是我們最熟悉的例子。它們那時候經濟沒有很快增長，但卻走上了擴張之路。由此可見，把經濟快速增長和對外擴張用簡單的因果關係方式聯繫起來，就可能得出一種片面或者極端的看法。

有人看到中國經濟快速增長便炒作「中國威脅論」，認為中國將成為擴張主義的國家。彷彿中國一旦強大起來，世界便會大亂，這是完全沒有根據的。改革開放二十多年裡，中國經濟持續高速增長。與此同時，亞洲的「四小龍」和「四小虎」等國家和地區也都處於經濟發展較快的上升期。一九九七年亞洲金融危機爆發以後，中國經濟繼續保持穩定增長，並堅持人民幣不貶值，對遭受危機的國家的經濟恢復做出了很大的貢獻。這些都表明中國經濟的快速增長，不是阻礙和危害了周邊國家的發展，而是給它們帶來了新的機遇。中國經濟的繁榮，不是搶了周圍國家的飯碗，而是擴充了它們的爐灶，對於它們也是有利的。

一些人還聲稱，迅速崛起的中國實力強大了，必然會對周邊國家提出領土要求，這也不是事實。在南海島嶼的主權爭議問題上，中國提出的是「擱置爭議，共同開發」的原則，並且與東盟國家就制訂南海地區的行為準則主動進行磋商。這幾年中國經過友好協商後和哈薩克斯坦、吉爾吉斯斯坦解決了邊界問題，與塔吉克斯坦協商一致地簽署了邊界條約和中越北部灣劃界協定，這都是在最近幾年中辦成的。這也說明經濟快速增長中的中國並沒有向外擴張，也沒有尋求向外擴張，而是致力於與鄰國的和睦相處。

孔子曾經說過：「己欲立而立人，己欲達而達人。」就是說為人處世要考慮到他人正當的利益，要與他人利益共享。孔子的這句話道出了中國在處理國家間關係方面的理性和豁達。對中國而言，集中精力發展經濟是首要任務。經濟增長需要穩定的國際、國內市場，更需要良好的周邊和國際環境。只有致力於睦鄰友好，與世界各國互利合作，我們才能擁有必要的外部條件，來從事國內的建設。中國的崛起要走和平之路，這是中國的根本利益所在，也是我們國家長期的基本國策，絕不會動搖。至於西方炒作的台灣問題、西藏問題，那都是中國國家統一的問題，是維護國家領土主權完整的問題，而根本不是對外擴張的問題。

我國的綜合國力已經有了明顯的增長，但我們要對自己的實力有一個清醒的認識。在不少方面，我們依然比較落後。我們的經濟總量即國民生產總值現在超過了一萬億美元，已經居世界第七位，但這是指總量。如果按照人均的國內生產總值來計算，也就是說經濟總量除以我們國家的人口，那麼因為我們的分母太大，所以人均國民生產總值只能排到一百名之後，也就是說總體現代化的程度還比較低。我國還有數千萬人口沒有解決溫飽問題，我國國民的教育水平還比較低，與發達國家相比差距還很大。二十五歲以上的人口中間，每萬人能夠接受大專以上教育的只有五百九十人，而美國有四千六百五十人，日本是二千零七十人，連印度也達到了七百三十人。所以，我們並沒有搞擴張的資本，中國的社會主義本質決定了中國不會向外擴張，中國也沒有對外擴張的必要。當今世界各國的利益交織越來越緊密，武力擴張付出的代價越來越大，得不償失。我們尋求和其他國家開展平等互利的合作，走共同發展的道路，這才符合時代的潮流，是維護國家利益的根本之道。由此可見，把歷史上的一些西方帝國主義國家在十八、十九、二十世紀的所作所為用來和今天的中國比，認為中國強大了勢必要擴張，要威脅鄰國，這種說法是完全站不住腳的。

第三個問題，中美之間存在的矛盾，是不是會發展到衝突和戰爭的程度？有人提出，根據西方現實主義學派的理論，一個新興大國的綜合實力接近或者正在超過現有的霸權主義國家時，兩者之間爆發衝突和戰爭的可能性會大大增加。前幾年，有兩個曾駐在中國的美國記者寫了一本書，叫做《即將到來的美中衝突》，其中的觀點就是中美必有一戰。我們不能同意這樣的觀點。我們研究問題，在利用某種流派的理論之前，首先要對這個理論的合理性做出一個判斷，這是最根本的。現實主義學派在國際關係學界有着較大的影響，但它的缺陷也是顯而易見的，即只強調國際體系的力量對比，而忽視了國家內部各種複雜因素對國家對外行為的影響。所以，不少人認為用這個理論來分析國際問題時好像是很有用。但實際上這是非常片面的。我們要講理論和現實相結合，要注意不能盲目、機械地套用某種理論。就中美關係而言，兩國目前的綜合國力不可同日而語。中國國內生產總值只佔美國的大約九分之一，而中國人口卻是美國的五倍。中國是在崛起，而且速度不慢，但要趕超美國，還有很長的一段路要走。我們給自己設定的目標是到本世紀中葉完成三步走的發展戰略設想的時候，可以達到中等發達國家水平。這就是說，中國在半個世紀之內也趕不上美國。中美兩國存在差異，存在矛盾，但更重要的是存在共同的利益，中國並不對美國構成現實的威脅。雖然西方有些人中間流行着「中國威脅論」，在美國某些國會議員的言論中和一些報紙、媒體的報道中有這種「中國威脅論」，但美國也沒有把中國當做現實的對手。在當前多極化發展的過程中，幾大力量之間的關係是錯綜複雜的，美國面臨的挑戰也是多方面的。美國要防範俄羅斯重振大國的雄風；也擔心中國的崛起，挑戰它的地位；不願看到歐洲聯合起來鬧獨立；對日本的發展不放心。另外它還特別擔心某些國家獲取大規模殺傷性武器，對美國形成威脅。因此在眾多的矛盾當中，中美矛盾只是其中的一種。美國對世界各個地方的事情都要管，經常是「十個指頭按跳蚤」，它也難以集中力量對付中國，也沒有必要對付中國。對抗不符合兩國的根本利益。

目前中美經貿關係保持着健康的發展，去年中美雙邊貿易額達到了七百四十點七億美元。這是我們的統計，按照美方的計算則超過了一千億。美國是中國的第二大貿易夥伴，中國是美國第四大貿易夥伴和最大的出口市場。截至今年五月底，美國投資位居外國對華投資的第一位。美國最大的五百家企業中有一半以上在中國有投資。這是説經濟貿易關係。其次在一些地區和全球事務方面，如在朝鮮半島，環境保護等問題上，中美也有合作的需要。因此中美之間的這種利益交互的關係與冷戰時期的美蘇關係有着很大的差別。儘管美國國內有一些人在散佈「中國威脅論」，希望中美對立，但是這種論調還不能構成美國國內的主流意見。美國政府對中國奉行的還是遏制加接觸的兩手政策，而不是想和中國全面對抗。前一階段中美關係經歷了曲折，特別是四月份發生了撞機事件。經過中方有理、有利、有節的鬥爭，美國的態度有所緩和，提出要同中國建立建設性的關係。近來美國政府中主張對華強硬的勢頭有所鬆動，主張對華接觸的聲音有所上升，這是個積極的跡象。應該説大多數美國民眾是主張發展對華關係的。

台灣問題是最有可能把中美引向對抗的敏感問題。今年以來，美國大幅度地提升了售台武器的質量和數量，還聲稱將要盡其所能協防台灣。這當然會助長台獨勢力分裂中國的氣燄。美國不會輕易放棄台灣這張牌，美國會長期利用台灣問題來牽制中國。但是從美國自身的利益出發，美國還不會公然支持台灣獨立，也不願意為台灣和中國打仗。

有的學者提出美國的戰略重點東移了，認為蘇聯解體以後，歐洲不再是戰略重點，美國的戰略重點轉移到亞洲、太平洋來了。但實際從戰略上看，歐洲對美國還是至關重要的，並不能説美國已經把戰略重點轉移到了亞洲。布熱津斯基提出了大棋局的戰略思想，把歐亞大陸看成是一個大棋盤，歐亞不能分割。美國在亞洲不像在歐洲那樣有比較普遍的軍事存在，而只是在亞洲大陸的邊緣有一個由半島、島嶼組成的鏈條。冷戰時期美國的戰略重點在歐洲，但也在亞洲打了朝鮮戰爭和越南戰爭。這兩場二戰以後規模最大的戰爭最後都以美國的失敗而告終。所以戰略的重點和是不是進行一些軍事行動並不是一回事。

美國現在正在討論改變戰略的問題，提出要搞國家導彈防禦計劃、戰區導彈防禦計劃，現在又統統改稱為導彈防禦計劃。它的主要想法是要建立一種新的、攻防兼備的，包括陸基、海基、空基導彈防禦體系。這是一種不分陸海空天的武器系統。這種戰略思想顯然也是不分國內外，不分歐亞的。在科索沃戰爭中，戰場是在南斯拉夫的科索沃地區，美國的飛機是從美國本土飛到南斯拉夫來轟炸，然後又回去。這與珍珠港事件的那個時代已經大大不同，地域的區別已經不是太大了。所以並不能說美國的戰略重點不在亞洲就不會在亞洲發生戰爭；重點在亞洲也不等於亞洲一定會發生戰爭。歷史是發展的，時代是變化的，情況是複雜的。所以在研究國際關係時，切不可機械地套用某種理論，這樣容易失之偏頗。

第四，如何看待中日關係。近一個時期中日關係麻煩不斷，日本政府在歷史問題和台灣問題上連續製造事端。先是同意李登輝赴日治病，後來是歷史教科書事件，前不久小泉首相又參拜了靖國神社，這都嚴重干擾了兩國關係。首都高校的學生出於愛國熱情，對於日本政府的這些行徑反應強烈，這很自然，可以理解。日本為什麼要在歷史和台灣問題上接連製造麻煩呢？應該說這有深刻的國內、國外背景。從日本國內形勢看，幾年來，政權更迭頻繁，政局持續動盪，經濟低迷，日本在國際上的地位不升反降，對此日本上下普遍感到失落不滿。有人說九十年代是日本失落的十年。與此形成鮮明對照的是，中國國內政治穩定，經濟發展，國際地位不斷提高，日本喪失了長久以來對中國的心理優勢，狹隘的民族主義情緒隨之上升，「中國威脅論」在日本有強大的市場。從歷史上講，日本投降以後，美國始終採取扶植日本的政策，這對軍國主義的殘餘勢力起到了保護、扶植的作用，這是日本和德國有所區別的地方。日本在八十年代經濟高速發展，當時在國際上氣燄很盛，預備把美國的一些大樓都買下來，把國外的名畫都買下來。當時世界流行的一本書的題目就是《日本可以說「不」》。從八十年代末九十年代初開始，日本的泡沫經濟破裂，幾乎一蹶不振，經歷了十年的經濟停滯。這對日本老百姓影響很大，日本對中國的政策也隨之有所變化。我們對日本的政策是明確的：中國願與日本在和平共處五項原則的基礎上發展政治、經濟、文化等的關係，對歷史問題我們主張「以史為鑒，面向未來」，對日本右翼勢力在台灣和歷史問題上的倒行逆施要堅決鬥爭。

第五，如何看待兩岸關係問題。我們當前對發展兩岸關係需要做的事可以概括為一、二、三。一就是一個中國，二就是兩岸談判，三就是盡快三通。對一個中國這個問題我們不可能有什麼靈活性，我們的基本要求只有這麼一條，就是一個中國而不是「兩個中國」，不是「一中一台」。我們認為兩岸實行三通不應該有先決條件，三通就是先來往，增加人民之間的瞭解。我們將繼續通過自己的行動表明和平解決台灣問題的立場，贏得台灣島內的民心，贏得國際社會的理解和支持。目前海峽兩岸人員和經貿的來往已經相當密切，去年一年台灣島內回祖國大陸探親、旅遊、經商、投資和進行科技、文化、體育交流活動的台灣同胞已經達到了三百萬人次。而從一九八七年開始開放台灣居民赴大陸探親以來，累計已經達到二千萬人次。而且增長幅度很大，一九九七年全年台胞赴大陸不過五十萬人次，現在就達到了三百萬人次。去年海峽兩岸的間接貿易額達到三百零五億美元，這是近年來的最高額度。兩岸貿易對台灣是有利的，它有二百多億美元的順差。兩岸在還沒有開展直接貿易的情況下，間接的貿易額累計起來也已達到二千零四十九億美元。近年來台灣經濟增長大幅度降低，日子艱難了。到台灣的人問問台胞的情況，得到的回答是經濟衰落，政局混亂，人心惶惶。有人説過去是台灣搞經濟，大陸搞「文革」；現在是大陸搞經濟，台灣搞內訌。陳水扁以百分之三十九的選票上台，是少數執政，在立法院也是少數，所以整個政局是不穩定的，是混亂的。今年台灣經濟估計會增長百分之一點二，進出口分別下降了百分之二十二和百分之十七，製造業也下降了百分之七點二，這是最近二十六年來最大的下降。匯率也大幅下降，台灣股市股值下降到了八年來的最低點，可以説是經濟低迷。再加上政局混亂，使得老百姓非常不滿。今年四月以來，台灣的民意調查顯示對一國兩制的支持率明顯上升。蓋洛普的一次民意調查顯示，對一國兩制的支持率上升到了百分之四十七點五，而過去只不過百分之十，可見台灣的民意正在發生變化。七月十三日當國際奧委會主席薩馬蘭奇宣佈北京申奧獲勝的那一刻，來自台灣的國際奧委會委員吳經國走到主席台前向我們説，這是他多年的願望，是中國人的共同願望，是中華民族的光榮。台灣各界對北京申辦二〇〇八年奧運成功的反應也非常熱烈，認為兩岸都對申辦奧運成功表示歡迎，認為這有利於發展兩岸關係，有利於和平統一，並希望兩岸合辦，聖火通過台灣。這些都表明血濃於水，表明這些年來我們的對台政策和工作是有成效的。台灣回歸祖國、祖國統一的實現，歸根結底還是要靠我們自己實力的發展壯大。我們解決台灣問題的基本方針仍然是和平統一、一國兩制。我們要盡最大努力來爭取和平統一，但這並不是說和平統一是可以等來的。我們還要努力工作。我們不能承諾放棄使用武力，但這只是針對搞台灣獨立的圖謀和外國干涉勢力講的。我們說一個中國的含義是說世界上只有一個中國，大陸和台灣同屬於一個中國，中國的主權、領土完整不容分割。我們說一國兩制，對台灣來講可以實行比對港澳更為寬鬆的政策，台灣可以繼續使用台幣，繼續保持軍隊，繼續保持單獨的關稅區，繼續保持台灣的政策架構，大陸不到台灣去收稅，不調用台灣的資金，台灣人民生活方式不變，台灣的企業家保持自有的財產，台灣人事自主，大陸不派官員去任職，等等。我們完全有決心、有能力最終解決台灣問題，任何把台灣從中國分裂出去的圖謀都不會得逞。祖國的完全統一和民族的全面振興，一定能夠實現。我們不能承諾放棄使用武力。如果我們做出這樣的承諾，就是對台獨的鼓舞，就會使台灣問題的和平解決難以實現。我們要盡一切努力來做台灣人民的工作，做台灣各個黨派的工作。現在台灣逐漸出現一個好的形勢，就是主張台獨的人當了「總統」以後，台灣的經濟立刻處於非常困難的狀態。所以台灣社會上在進行着很激烈的辯論，認為不解決兩岸問題，台灣的經濟就不會有出路。

第六個問題，也就是最後一個問題，是主權與人權的關係。冷戰結束以後，國際上關於主權的爭論很多，一個焦點問題是如何看待主權與人權的關係問題。應該講國家主權和人權是相互聯繫的而非對立的兩個概念，都是在人類社會發展過程中間逐步形成的。人權是人類社會發展過程中形成的人們共同追求的理想。但是看看歷史就知道，在歐美，在相當長的歷史時期裡，人權只存在於白人社會中。黑奴是可以自由買賣的，有色人種是化外之民。所以此時人權是指白人的人權，黑人無權成立自己的國家，他們只不過是歐洲列強的殖民地。國家主權的概念是在國際交往的發展中形成的，是國際關係的基礎，如今仍然受到國際社會的普遍承認。國家主權是實現和保障一個國家人權的重要前提，這和我們古人所談的「皮之不存，毛將焉附」的意思是相似的。在很長一段歷史時期中，非洲、亞洲、拉丁美洲的許多國家是殖民地、半殖民地、附屬國，它們沒有國家主權，也更談不到人權。當今這個世界上並沒有存在世界政府。一個國家如果喪失了主權，那麼作為這個國家公民的生命、自由、尊嚴就得不到有效的法律保障，也會從屬於另外一個國家的統治，也就根本談不上什麼人權。清朝末年中國的主權名存實亡，一九〇〇年八國聯軍佔領北京（除了奧匈帝國，這些國家現在都在），這時中國人民還有沒有人權？在當代的科索沃問題上，西方是打着人道主義的旗號對南聯盟實行干涉，結果卻造成了人道主義的災難。到現在科索沃問題也沒有解決，後患無窮。所以，保障、維護了國家的主權才真正談得上改善人權。正如鄧小平同志所說，「真正說起來，國權比人權重要得多」。

人權具有普遍性，並不是西方國家的專利，因為各個民族都強調對人的生命和尊嚴的保護。同時人權的實踐也具有特殊性。世界各國由於政治、經濟、社會條件以及宗教傳統和歷史文化不同，在人權的觀念和人權的建設方面，不可能有一個統一的模式。強求一致是不現實的。從世界歷史的發展來看，應該說整個人類是在不斷進步的，人權概念的內容、範圍都在擴大。西方國家總是批評發展中國家以生存權和集體權利為藉口，否認個人權利和政治權利。事實上，廣大發展中國家由於長期受殖民主義控制，經濟發展低下，又怎麼可能不首先考慮維護國家主權、生存權和發展權？比如非洲，過去就是埃塞俄比亞算一個獨立國家，其他都是殖民地。而埃塞俄比亞最後也被意大利佔領，成為它的殖民地。那麼你在討論人權的問題時，整個非洲就都不在這個範圍之內。亞洲現在的許多獨立國家過去也都是西方列強的殖民地。印度、馬來西亞、新加坡都是英國殖民地，印支是法國的殖民地，菲律賓是美國的殖民地，印尼是荷蘭的殖民地。只有中國屬於半殖民地，因為中國太大了，八國聯軍是不好分的。但是日本也還是逐漸地佔領台灣，佔領東三省，然後侵略整個國家，試圖把中國變成它的殖民地。所以從整體上看亞洲，各國在過去基本上都是殖民地、半殖民地，只有日本變成一個侵略別的國家的軍國主義國家。在拉美，絕大多數國家是西班牙的殖民地，另外很大一塊是葡萄牙的殖民地。當時這個瓜分是經過教皇認可的，教皇劃條線，線這邊就給了西班牙，那邊就給了葡萄牙。

應該講，二戰以後人類有了比較可觀的社會進步，進步最大的地方便是殖民地、半殖民地國家贏得了獨立。當然這些國家還面臨着許多問題，其中最主要的是要解決吃飯問題。前幾天我會見了美國的一位參議員，他就說你們說的也對，第一人權是讓人民吃飽飯，第二人權是讓人民有房子住，第三人權是讓人民受教育。他說我們自己的教育普及也還不夠，不僅如此，諸如醫療服務、失業保險等社會福利也還不盡人意。所以所有這些問題的解決不可能一蹴而就，而應是一個逐漸進步的過程。國際社會對此應有一個客觀清醒的認識。但西方國家的人權外交也好，對南聯盟大動干戈也好，實際上並不是為了捍衛其他國家的人權，而是藉人權問題來干涉別國內政。

許多西方人喜歡談中國的人權問題，但他們從西方媒體的報道中往往得不到真實的介紹，所以經常充滿了偏見和誤解。所以，不少外國人到中國來了以後都會説，「哦，我們看到的和原來聽到的大不一樣」。我今年三月份訪問美國時做了一個演講，談中美關係的發展歷史。我給他們講，最早到中國的美國人，也包括其他西方國家的人，是商人和傳教士這兩種人。商人來了以後，要推銷他們的產品，打開在中國的市場；第二種人是傳教士，他們有一種獻身的精神，要為上帝來傳道，來開化「野蠻人」，讓你信教。什麼叫「牧師」啊？牧就是放牧的，他們不是來牧羊，而是來牧人。商人是來尋求市場、追求物質利益的，就是做生意、賺錢；傳教士用現在的話來講就是搞意識形態和文化滲透的。當然後來傳教士也開點兒醫院、辦點兒學校，搞點兒西洋教育，對我們也有好處。但他們的本意無非就是覺得你們這裡都是異教徒，都是「野蠻人」，他們是替天行道，開化「野蠻人」。不久以前有人慶祝「發現世界五百年」，就是葡萄牙的航海家探險，發現了印度、中國。其實呢，印度也好，中國也好，其他地方也好，都擁有古老文化，要比它悠久得多。就是航海他們也不是最早，鄭和下西洋很快就是六百周年了，比葡萄牙的航海家早。

中美之間很長一段時間裡存在一個最惠國待遇問題。美國每年都要審查一次，要把貿易和人權掛上鈎，不滿意就不給你最惠國待遇。我們一直說，這個不叫最惠國待遇，就是正常貿易。對你們，對我們都一樣。在克林頓執政時期，費了很大的周折，花了很多年，最後才改了個名字，叫做「正常貿易關係」。最惠國待遇的根據就是美國的一條法律。這個法律規定對當時的蘇聯不能做貿易，除非它允許猶太人自由離開蘇聯。那麼中國也沒有猶太人，而且是西方反對中國移民，不願意讓他們去的，這個法律和對中國的最惠國待遇是風馬牛不相及。現在美國國會已經審議通過，決定給予中國永久性正常貿易關係，即PNTR。雖然如此，但糾纏仍然不少，還很不自由，所謂的自由貿易並不怎麼自由。甚至我們前一個時候申辦奧運會，美國還要把它和人權問題連在一起。美國在聯合國人權會議上搞了十次反華提案，都以失敗而告終。我算了一下，實際是十二年中搞了十次，有兩次沒搞：一次是海灣戰爭發生了，要我們支持，所以沒搞；還有一次是克林頓總統要訪華，沒搞。可見美國也可以隨機應變。搞了十次也通不過，按說美國應該好好地反思一下了。但是這些「人權衛士」的思想是非常僵化的，他做事情是不許失敗的。有一種傳教士的獻身精神，就像塞萬提斯筆下的騎士唐吉訶德，即使看見風車也要去戰鬥，因為這是騎士應該做的事情。西方實際上是把人權問題作為對我們施加壓力的政治工具。他們這樣做的結果，是破壞了在人權問題上的國際合作。

我們對人權方面的國際合作持積極態度，從一九八〇年起，我們先後簽署了十八個有關人權的國際協定，其中包括批准了《經濟、社會、文化權利國際公約》。我們主張在人權領域開展交流，我們同歐盟、澳大利亞等國都有人權對話，和美國也有對話。但是對話並不意味着允許他們干涉我國的內政。無論形勢如何變化，我們都要保持清醒的頭腦，堅持走自己的道路。

「九·一一」之後的美國

（二〇〇二年九月十日）

今天是九月十日教師節。去年的九月十日，我也是在這裡給大家做有關國際形勢的報告。但誰也沒有想到，第二天美國就發生了震驚世界的「九·一一」事件。我記得是紐約當地時間早晨八點過不久，電視上就播出了有關的鏡頭。當時我們連夜開會，一面看電視直播，一面研究事態的發展。在江主席的領導下，我們很快拿出了對應的措施。在這之前，沒有人預見到災難的發生。而現在「九·一一」已經成為一個標誌。它標誌着美國最大的威脅來自於恐怖主義。在此之前還沒有這樣的認識。布什政府上台以後極力主張加強導彈防禦系統以應付有強大武裝的敵人，但「九·一一」以後的情況發生了變化。美國開始認識到，擁有強大的武器甚至可以很輕鬆地應付國際戰爭，但是一些並未掌握什麼高科技的恐怖分子，僅僅用最簡單的手段，就可能在美國的金融中心造出一場巨大的災難。面對這樣的威脅，所謂的導彈防禦系統無濟於事。

冷戰結束以來，美國政府一直在討論冷戰後的主要「敵人」究竟何在。這個問題長期沒有解決，「九·一一」事件發生以後，這個問題的答案就明朗了：美國的敵人不是遠在天邊，而是在家門口，就在蕭牆之內。諸位看到，發動「九·一一」襲擊的這些恐怖分子都久居美國，他們甚至也拿綠卡，也在那裡生活，也在美國的學校學習，連飛機駕駛技術都是在美國的學校裡學的。他們也不用新式武器，沒有導彈，沒有遠距離的運載工具，連威力大一點的爆炸物都沒有。他們就在美國，僅僅拿水果刀這樣的小東西，就把美國的民航飛機劫持了。這些從紐約、華盛頓起飛的、預備做長距離飛行的民航班機，都灌滿了航空汽油。所以一撞上大樓，飛機爆炸，幾百噸汽油熊熊燃燒，產生極高的溫度，使鋼架熔化，將整個大樓摧毀，破壞力相當驚人。這樣的教訓，不能不引起美國人深刻的反省，使世人感到震驚。

正是在這種背景下，今年以來大國關係緩和趨勢明顯；美國和俄羅斯的關係、俄羅斯和北約的關係有了一些調整；中美關係也有所改善。主要大國間形成了一種共識，就是大戰要避免，和平要維護。大國間應進行新的對話和合作，試圖共同對付恐怖主義的新挑戰。

「九．一一」事件以後，美國對外政策和戰略做出了重大調整。反對恐怖主義、確保本土安全成為美國當前的首要任務。布什政府提出了先發制人和進攻性防禦的新理念，也就是說，美國將根據自己的判斷來認定其他國家是否涉嫌恐怖主義活動，並且決定是否對它採取不宣而戰的突然襲擊。圍繞反恐，美國也將繼續關注應付大規模殺傷性武器及其運載工具的擴散問題。不過「九．一一」事件表明，大規模殺傷性武器並不一定要靠運載工具來發射，對恐怖主義而言，單靠建立導彈防禦系統未必真正管用。

冷戰結束後，美國成為惟一的超級大國，它的所謂「新經濟」持續增長了十年，積累起大量的財富和財政贏餘；從海灣戰爭到科索沃戰爭的勝利，也使美國的軍力空前壯大。但是，「九．一一」事件打破了美國絕對安全的神話。人們一直以來都相信，有大西洋、太平洋東西維護，美國本土是非常安全的。但現在美國本土的安全被提上了國家安全的首要議程。今年六月，布什總統提議組建「國土安全部」，他的意圖是要舉美國全國之力以防範恐怖主義襲擊。七月份他向國會提交的國土安全戰略報告中，正式將國土安全納入美國安全戰略的總體框架之中。與此同時，美國國內關於美國與未來世界秩序的討論也越來越熱烈，自由派認為，美國雖實力超群，但是還遠不能包打天下；保守派則提出了所謂的「新帝國論」。而美國政府開始強調要搞好大國關係，表示大國之間要和平競賽，避免衝突，以共同對付恐怖主義。美國人已經意識到，要維護它自身的安全，就必須與各個大國以及整個國際社會進行合作。

最近有兩篇文章很值得注意。一篇是發表在Foreign Affairs上的《全面衡量美國的霸權地位》。這篇文章認為，美國在經濟、軍事、科技等各個領域都擁有非常明顯的優勢，在可預見的將來，世界上還不大可能出現真正的挑戰者。而Foreign Policy雜誌上的《老鷹墜地》則幾乎與前一篇文章同時發表。該文的作者指出。美國在國際事務中已經越來越無能為力，正是那些當初將美國推向霸權地位的政治、經濟、軍事等因素，現在又導致了美國的逐步衰落。「鷹派」認為，美國應當像帝國一樣行動，理由是美國實力第一，天下無敵。而且假如不用武力的話，華盛頓在國際上就要受到排擠。而《老鷹墜地》的作者反對鷹派的主張，認為假如美國奉行這樣一種單邊主義的政策，那麼衰落將加速。上述兩篇文章的觀點恰好形成鮮明的對照。這些都是一家之言，可供思考，希望大家研究。

談談美國的經濟情況。最近一個時期，美國頻頻曝出經濟醜聞，一些大公司做假賬，結果股市跌到了五年來的最低點，消費者信心指數也下挫得很厲害。布什總統就職一年多以來，美國的失業人數上升了二百萬，吸引的外商直接投資減少了六成，目前美國人也在議論紛紛，樂觀派覺得美國經濟的基本面還是健康的：宏觀經濟政策有利於經濟回升，股市泡沫差不多都擠乾了，信息產業的復甦也指日可待。而悲觀論者認為，美國的經濟前景很暗淡，重要的經濟指標都沒有改善，財政赤字增加，假賬醜聞後果嚴重。這又是兩種截然相反的觀點。究竟情況如何發展還有待觀察。

總之，美國的實力仍然是首屈一指的，但是它要想在國際上為所欲為也難辦到。當今世界，全球化的浪潮浩浩蕩蕩，資本、技術、信息的高速流動加深了各國之間的相互依存程度，只有多國分工協調合作，才可能實現可持續的發展。「九·一一」之後國際形勢的變化也從不同層面印證了這一點。

所以，儘管目前世界上還存在着局部的緊張和動盪，但是大國關係是比較穩定的，世界大戰打不起來，我們的外交空間越來越擴大，外交資源越來越豐富。經濟全球化是機遇，大國關係穩定也是機遇。可以預期，未來的一二十年將是我們國家大有作為的重要的戰略機遇期。

下面再講講中美關係。以尼克松總統訪華為標誌，中美兩國恢復正常交往已經三十年了。這三十年裡，風風雨雨，值得我們思考和總結的事情很多。大家都非常關心中美關係，我想同學們也會經常討論這個方面的問題。其實，無論中美關係看起來多麼紛繁複雜，我們都可以找到它內在的發展規律。運用辯證法來分析中美關係，就可以使我們站得高看得遠，不會被一時一事所左右。

應該説，三十年來我們和美國的關係總體上是在不斷向前發展的，但摩擦鬥爭也不少。尤其是一九八九年之後，美國率領西方國家對我們搞所謂的制裁，一時間彷彿是「黑雲壓城城欲摧」。但是我們頂住了壓力。很快海灣戰爭爆發，美國認識到中國的重要性，感到有求於中國，於是又轉過來尋求改善關係，兩國領導人的互訪也逐年增多，簽署了中美貿易協定，美國支持中國加入WTO，這些是積極的一面。不過消極面也並不少，比如美國允許李登輝訪美，又如南斯拉夫發生的炸館事件，還有南海上空的撞機事件，等等。中美關係總是不能平靜下來，變化起伏不斷，讓不少人感到眼花繚亂。這些變化的背後有沒有什麼東西不變呢？我認為是有的：

第一，中美之間合作的基礎沒有改變。中國和美國都是世界上的大國。美國從自身的經濟利益、安全利益考慮，也需要借重中國巨大的市場潛力和重要的國際戰略地位。中國的崛起是美國不得不面對的客觀現實。一位美國官員曾經講，美國不想阻礙中國的崛起，即使想也沒有這個力量。我覺得這個說法是比較實在的，中國的崛起是任何力量都不可阻擋的。美國民間更是如此，普通的美國民眾不希望中美對抗。我們還可以看到，中美之間合作的領域越來越廣泛：經貿、科技、反恐、防擴散、亞太安全，等等，美國都需要與中國合作，在許多雙邊和國際問題上，中美雙方有着共同的利益，這些合作的基礎沒有改變。

第二，中美兩國各自的基本模式沒有改變。美國總是將自己的價值觀念、社會制度、經濟模式視為放之四海而皆準的真理，推向各國。我們不會把自己的東西強加於人，也絕對不允許外國來干涉中國的內政。我們要學習先進的東西，任何先進的思想、文化、技術我們都願意誠懇地學習。不但派學生出去學，也可以請老師進來教。但是假如要搞干涉搞滲透，那我們就堅決反對，這個方面會產生一些矛盾，這也是沒有改變的。

第三，美國對華政策的兩面性不會變。中美之間既有合作又有鬥爭，所以自尼克松以來的歷屆美國政府不管民主黨還是共和黨都奉行一種「合作加防範，接觸加遏制」的對華政策。這種兩面性決定於美國壟斷資產階級的本性和它的國家利益。因此就正如大家看到的一樣：儘管中美之間麻煩不斷，但是總不至於破裂；而中美關係取得進展的時候，又往往冒出來新的問題。

上述三點，就是中美關係的基本規律。由於客觀條件的變化，其表現形式可能不同，冷戰時期有冷戰時期的表現，二十一世紀又會有二十一世紀的表現。比如說，一九八九年之後美國幾乎每年都要在聯合國人權會上搞反華提案，但是今年它卻沒有提，為什麼呢？一方面，它目前把反恐作為頭等大事，需要中國的合作；另一方面，它已經連續十次搞這個反華提案，也已經連續失敗了十次。再搞下去仍然逃不過失敗的命運，所以今年不搞了。

如果從一八四四年《望廈條約》的簽訂開始計算，中美之間的接觸已經有一百多年的歷史了。可以講，這一百多年來中美關係的每一次調整，都是雙方力量變化的反映。《望廈條約》的時代，中國被外國欺凌，到十九世紀末二十世紀初國家已經衰弱到了極點。這個時候美國到中國來的一是傳教士，一是商人。他們要傳播所謂的「福音」，又要打開中國的市場。但是美國進入中國是比較晚的，於是就提出「門户開放」政策，要參與對中國的瓜分。進入二十世紀以後，隨着新民主主義革命的發展，中國人民逐漸覺醒，尤其一九四九年中華人民共和國建立以後，中國的力量日益壯大，也影響了中美關係。中國人民當家做了主人。當時的美國政府對此是無法接受的，於是採取封鎖、制裁的政策，造成了中美之間長達二十多年的隔絕和敵對狀態。但是中國國際地位不斷提高，美國最終不得不承認，孤立中國只能是搬起石頭砸了自己的腳。所以尼克松總統越過太平洋，打開了中美關係發展的大門。

近年來，所謂的「中國威脅論」甚囂塵上。今年七月份，美國國防部發表了《中國軍力年度報告》。緊接着美國國會、美中安全評估委員會又發表了題為《美中經濟關係對國家安全的影響》的報告。這兩份報告的基本觀點就是中國的崛起威脅了美國的利益，也威脅了亞太和世界的安全。「威脅論」之外還有種觀點叫做「中國崩潰論」，近來也很活躍。去年七月一個美籍華人出了一本題為《中國即將崩潰》的書。他為自己的書起這種聳人聽聞的題目無非是想增加賣點，推銷他的那套「理論」。其實，「威脅論」也罷，「崩潰論」也罷，不過是一塊硬幣的兩面，一個說有威脅，一個說它要垮台，都是反華勢力在那裡鼓噪。這部分勢力人數不多，他們炮製出來這些謬論更不值一駁。但是他們為什麼會在目前這個時期活躍起來呢？我們可以分析一下：「中國威脅論」的興起，從反面說明我們國家在發展壯大，國際影響力在不斷增強。那些死抱着冷戰思維不放的人當然感覺難受，於是製造出種種奇談怪論來。如果我們的綜合國力還是幾十年前的水平，「中國威脅論」就不會叫得像今天這樣響，如果我們再有幾十年的穩定發展，我看，那時候「中國威脅論」在世界上就不會再有市場了，更多的人會認同一個穩定、富強的中國，中國的發展對世界而言也是機遇。

所以我認為，只要我們的綜合國力不斷增長，中美關係肯定會向着有利於我們的方向變化，整個國際格局也會發生深刻的變化，也就是我們所說的世界要走向多極化，國際關係應該實現民主化，國內的事情應該由各國自己辦，國際上的事情應該由各國商量着辦。當然美國也許有人不認同，他們提出了所謂「文明衝突論」，設想出中美對抗的各種情形，但是這些都不是主流，美國的有識之士也不贊成這樣的看法。美國國務卿鮑威爾就說過，中國致力於現代化並不可怕，我們應該和中國進行更多的軍事交流。

國際格局如何發展，取決於各種力量發展的對比。從目前來看，國際關係向着更為和平、穩定的方向發展是大有希望的。去年僅僅四個月內，布什總統就兩次來華，一次到上海，一次到北京。競選總統的時候他把中國稱為美國的「戰略競爭者」，現在他主張和我們發展建設性的合作關係，這個變化是積極的。當然，我們必須注意到，在改善關係的同時，布什政府對我牽制防範的一面也有所加強，比如說在台灣問題上，美國加強了對台軍售，允許台灣的「國防部長」到美國參加防衛高峰會議，等等，這些均值得我們警惕。

美國人民對中國人民是友好的，但是有些美國人對中國缺乏瞭解，受西方媒體的誤導，對中國存在着各種各樣的偏見。我們有必要繼續通過民間交流等各種渠道，加強中美兩國人民之間的相互瞭解。

中美在打交道的過程中也經常發生一些問題。近十年來，中美經歷了四場大的鬥爭：第一是一九八九年之後美國對華搞制裁；第二是美國允許李登輝訪美；第三是南斯拉夫炸館事件；第四是南海撞機事件。但是黨中央做出了英明的決策，我們進行了有理、有利、有節的鬥爭，維護了國家的主權和尊嚴，維護了中國人民的根本利益。我們說要以兩手對兩手，也就是說僅僅有鬥爭的一手還不夠，還需要發展合作的一手，兩手是同樣重要的。

我們推動中美合作，這本身就是對美國反華力量的一種牽制。

中美恢復交往三十年來，兩國的共同利益不斷加深，相互聯繫的紐帶日益緊密。中美在經貿、文化、人員方面的交流往來從無到有，現在已經達到相當大的規模。去年中美貿易額達到八百零四億美元，是兩國建交時的三十三倍。美國現在是我們最大的出口市場、第二大的貿易夥伴；中國是美國的第四大貿易夥伴，大陸已取代台灣，成為美國第八大出口市場。美國對中國的直接投資達三百五十億美元，居各國對華投資的首位。兩國間已有三十一個省市(州)建立了友好關係，一百一十個城市建立了友好關係。每年到中國來旅行的美國遊客超過了九十萬，中國大陸赴美國留學人數達到了二十多萬。總的來說，中美兩國加強友好合作，順應時代潮流，符合兩國民心。當然，美國不會放棄分化、西化中國的圖謀，但是它也難以承受中美關係破裂的代價。中美合作的一面越發展，美國國內的反華勢力就越孤立，破壞中美關係的企圖就越不得人心。我們在和美國反華勢力作鬥爭的同時，更要善於爭取和調動美國國內支持美中關係發展的積極力量，不斷深入兩國合作關係，引導中美關係向好的方向發展。

布什就任以後，江主席已經同他進行了兩次重要的會晤。下月江主席還要應邀訪問美國，將和布什總統在得克薩斯州他的私人牧場舉行會談。胡錦濤副主席也在今年上半年訪問了美國。這些都是我們為發展中美關係而採取的重要舉措。在美國對華遏制有所增強的情況下，高層交往和接觸對於穩定和發展中美關係具有重要的意義。

八月下旬，美方終於宣佈把我國新疆「東突」恐怖主義組織列入其國際恐怖主義集團名單。實際上，美國在阿富汗的戰爭中間就抓到了一些從我國新疆跑過去的恐怖主義分子，其中有些還是比較重要的頭目，被關在古巴的美國軍事基地裡。不久以前陳水扁拋出所謂「公投」論，鼓噪「一邊一國」，結果受到了海內外愛國華人華僑的一致譴責。包括美國在內的世界主要國家紛紛表示堅持一個中國的政策，不支持台灣獨立。可見「台獨」不僅在島內不受歡迎，在國際上也十分孤立。兩岸關係有所發展或中美關係有所改善的時候，台獨勢力總要跳出來製造麻煩，這恰恰表現了他們心中的恐慌和虛弱。中國的統一是任何力量也無法阻擋的，即使有人妄圖為中國統一設置障礙、製造麻煩，他也是絕對不能得逞的。

總之，我們在處理中美關係時，既要看到有利的一面，又要看到困難的一面。在中美關係得到發展和改善的時候，要保持清醒的頭腦，居安思危；當中美關係遭遇曲折、挫折、困難的時侯，我們要從我們國家的根本利益出發，牢牢掌握我們在中美關係中的主動權。我們要鬥智鬥勇，但是不要鬥氣，不圖一時之痛快，不爭一日之短長。蘇軾在《留侯論》裡邊有這樣一番議論，說「匹夫見辱，拔劍而起，挺身而鬥，此不足為勇也。天下有大勇者，卒然臨之而不驚，無故加之而不怒。此其所挾持者甚大，而其志甚遠也」。也就是說，不要碰到一點挑釁就氣憤得不得了，就頭腦發熱要「挺身而鬥」，這其實「不足為勇」。真正勇敢的人會冷靜觀察、仔細考慮，因為我們「所挾持者甚大」，我們的志向很高遠。蘇軾讚頌的是西漢的張良，而我們當然應該比兩千年前的政治家有更多的智慧。

伊拉克戰爭與美國

（二〇〇三年九月十日）

很高興又有機會與北大國際關係學院的老師和同學們見面。今天是教師節，首先還是祝各位老師節日愉快。其次對新學年剛剛入校的新同學表示歡迎，並祝賀你們人生新的階段開始。還要祝賀學院全體師生員工，在過去的幾個月裡為戰勝「非典」做出了自己的貢獻。希望大家在新的學年裡，在學習、工作、生活各個方面都能取得新的進步。

去年的教師節，我主要就「九·一一」事件以後的美國以及中美關係為題做過講話。一年來，國際形勢發生了新的複雜變化，其中最令人關注的事件就是伊拉克戰爭。

這場戰爭持續的時間並不長，從三月二十日開戰到五月一日布什總統宣佈主要戰事結束，總共只有六周，實際上真正打的時間也就三個多星期。對於這場戰爭的進程大家都比較瞭解，這裡就不多說了。我今天想談的是如何從大的國際背景來看待這場戰爭，以及這場戰爭對美國的戰略趨向有什麼影響。

我們首先還得從「九·一一」事件對美國全球戰略的影響談起。「九·一一」事件後，美認為世界進入了一個新的所謂「後後冷戰時代」。美國認為後冷戰時代的主要標誌是，蘇聯解體後，美國不再面臨蘇聯的威脅。後後冷戰時期的標誌是美國面臨全球恐怖主義的現實威脅。美國推行其全球戰略重點的次序發生重大變化。

消除恐怖主義對美國本土的威脅，成為美國戰略的主要任務。現在回過頭來看，兩年以來美國的戰略調整大致可以分成三個階段。

第一個階段是反應階段，時間大約從「九．一一」到二〇〇二年初。由於二百多年來美國本土第一次遭到如此嚴重的襲擊，美國迅速做出強烈反應，一方面大力加強本土防衛，醞釀設立國土安全部，改組聯邦調查局和中央情報局；另一方面調動全部外交資源，以反恐劃線，組建國際反恐聯盟，發動阿富汗戰爭，打擊「基地」組織及其庇護者塔利班政權。在這個階段，美雖然藉反恐進入了過去難以插足的中亞地區，但總的態勢還是做出反應，加強防衛。

第二個階段是醞釀階段，時間大約從二〇〇二年一月二十九日布什總統發表「國情咨文」到二〇〇三年二月出台《反恐戰略》。在這個階段，美對其全球軍事安全戰略進行了自冷戰結束以來最為深刻的一次反思，先後出台了《毒品管制戰略》、《國土安全戰略》、《國家安全戰略》、《防禦大規模殺傷性武器戰略》、《電腦網絡安全戰略》、《保護重要基礎設施和資產戰略》、《反恐戰略》等一系列文件。其中最具有指導意義和標誌作用的是布什的兩次重要講話：在二〇〇二年一月的「國情咨文」中，布什首次提出存在所謂「邪惡軸心」；同年六月一日在西點軍校發表講話時，布什又提出「先發制人」的戰略。

這個階段有三點變化值得我們注意。

一是美國把恐怖主義襲擊看做戰爭行為，越來越多地使用軍事手段，而不是傳統的行政和司法手段來對付恐怖主義。這使得美對外政策中的黷武傾向上升，美政府內部國防部對美外交決策的影響明顯增大。

二是美國反恐的打擊對象發生變化。「基地」組織受到重創後化整為零，美難以找到集中打擊的目標，因此把主要目標定在防範恐怖主義組織獲得大規模殺傷性武器上。美在《國家安全戰略》中明確宣稱「流氓國家與恐怖主義是天然盟友」，美國要防止這些國家將「最致命的武器」擴散到「最危險的敵人」手中。這樣，美就將反恐與防擴散和整治「流氓國家」掛起鈎來，並進一步提出要改造中東。在阿富汗、伊拉克之後，朝鮮、伊朗、敘利亞也成為美重點關注的對象。

三是美認為所謂「虛弱和失敗國家」容易為恐怖組織所利用，中東、中亞、東南亞、東北亞等所謂「不穩定弧」是反恐的薄弱環節。為加強對這些地區的控制和反應能力，美宣佈將重新評估其軍力結構，並考慮調整海外軍事部署。這樣，美就可以以反恐為名，加強對戰略要地的控制。

第三個階段是實施階段。伊拉克戰爭表明，美已開始全面實施新的全球軍事安全戰略。

一九九一年海灣戰爭後，伊拉克問題一直沒有得到徹底的解決。美國長期奉行「遏伊倒薩」

政策，拒不取消對伊拉克的制裁。伊拉克方面也不時中止與聯合國在武器核查等方面的合作，授美口實。從深層次看，解決伊拉克問題，是美加強控制中東，繼續推行霸權主義和強權政治，鞏固一超地位的重要一環。據法國《費加羅報》今年四月十八日的一篇文章報道，早在布什上台以前，以美現任副總統切尼、國防部長拉姆斯菲爾德和副部長沃爾福威茨為代表的「新保守派」就在二〇〇〇年九月出台的「美國新世紀」計劃中，明確提出了「打伊倒薩」的設想，作為加強美國強權之下的世界和平，確保美國全球霸主地位的第一步。

這次，美有意借助「九·一一」後國際社會重視反恐和防擴散合作的有利氣候，拔掉薩達姆這顆釘子，將中東這一戰略要地和油氣資源控制在自己手中。因此，伊拉克武器核查危機重新爆發以來，儘管聯合國通過一四四一號決議。要求繼續進行核查，美英在伊周邊集結重兵的舉動從未放緩。美其實早已下定決心，無論是否得到安理會的授權都要開戰。美英之所以還要提出新決議草案，是想披上聯合國的合法外衣，「師出有名」。

其他大國和國際社會對此也看得很清楚，因此在安理會內外展開了十分激烈的爭論。美英在修改了新決議草案並一再推遲表決時間之後，仍無望通過新決議，美國不得不知難而退，放棄尋求表決，在向薩達姆發出四十八小時「最後通牒」之後，匆匆發動戰爭。這説明，在當前國際力量對比失衡的情況下，其他大國不願輕易妥協，但也不願與美直接碰撞。國際社會並不接受美搞單極世界，也不願看到美為所欲為。

有一個細節大家也許注意到了：三月二十日布什宣佈開戰時，背景是兩張照片，一張是他的兩個女兒，另一張是他的夫人與愛犬。布什希望藉此表現出他重視家庭、尊重人性的一面，以與美聲稱的解放伊拉克人民的開戰目標相呼應。但是到了五月一日，布什乘戰鬥機飛到從海灣返航的「林肯」號航空母艦上，宣佈主要戰事結束時，航空母艦這種背景反映了美國決心使用武力的心態。

這次戰爭從軍事角度講是比較成功的。在一九九一年的海灣戰爭中，美軍動用了五十五萬兵力，轟炸了近四十天，地面部隊只打了不足一百個小時。而這次美軍投入兵力不足上次的三分之一，卻從一開始就展開地面進攻，二十一天就長驅直入拿下巴格達。但是，還不能說美取得真正意義上的勝利。

一方面，國際社會對美英發動戰爭的理由不斷提出質疑。美英迄今仍未拿出令人信服的證據，證明伊拉克的確擁有大規模殺傷性武器或與「基地」組織和「九·一一」事件有關係。倒是美國國內發現，「九·一一」後引起美全國恐慌並導致五人死亡的炭疽病毒，可能是由美國生化武器專家從美國軍隊的實驗室裡偷出來的。美英國內甚至有輿論認為，兩國政府在伊拉克違禁武器的情報問題上有意造假，誤導本國人民。英國議會外委會調查認為英政府處理情報不當，誇大了伊達禁武器的嚴重性。為英國廣播公司(BBC)提供有關消息的國防部武器專家凱利突然自殺，更是在英國內引起軒然大波。

美國會參眾兩院情報委員會也就情報問題舉行秘密聽證會，準備競爭二〇〇四年民主黨總統候選人提名的參議員約翰·克里和佛蒙特州前州長霍華德·迪安則公開指責布什政府有誤導公眾的行為。有報道稱，布什總統在今年一月「國情咨文」中關於伊拉克試圖從尼日爾購買核材料的指責竟是源於一條未經證實的、甚或是偽造的情報。美中央情報局局長特尼特趕緊出來發表聲明，主動承擔失察之責。布什總統也不得不表示他要承擔責任。

面對各方質疑，國防部長拉姆斯菲爾德又提出新的說法：美國政府其實並沒有得到關於伊拉克大規模殺傷性武器的新情報，而是「九·一一」事件使美用新的眼光重新審視以前的情報。拉姆斯菲爾德去年六月曾講過這樣一句俏皮話：「沒有證據並不等於證明沒有。(The absence of evidence is not evidence of absence.)」《華盛頓郵報》六月二十二日一篇文章認為，「迄今為止，未能在伊拉克找到大規模殺傷性武器或者對此予以解釋，給美國的軍事勝利蒙上了一層陰影，因為這曾是發動先發制人戰爭的必要和充分理由。現在，先發制人的理論——布什外交政策的核心——處於危險之中」。英國《獨立報》則發表文章，詳細列舉了美英為進行戰爭而編造的二十個謊言。

另一方面，從五月一日布什總統宣佈主要戰事結束到現在已經四個月了，伊拉克局勢還沒有平靜下來。大家可能還記得，戰爭開始的時候，北京的「非典」問題剛剛露頭。現在「非典」風波已過去，美國在伊拉克問題上卻還沒有理出頭緒來，依然面臨不少問題：薩達姆仍然下落不明；反美示威不斷，要求美軍立即撤走；針對美軍的襲擊事件不斷，五月一日以後美軍死亡的人數已經超過此前戰事激烈的時候，而從開戰到現在的陣亡總數大大超過了一九九一年的海灣戰爭。拉姆斯菲爾德也不得不承認，伊拉克局勢不穩的狀況可能至少要再持續數月。因此，美國向不少國家發出了派兵協助維持秩序的邀請，並發動了多次清剿行動。但目前這種美軍平均每天超過一人死亡的窘境恐怕一時還難以擺脫。這說明，軍事打擊易，征服人心難，改造社會就更難。美國最近的民意調查顯示，由於美英聯軍在伊接連受到襲擊，重建工作也進展緩慢，美國人對美佔領伊拉克的支持率從四月份的百分之七十三下降到百分之五十左右。

最近布什總統又專門就伊拉克問題發表講話，意在着眼大選，爭取國內支持，迫於國際壓力，尋求國際合作。

我們可以將伊拉克戰爭與阿富汗戰爭大致做個比較。

這兩場戰爭有很多相似之處，比如：都是在美調整安全戰略，將恐怖主義視為對其最現實的威脅之後發動的局部戰爭；都聲稱目標是鏟除獨裁政府，打擊恐怖主義，推行民主，解放當地人民；也都達到了使美進入戰略要地的目的，客觀上有利於美繼續推進單極戰略。在這兩次戰爭中，美都憑藉絕對的軍事優勢很快得手，傷亡都很小，但也都沒有抓到拉登和薩達姆等主要打擊對象，並面臨持續不斷的抵抗活動。

但是，這兩場戰爭也有兩個很大的不同。

首先是國際反應不同。美在「九·一一」恐怖襲擊事件後攻打塔利班和「基地」組織，還算是師出有名，得到國際社會一定的同情和支持，一些國家還派兵參加多國部隊，並為阿重建提供了大量援助。而在伊拉克問題上，美英等國不顧絕大多數國家和全球反戰力量的強烈反對，不顧十多年來聯合國在對伊拉克進行全面制裁和武器核查方面取得的進展，在並無確鑿證據、也無法爭取到安理會授權的情況下，單方面發動「先發制人」的戰爭。正所謂「名不正則言不順」，國際社會的總體反應是消極的。

其次是戰爭目標不同。美發動阿富汗戰爭的目標比較明確、有限，主要是要打掉本·拉登及其「基地」組織。打垮塔利班政權，也是為這一目標服務的，而不是為了改造阿富汗。所以美不僅借重北方聯盟的力量，而且也考慮佔阿人口多數的普什圖人的利益，連老國王查希爾也照顧到了，以保持各種力量間的平衡。打垮政教合一的塔利班政權，客觀上也起到恢復阿富汗傳統價值和社會結構的作用。所以阿富汗反對塔利班的各大派別基本上都參加了波恩大會，並推舉出卡爾扎伊，組建了較為平衡的新政權。雖然新政權仍面臨許多問題，難以發揮作用，但畢竟在喀布爾建立了一個當地政權，外國使館也能恢復活動。美國還能騰出手來集中力量繼續清剿「基地」組織。

但在伊拉克，美的目標要大得多，不僅要摧毀薩達姆政權，還要將伊改造成一個建立民主制度、擺脫伊斯蘭教傳統的自由國家，成為阿拉伯、中東地區國家的民主樣板。這樣的目標很難吸引伊拉克的反對派。而且薩達姆政權本來就是一個世俗政權，不少反對派，特別是在伊拉克境內有影響的派別基本上都有部族或宗教背景，他們既反對薩達姆，也反對美國。因此，美很難找到合適的人選，新成立的臨時管理委員會的代表性受到強烈質疑。外國使團也無法恢復活動。

由於戰爭目標的擴大，美軍在推進過程中重點打擊薩達姆政權的黨政軍警系統，基本摧毀了原有的權力體系。這種權力真空導致了兩個方面的後果：一方面，社會秩序混亂，搶劫和復仇現象嚴重。美軍被迫維持治安，既增大了美軍傷亡的可能性，也強化了「佔領軍」的角色，更難為當地人民接受；另一方面，伊斯蘭宗教組織的影響日趨上升。《紐約時報》專欄作家紀思道(Nicolas Kristof，曾任駐京記者)六月二十四日從巴士拉發回的一篇報道稱，美國打垮薩達姆政權，受益的是伊斯蘭原教旨主義者。在巴士拉，一些出售酒精飲料的店主遭到槍殺，電影院業主整天提心吊膽，不少店鋪都掛出「姐妹們，遮住你的頭髮」的提示牌。在薩達姆時期，巴士拉大學科學系百分之八十的學生是女性，現在不少家長都要求女學生在校園裡蒙上頭巾，以避免麻煩。所以這篇報道的題目就是《遮住你的頭髮》。該報道還介紹說，當那些流亡的反對派人士在倫敦享受的時候，原教旨主義者則冒着生命危險從事地下活動，並贏得了當地人民的支持。這篇報道的中心思想是警告：一個原教旨主義的鐵幕可能降臨到伊拉克。

伊拉克之戰結束以後，各國輿論對美國反恐戰略的動向有許多議論。據《國際先驅論壇報》載文稱，布什總統對國際關係的看法是，美國有給世界帶來和平的使命，美國反恐戰爭的勝利之日，就是這一使命完成之時。完成這一使命的障礙則是「多極的」、平衡的國際關係。美國家安全事務助理賴斯六月二十六日在倫敦國際關係戰略研究所講話時對此做了詳細的解釋。賴斯說，應當打破自十七世紀民族國家崛起所形成的大國間對抗這一破壞性的國際體系；歐洲各國必須摒棄多極化概念，因為該觀念並未真正推進和平；多極化是大國間對抗和價值競爭的理論。

文章作者認為，賴斯的說法是應有一個新的體系取代多極下的聯合國，同時超越北約的極限。現今的北約不能讓美滿意，因為實質上其內部也在多極化，其內部平等是美國的障礙。

看來賴斯的講話是針對美歐政要呼籲重塑大西洋夥伴關係的反應。五月十四日，美國前政要奧爾布賴特、布熱津斯基等一八人發表了主張改善美歐關係的共同聲明。六月十四日，歐洲前政要科爾、德斯坦等人積極回應。他們的共同意見是強調面對全球性挑戰，需要美歐團結；美歐的生存和發展是禍福相依；美歐加強在世界熱點問題上的合作，共同承擔國際安全責任。

從雙方的論點來看，美方反對多極化，認為這是造成大國間對抗的破壞性因素，是美國推行和平使命的障礙。歐洲則強調應當合作，共同承擔國際安全責任，若無歐洲相助，美國不可能單獨應付挑戰。

美國在二百多年的歷史上對歐洲更多地是執行「中立」政策。這種政策反映了美國的孤立主義傾向，目的是防止年輕的美國被歐洲的戰爭所吞沒。一九一四至一九一八年的第一次世界大戰，美國直到一九一七年四月才對德參戰。一九三九至一九四五年的第二次世界大戰，美國直到一九四一年十二月珍珠港事件後才參戰。

二次大戰後美國成為經濟、軍事實力上的超級大國。經過美蘇對抗的冷戰時期，美國現在成為惟一的超級大國。如有人認為憑藉這種軍事、經濟上的絕對優勢就可以推廣單極論，勢必謀求單極的行動自由，甚至違背國際法，破壞聯合國，走上奉行武力至上的帝國政策的道路。

美國的一些專家學者已經開始更深入的反思。

例如，美國《外交政策》雜誌二〇〇三年五月號刊登了卡內基國際和平基金會研究員裴敏欣的文章《美國民族主義的悖論》。這篇文章開頭是這樣寫的：「在美國遭受恐怖主義攻擊近兩年之後，國際輿論從對美國及其人民的衷心同情轉變為不加掩飾的厭惡。這一轉變直接的催化劑是美國對伊拉克的強硬政策以及隨之而來的戰爭……更確切地說，對美國的憂慮不斷增長，應被視為對塑造和推動美國對外政策的美國民族主義精神的一種全球性的強烈反彈。」

文章認為，美國人非常愛國，根據密歇根大學的一項調查，百分之七十的被調查者對自己作為美國人「非常自豪」，而在其他西方國家，這一比率不足百分之五十。但美國人卻回避民族主義這個詞，原因在於美國的民族主義與其他國家的民族主義有很大的不同：首先是美國自視為文化和種族的大熔爐，認為「沒有美國種族，只有美國信念」，美國的民族主義基於自認為是普世性的價值觀，而不是文化或種族；其次是美國的民族主義是勝利訴求和向前看的，因為短暫和榮耀的歷史記憶使其堅信未來會更加美好，因此美國對於曾經遭受屈辱和挫折的絕大多數民族的悲情訴求和向後看的心態缺乏理解和同情。

因此，美國的民族主義作為政治理想、民族自豪和孤立主義的混合物，具有與生俱來的高傲和傳教士精神。其悖論在於，美國具有強烈的民族主義，卻否認和鄙視民族主義，這必然與其他國家的民族主義發生衝突，並導致三個直接的後果：一是引起外國政府和人民的高度怨恨，二是在試圖破壞外國敵對政權時會產生強大的反作用，三是使美國在海外追求國家利益的行為被視為偽善，從而削弱了美國的國際信譽和合法性。

其實這篇文章講的不是一個新問題。回顧歷史就會發現，西方列強在進行侵略擴張時，都曾表現出這種民族主義的悖論。西方國家認為，基督教倫理、市場經濟和民主制度是資本主義得以成功的三大支柱，而這三者都具有普世性，超越了所謂「化外民族」的文化和宗教傳統。因此，資本主義在進行全球擴張時，往往先由傳教士打頭陣，「以開教化」；商人緊隨其後，「以通其利」；時機成熟後再以軍事實力為後盾，直接對這些所謂「化外蠻族」進行全面的社會改造，並將被改造民族保護自己文化和宗教傳統的努力視為「狹隘」甚至「邪惡」的民族主義。

近期，在美國內就「美利堅帝國」問題展開了辯論。所謂「美利堅帝國」，其含意就是美國是不是「帝國」，要不要發揮「帝國」的作用。主張美國應當成為帝國的一派被稱為「新保守派」。他們認為美國應當憑藉超強的實力在全球推行美國政治價值觀，對「失敗國家」先發制人，進行攻擊，以美為模式進行改造。英國牛津大學一歷史學家告誡美國政府不要否認美的帝國作用，要學習十九、二十世紀大英帝國在全世界推行「繁榮與進步」給世界做出的「貢獻」。「傳統保守派」反對「美利堅帝國」的提法，認為這樣做很危險，主張探討羅馬帝國衰亡原因，以引發對美國今日的反思。有人還發起成立「維護共和國委員會」，準備在紐約召開「美利堅帝國」研討會。「自由派」也反對建立帝國，主張用柔性方式發揮美國在國際事務中的主導作用。

美國政府內部對「美利堅帝國」的提法有分歧。布什總統多次強調美不是「帝國」，與以往「帝國」的做法有質的不同。但在執政團隊中，不少人主張用武力輸出美國價值觀，建立「美利堅帝國」。

總起來看，參加辯論的各派在維護、加強和延長美國超強獨霸地位的目標上是一致的，但對如何實現這一目標存在分歧。這場辯論對美國今後的對外政策走向將產生深遠的影響。

哈佛大學肯尼迪政治學院院長約瑟夫·奈發表題為《伊拉克戰爭後的美國實力與戰略》的文章，文中指出，布什政府內部對新戰略如何實施意見分歧，一些人想擺脫二戰後美建立的國際制度框架，另一些人認為在原有框架內行事可更好地實現目標。約瑟夫·奈認為，對美而言，與其忽視聯合國或試圖改變其結構，不如與其他擁有否決權的大國合作，利用聯合國，推進新戰略。在二十一世紀，越來越多的事務是連最強大的國家都無法操控的。力量的擴張不能超過公眾的容忍限度。伊拉克戰爭之後的民意調查顯示，美公眾對「帝國」不感興趣，無意入侵敘利亞和伊朗，相反繼續支持多邊主義和利用聯合國。

八月三日的《洛杉磯時報》載文認為伊拉克戰後，美國對外政策可能轉向溫和、克制，從打一場高代價的戰爭轉向撤離熱點地區；從高代價干預行動轉入低成本的外交斡旋。原因是大選在即的因素、美國公眾心理因素、情報事件和戰後重建困難的因素。

所有這些都是上述辯論的反映。究竟如何，大家可以繼續研究。

下面再來談談當前的中東形勢。

伊拉克戰爭對該地區的影響是顯而易見的。目前，美已開始將更多注意力轉向伊拉克的鄰國和中東地區。四月三十日，美、俄、歐盟和聯合國組成的「四方機制」正式向以巴雙方遞交了中東和平「路線圖」計劃。美國重新推動和平進程，希望以此緩解國際壓力，安撫阿拉伯世界，同時藉打垮薩達姆政權之勢，強化其在中東和平進程的主導權。這可以說是美重塑中東政治版圖的第二步。目前，「哈馬斯」等激進組織面對各方壓力和以色列的軍事打擊及所謂「定點清除」行動，同意停火數月，但和平進程仍面臨重重困難。最近又出現了巴勒斯坦總理阿巴斯辭職，以色列襲擊「哈馬斯」事件，「路線圖」計劃受阻。

美國原希望打垮薩達姆政權和排斥阿拉法特之後，巴勒斯坦反以活動會有所減少，有利於巴以和解。實際情況卻是，「哈馬斯」等激進組織在巴勒斯坦人民中的影響正在繼續上升，在最近一次聯合國駐加沙福利和就業辦事處職員會的選舉中，被美列為恐怖主義組織的「哈馬斯」贏得了近百分之八十的選票。分析家認為，「哈馬斯」的軍事組織堅持對以色列的抵抗鬥爭，其政治組織則通過慈善網絡向加沙地帶的居民提供大量援助，這是「哈馬斯」獲得選舉勝利的兩大重要原因。較之擁有豪宅、衣着考究的巴勒斯坦內閣成員，生活儉樸、出生入死的「哈馬斯」領導層更能贏得巴民眾的支持。因此，美若不能公正地處理巴以衝突，而是繼續奉行偏袒以色列的政策，必將引發新的衝突和更為複雜的形勢，中東和平進程將再次面臨夭折的危險。

美國想改造中東，還要解決另外兩個關鍵問題，即敘利亞和伊朗。從現在的情況來看，美國對敘利亞相對客氣一些，對伊朗則盯得很緊。一方面，伊朗的力量大一些，對中東的很多激進組織有影響，伊拉克境內也是什葉派居多，他們既反薩達姆，又反美國。另一方面美國與伊朗有歷史恩怨。伊朗與阿拉伯在歷史上是世仇，但也是穆斯林國家，原來受蘇聯影響比較大，二戰時斯大林就是選擇在德黑蘭與羅斯福會晤。二戰後，伊朗的巴列維國王親美，美也想把伊朗變成反蘇的基地，大力支持巴列維搞西化。結果在伊朗形成了美式上層與穆斯林下層，社會分化嚴重，民眾仇美情緒非常強烈。巴列維國王被霍梅尼革命推翻後，美伊關係不斷惡化。後來發生了伊朗扣押美國使館人質事件，卡特總統出兵營救人質失敗，斷送了政治生命。這大概也算是美國處理外國民族主義失敗的一個例子吧。

所以在兩伊戰爭期間，西方國家一致支持薩達姆，特別是美國提供了大量的武器裝備。沒想到薩達姆從中嘗到甜頭，誤以為入侵科威特西方也不會反對。但是這次，薩達姆就威脅到了美國在中東的戰略利益，美國不能接受。這才有了一九九一年的海灣戰爭和十二年制裁後的伊拉克戰爭。

從目前的中東海灣形勢和美國內情況來看，美國在大選前再打一仗的可能性不大。不過，這次伊拉克戰爭給我們提出了一個新問題。前面我們談過，美國現在要先發制人。它認為哪個國家不好、被懷疑支持恐怖主義、有大規模殺傷性武器、威脅和平，它就要主動進攻。這是國際關係中一個很大的變化，會不會影響到我們關於重要戰略機遇期的判斷呢？

對於這個問題，我想，首先中國是個大國，只要我們自己不亂，好好發展，把自己的事辦好，在國際上多交朋友，少樹敵人，其他國家也不敢輕易跟我們搞對抗。其次，「九·一一」後，美認識到反恐和防擴散需要大國的合作，對我們的壓力有所減輕，導彈防禦叫得也不那麼兇了，最近幾次攔截試驗失敗大概與投入不夠有關。第三，現在美國的戰線越拉越長，比如菲律賓跟美關係不錯，反恐遇到困難，所以美國就派兵去了。利比里亞國內出了問題，涉及不少美國後裔，布什也要考慮是否出兵。阿富汗的問題還沒有完全解決，在伊拉克問題上的麻煩也越來越多。世界上這麼多國家，不可能都改造成「美式自由」國家，首先宗教傳統就改不了。世界上這麼多事情，美國沾點邊就想管，恐怕力不從心。

以前我們關注過的美國戰略重心東移的問題。這幾年，美在亞太的投入增加了，特別是「九·一一」後在一些地區加緊投棋佈子，但還不能做出美國戰略東移的結論。

首先，美全球戰略的重點仍在歐洲地區。近來，歐美關係有了新的變化。歐美過去也有矛盾，這次在伊拉克問題上算是鬧得最兇的一次，雖然聯盟關係還在，但畢竟有了嚴重的裂痕。美國聲稱可以原諒俄國，也不追究德國，但不能放過法國。美還提出了「新」、「老」歐洲之分，有些「新歐洲」國家跟着美國走，如波蘭，美國就讓它在伊拉克管一塊地方。但是，法德畢竟是歐洲的主要力量，這個矛盾發展下去，美對歐洲的傳統影響還會縮小，將來歐美關係也不會太平靜。

其次，從軍事上看，美軍還不需要在亞太地區大規模加強部署。美軍現在要打仗，可以遠距離投送。基地前挪後退都沒有關係，航母來了就是基地。遠程轟炸機還可以從本土起飛，離戰場老遠就可以扔下精確制導的炸彈，然後往回飛，完全是按事先擬定的程序走。美軍現在的問題是怕離戰場太近，駐韓美軍還要後撤二百公里。但是有一條，現在看來，美國每打一處，都需要時間來調動力量，還要花很大的力量做很多國家和國內老百姓的工作。

再次，當前及今後很長時間裡，美主要任務是對付恐怖主義和大規模殺傷性武器的擴散，希望謀求與中國有更多的合作。美國沒有必要也沒有能力對我國進行戰略圍堵，因為亞洲國家出於自身利益的考慮，不會參加反華「包圍圈」。

所以只要我們的工作做到家，中美關係在較長一段時間內保持穩定還是很有可能的，二十年的機遇期也是現實的。

算起來，今天已經是我第五次到這裡來跟大家交流了。五年來，國際關係學院為國家培養了一批又一批的專業人才。對學院全體教職員工的辛勤勞動，我表示衷心的感謝。我已經從領導工作崗位上退了下來，我也要向北大領導提出辭去國際關係學院院長職務的請求。我祝願在座的年輕人能早日成長，為國家的未來做貢獻。

◎附錄二

在中美關係研討會上的主旨演講

（二〇〇三年十一月五日）

我衷心感謝布什總統【註一】的盛情邀請，再次來到美麗的得克薩斯農工大學，參加中美關係研討會。能有機會見到許多熟悉的老同事和老朋友，又結識了許多新朋友，我深感高興。

布什總統發起，中美雙方共同舉辦的這次研討會，是一件很有意義的事。它為人們總結中美關係的歷史經驗，剖析兩國關係的現在，展望兩國關係的未來，提供了一個寶貴的機會。

回顧歷史，三十二年前，小小的乒乓球推動了全球形勢的深刻變化。中美以奇特的方式開始關係正常化的進程。基辛格博士秘密訪問北京、尼克松總統在兩國未建交的情況下訪華，是世界外交史上的創舉。當年中美領導人的政治勇氣和遠見卓識，結束了兩國長達二十三年的相互隔絕，給籠罩在冷戰陰霾中的世界增加了和平的希望。

卡特總統執政期間，排除了中美建交的障礙。中美建交以及鄧小平先生成功訪美，揭開了兩國關係的新篇章。

里根總統執政初期，經過艱苦談判，兩國政府於一九八二年發表了著名的「八·一七」公報，就分步解決售台武器問題達成協議。

從上海公報、中美建交公報到「八·一七」公報，構成了中美關係牢固的基石。

上個世紀九十年代，國際局勢發生了自二戰以來最深刻的變化。由於中美兩個領導人的高瞻遠矚和共同努力，兩國關係不但經受住了嚴峻的考驗，而且擴大了合作領域和共同利益。

中美關係如同一艘巨輪航行在洶湧澎湃的大海上，不斷遇到狂風暴雨的襲擊，卻乘風破浪，始終駛向前方；也如同攀登一座高山，道路崎嶇不平，疑似無路，但峰迴路轉，登上了高峰。這可以成為對中美關係過去的評價。

女士們，先生們：

人類剛剛邁入二十一世紀，世界的和平與安全就面臨前所未有的挑戰。「九．一一」事件震驚了世界，改變了美國。美國正在調整、加強自身安全的戰略。中美進行的反恐合作，已成為兩國關係的重要組成部分。雙方在其他雙邊領域和重大國際與地區問題上的協調與合作也大大加強了。

現在，中美領導人保持着密切的溝通。布什總統【註二】就任後已經兩次訪華。江澤民主席一年前對克勞福德進行了成功的訪問。今年以來，胡錦濤主席和布什總統兩度會晤，溫家寶總理也將訪美。

兩國快速增長的經貿合作給兩國人民帶來了實實在在的好處。中美雙邊貿易額已經增至去年的九百七十一億美元。中國成為美國增長最快的出口市場，對華出口每年給美國創造了五十多萬個就業機會。在華投資的美國企業獲得了豐厚的利潤回報。價廉物美的中國商品使美國消費者每年節省開支近二百億美元。

中美雙方每年人員往來已突破百萬人次。在美工作或學習的大陸留學人員累積超過十八萬，在讀學生約六萬，每年在華學習的美國留學生也超過三千人。

兩國在世人關注的朝鮮半島核問題上進行了有效的磋商與協調。北京三方會談和六方會談的舉行，開啟了通過對話和平解決朝核問題的進程。兩國在其他重大國際問題上的磋商與協調也日趨密切。這些合作進一步加強了中美關係的戰略基礎。

即使是最樂觀的人，在三十二年前也想像不到中美今天合作的廣度和深度。事實證明，三十二年後的今天，中美的共同利益不是減少了，而是增加了；兩國的合作領域不是縮小了，而是擴大了。中美之間存在這樣那樣的分歧並不奇怪，是可以理解的。只要處理得當，中美關係應當而且能夠健康地發展下去。

鮑威爾國務卿不久前說中美關係正處於「最好」的時期。我同意這樣的評價。但我願意補充說，中美關係還應當也可以做到「更好」。

中美建交以來，有一個問題始終困擾着中美關係的穩定發展，這就是台灣問題。台灣問題是由中國內戰遺留下來的，本來是中國的內政。但由於歷史的原因，美國也深深地捲入其中。

在台灣問題上，我們一貫堅持和平統一的方針並為之作出了不懈的努力。過去十年來，兩岸經貿關係和民間交往發展迅速。兩岸年貿易額去年已突破四百億美元，累計人員往來突破二千五百萬人次，年人員往來超過三百萬，台灣在大陸的投資已達三百三十五億美元，僅在上海就有三十萬台灣同胞常住經商或從事其他行業。

大家都知道，台灣有一股勢力在不斷朝着「台獨」的方向越走越遠，不斷給兩岸關係和中美關係製造麻煩。這不但無助於台灣問題的和平解決，也在損害着中美關係和美國的利益。

早日實現兩岸和平統一符合兩岸的利益，也符合美國的利益。增加兩岸人員交流，發展經貿合作，對兩岸，對美國都是好事。希望美國能在這個問題上站得高一些，看得遠一些。

女士們，先生們：

展望中美關係的未來，我充滿信心。

中國還是一個發展中國家。要使全國人民都過上安居樂業、富裕繁榮的生活，還有很長的路。預計到本世紀中葉，中國的經濟能達到中等發達國家的水平，我們把未來二十年看作是一個重要的戰略機遇期。

中國的發展，需要一個和平的周邊國際環境。我們將在國際和地區事務中發揮建設性作用，真誠希望與包括美國在內的世界各國和平相處，友好合作。

中國將繼續推進睦鄰友好，與鄰為善，促進地區和平與穩定。我們歡迎美國在亞太地區發揮積極的作用，致力於地區和平與發展。

恐怖主義、跨國犯罪、武器擴散、疾病傳播是人類和平與發展面臨的共同威脅。中國願繼續與包括美國在內的國際社會加強合作。

中美經濟高度互補。中國改革開放的深化和經濟規模的擴大，將給兩國開展經貿合作帶來新的機遇。中國希望與美國加強經濟金融合作，共同為全球經濟的穩定發展作出更大貢獻。

更重要的是，經過三十二年的交往，我們兩國對彼此已不再陌生。我們願意在差異中尋找共同利益的匯合點。中美之間應當增進相互瞭解和加強相互信任，中美國情不同，這是客觀事實。但只要相互尊重，求同存異，並不妨礙雙方在各個領域的交流和國際事務中的合作。

展望未來，中美關係的基礎是堅固的，合作前景是廣闊的。我堅信，只要堅持以長遠的戰略眼光看待和處理中美關係，堅持中美三個聯合公報確立的指導原則，牢牢把握兩國的共同利益，中美關係的明天一定會更好！

【註一】

指美國第四十一任總統喬治·赫伯持·沃克·布什。

【註二】

指美國現任總統喬治·沃克·布什。

外國人名索引

(按筆畫排序)

【五畫】

【六畫】

【七畫】

【八畫】

【九畫】

【十畫】

【十一畫】

【十二畫】

【十四畫】

【十五畫】

【十六畫】

【十七畫】

【十八畫】

【十九畫】

【二十畫】

【二十二畫】

後記

《外交十記》歷時五個月，終於問世了。

從上世紀八十年代到二十一世紀初，國際風雲變幻難測，外交鬥爭紛繁複雜，其間還發生了四次戰爭。《外交十記》只是從幾個側面，把自己的親身經歷和所見所聞做些記述而已。擱筆沉思，感到人類社會的急劇變化和突發事變，有時就如自然界的地震、海嘯、火山爆發一樣，似乎連人類自己也難以預測和控制。

書成之時，我首先要感謝外交部領導李肇星、戴秉國、王毅各位的鼓勵和關心，以及外交部各部門主管的支持。許多同志協助查尋資料，核實正誤，提供了幫助。

楊成緒、黃舍驕、張庭延、趙稷華、劉新生、傅全章六位老大使和詹永新、何向東、郭憲綱、宋榮華、李星等年輕新秀共同參與了寫作。沒有他們的參與，此書難以在短期內完成。

最後，還要感謝我的愛妻周寒瓊和兒子錢寧。他們是書稿的最早讀者，提出過許多有益的建議。

二〇〇三年八月十五日

於北戴河

重印説明

父親於二〇一七年五月九日去世。在他去世一週年之際，重印《外交十記》，是對他最好的紀念。

二〇〇三年，在寫完和出版《外交十記》後不久，父親就開始受到疾病的侵襲，在此後的十多年間，一直在與疾病抗爭。《外交十記》是他生前留下的唯一一本記述自己外交經歷的著作。

《外交十記》不僅僅是一本個人回憶錄，從更廣的意義上講，是一本特定歷史時期中國外交工作和事件的實錄，其中包括許多具體案例、談判機鋒和外交智慧。我相信，這也是本書長久價值之所在。

《外交十記》（繁體字版）二〇〇四年一月由三聯書店（香港）出版，此次重印，依照原版，文字圖片都未做增刪改動。

錢寧 謹記

二〇一八年六月十五日

於北京